ドゥルーズの霊性

小泉義之
Yoshiyuki Koizumi

河出書房新社

目次

ドゥルーズの霊性

ドゥルーズの霊性
——恩寵の光としての自然の光

1　黙示録の行方

ドゥルーズは、『差異と反復』「はじめに」で、「哲学の書物は、一方では、一種独特な推理小説でなければならず、他方では、一種のサイエンス・フィクションでなければならない」としていた[1]。さらにドゥルーズは、哲学の書物は「黙示録」でもなければならないと考えていたようだが、それを書くことに失敗したと認めてもいた。

この書物が提示すべきであったこととは、神の一貫性や世界の一貫性でもなく、われわれ人間の一貫性でもない一貫性へのアプローチである。その意味で、この書物は、黙示録的な書物になるべきはずのものであった[2]。

ドゥルーズの求めていた黙示録とは、永遠回帰の円環を打ち破る「高次の反復」のことであったが[3]、ドゥルーズはその提示に失敗したことを率直に認めていたのである。では、その黙示録への希求は、その後どうなったのであろうか。

この点で参照されるべきは、一九七八年に書かれたD・H・ロレンス論、「ニーチェと聖パウロ、ロレンスとパトモスのヨハネ」である。[4]この論考は、黙示録に関する自己批判であると読むことができる。そこでドゥルーズは、「黙示録の現在性（actualité）と黙示録を告発するロレンスの現在性」について、ゾンビという形像を導入する。

この現在性は、ネロ＝ヒトラー＝反キリストといった歴史的照応に存するのではない。また、核・経済・環境のパニックを伴う世界の終焉や千年紀についての超歴史的な感情に存するのでもないし、サイエンス・フィクションに存するのでもない。われわれが黙示録に浸っているのは、黙示録によって生き方、生き残り方、裁き方を吹き込まれるからである。それは、自己を生き残りと考える者の書物である。ゾンビの書物である。[5]

現在的な意義を有する黙示録とは、将来の大虐殺や大破局や大量絶滅を予示するものではない。あるいは、科学技術の発展の果てで実現される近未来社会を予言するものでもない。[6]そうではなくて、大虐殺・大破局・大量絶滅が起こってしまった後の宙吊りの時期の、奇怪な生存の時期を描き出す書物である。言いかえるなら、黙示録が告げる出来事を生き延びた者の位置に立って、現在を見直す書物である。また、黙示録的出来事によって一度は旧来の生命を絶たれた後に、それでも何とか生き延びて新たな生命を求めているものの、それを得てはいないがために、生きているとも死んでいるともつかぬゾンビの位置に立って、現在を見直す書物である。そのようなゾンビ的なポスト‐黙示録は、旧来の終末論的な黙示録に見られるような破壊欲動や死の欲動を免れており、その限りで復讐精神も免れて、奇怪で不穏ではあるものの静謐な時代を提示するものになりうるかもしれない。おそらくドゥルーズは、その線を辿ろうとしている。

黙示録は死後の生を想像するものであるから、それは魂の行く末を主題としていると見ることができる。ところで、魂の救済を考えるにあたっては、個人的な面と集団的な面を区別しておかなければならない。イエス・キリストは、「個人の魂の練成（culture）」を行いさえすれば、「集団的な魂に埋もれた怪物」を追い出すのに十分であると楽観的に考えていた。[7] しかし、黙示録が描写の主要対象とするのは「貧者」や「弱者」であって、かれらは「個人の魂」に配慮するような多少なりとも啓蒙された人間ではなく、「集団的な魂」しか持てない人間であり、かれらが望むのはあくまで「権力（le Pouvoir）」である。[8] したがって、黙示録は、権力ゲームを介して集団的な魂の救済を夢想する物語とならざるをえない。黙示録が「貧者」や「弱者」を対象にしながらも「貧者」や「弱者」にゾンビ的な生存をあてがうことを良しとせずにあくまでその集団的な魂の救済を熱望する限りにおいては、それはほとんど不可避のことであるが、それでも、ここでのドゥルーズは、明らかにベンヤミンによる「神話的暴力」と「神的暴力」の区分を念頭に置きながら、こう書き継いでいく。

集団的な魂が欲するものは、権力である。〔……〕集団的な魂は、権力をただ簒奪することや専制に取って代わることを欲しているのではない。一面では、集団的な魂は、権力を破壊することを欲し、権力や権能を憎んでいる。〔……〕とりわけ、集団的な魂は、究極的な権力を欲する。その権力は、神々に訴えるようなことはしない権力であるが、ある神の最終審級的な権力であり、他のすべての権力を裁く権力である。[9]

集団的な魂は、神々の名をもって旧権力を破壊する「神話的権力」だけではなく、一切の権力を廃棄する「神的権力」も望んでいるというのである。だから、黙示録は、旧権力を破壊する新権力の到来だけではなく、その新権力そのものを廃棄する最終権力の到来を待ち望む書物なのである。黙示録は、神話的権力の到来のその後で、神的権力を待機する時期を描くものであるから、そのことを現在性へと反転して翻案してみるなら、集団的な魂は、神話的権力の到来による大破局を生き延びながら、神的権力の到来を待ち侘びるという「生き方」と「生き残り方」を、いまここでゾンビのごとく生きていると語ることにもなりかねない。神話的権力による破壊を実質的には迂回しておきながら、神的権力による救済だけを待機するゾンビ的な生存を割り当てることになりかねないのである。それでおさまるのなら、それはそれで構いはしない。個人的魂に有用な啓蒙の技法が通用しないような集団的魂が、その野蛮な願望をゾンビ的な生存へと馴致されうるというのならそれはそれで目出たいことではあろう。宗教的なものの効能と言うべきであろう。しかし、そうだとしても、黙示録にあって、ゾンビは、最終権力による裁きを待機しているのである。現在性へと反転して翻案するなら、貧者や弱者は、裁きだけを望み、裁きが下されさえするならおさまるということになるのである。ドゥルーズの批判は、まさにそこに向けられている。

　ドゥルーズは、黙示録は神的権力という新しい権力のイメージをもたらすにしても、それはあくまで裁く権力にとどまっていると批判していく。たしかに、神的権力は「対抗‐権力であり、細部の権力でもあり最後の人間の権力でもある」[10]が、それは裁く権力にとどまるからこそ、キリストの復活が乞い求められているにすぎない。黙示録では、愛のキリストではなく、裁きのキリストが舞い戻ってくる。そんなことでは、「われわれ」は「裁きの体系」から出たことにはならない。たしかに、黙示録は、待機の時間を発明した。しかし、黙示録は、待機の時間に耐えられずにと言うべきであろうが、それを種々の死滅、七つの封印といった形像でもって埋めてしまう。

> 待機の中にプログラムを導入するのは復讐の精神である。〔……〕待機する者を専念させる必要があ

る。隅から隅まで待機を組織する必要がある。殉教した魂も、スペクタクルが始まるまで、殉教者の数が十分になるのを待たなければならない。[11]

黙示録が待機の時間の発明にとどまるなら、集団的な魂は「死と終末の間の、死と永遠の間の、間延びした途方もない時間」に直面するだけになるわけだが、黙示録は法制定的で法執行的な神話的権力の範囲を出ることなく、最後の裁きを準備する「幻想」に淫するのである。とするなら、黙示録の提示する神的な最終権力とは、結局は、あらゆる国家が抱いてきたような夢想にしかならないのではないか。

ヒトラーと反キリストの間にはそれほど類似性はないが、反対に、新しいエルサレムとわれわれに約束される未来の間には多くの類似性がある。それはサイエンス・フィクションの中だけのことではなく、絶対的世界国家についての軍事的‐産業的な計画の中においてのことでもある。黙示録とは、収容所(反キリスト)のことではなく、新国家(天上のエルサレム)の軍事的・警察的・市民的な安全保障のことである。黙示録の近代性は、告知される破局にあるのではなく、プログラムされた自己‐賛美、新エルサレムの栄光の制度、究極的な司法的・道徳的権力の狂える確立にある。[12]

したがって、黙示録は捨て去られるべきである。最終権力を待機する過渡期の時間も退けられるべきである。それでも、集団的な魂の救済の問題は残っている。神的な最終権力による一切の神話的権力に対する裁きという問題が残っている。「天上のエルサレム」による地上の「反キリスト」に対する裁き、「愛のキリスト」による裁きがあるとしてその裁きという問題が残っているのである。ドゥルーズは、「集団的な魂の政治問題」[13]が残っていると書いている。ドゥルーズ的宗教批判の行く末を考えるために、『シネマ』

と『哲学とは何か』から霊性に関係するところを拾い読みしてみよう。[14]

2 映画と志向性──『シネマ1』から

ドゥルーズは、黙示録を捨てながらも、とくに『シネマ』を契機として、黙示録に隣接する霊的なヴィジョンを臆することなく打ち出していくと私は解している。その点を明示するために、ドゥルーズによる旧来の哲学の基本概念に対する批判を見ておきたい。ここでは、『シネマ』における志向性と超越論性に対する批判を取り上げておく。

ドゥルーズは、『シネマ』では、当初は「自然的知覚と映画的知覚の本性の差異」を強調している。[15] その意図は、「映画は、主観的な自然的知覚をモデルとしていない」[16]からには、映画的知覚に対して自然的知覚について形成されてきた哲学的概念をそのまま適用できないことを強調するためである。ところで、その映画的知覚の存在論的前提については、こう述べられている。

イメージの無限集合は、一種の内在平面を構成する。イメージ自体（en soi）は、この内在平面の上に実存する。イメージの自体とは、物質のことである。[17]

ここにおいて、イメージの自体が物質であると言われることに注意しなければならない。その物質とは、光のことである。イメージは光を素材・材料として実存する。この映画的知覚の前提を真剣に受け止めるなら、感覚と知覚の捉え方を更新しなければならない。[18]

いま、一本の樹木を知覚しているとせよ。それが自然的知覚の典型例であるとせよ。そのとき、そのことについて哲学はさまざまな語り出し方を伝承してきた。例えば、樹木の知覚とは、何物かを樹木として意味的に捉えることであり、その何物かは、意味についての何ほどか知性的な「知」覚を媒介として指向されたり指示されたり表示されたりするものである。あるいは、例えば、樹木の知覚とは、樹木自体についてのさまざまな相についての知覚であり、それらの相はそれぞれが射影的な知覚になっており、それがために樹木自体の本質はさまざまな知覚を通して志向されるべきものである。あるいは、例えば、樹木の知覚とは、樹木から発して眼球を経て脳神経系において情報的に処理された表象がそれとして言語も媒介して認知されることである。このような慣例化した語り出し方は、樹木なる対象と、人間なる主観や人間の眼や脳が別個に実存することを前提として、両者の関係を認識的に詮議するための導入となっている。これに対して、ドゥルーズは、ベルクソン『物質と記憶』に依拠しながら、何よりも先ず、イメージ即物質が実存することから語り出すのであるが、それは至極真っ当なことであることが強調されなければならない。実際、樹木を知覚するとき、その樹木とは、包囲光の中で、樹木表面で反射した光線の束である。樹木は、端的に光線の塊なのである。それを人間は知覚しており、知覚される樹木は、光線の塊以上でも以下でもない。そのような光の塊が、イメージ（即物質）である。とするなら、イメージの「無限」集合とは、映画のスクリーンを含む世界全体に含まれるイメージの集合を指すのであり、それが意味することは、自然的と見なされる知覚は、実はそもそも映画的知覚であるということでなければならない。通例の哲学では、自然的知覚と映画的知覚の間に本性の差異があると思いなされてきたし、その限りで、自然的知覚をモデルとして映画的知覚を捉えることはできないが、事態をありのままに見れば直ちに気づかれるように、自然的知覚と映画的知覚の間に本性の差異はなく、むしろ映画的知覚をモデルとして自然的知覚を捉え直さなければならないのである。[19] その上で、ドゥルーズは、こう問いを立てている。

誰かに対してあるのでもなく、誰かに向けられているのでもないイメージ自体についてどのように語ればよいのか。眼すらないのに、現われについてどのように語ればよいのか。[20]

ドゥルーズの回答は基本的にベルクソン『物質と記憶』「第一章」に沿うものだが、そこであらためて強調されていることは、運動そのものは、運動の始点と終点を結ぶ経路から独立しているだけではなく、運動を知覚する主観の内部状態からも運動の担体からも独立しているということであり、まさにそのことが映画の経験において純粋に顕わになったということである。そして、その運動そのものもまた、光線の塊であり、イメージである。このようなことが成立するのは、映画のスクリーンにおいてだけであり、それを自然界にも拡張して構成されるべき内在平面においてだけのことである。というより、自然界はすでにして、映画館なき映画であり、スクリーン＝内在平面である。

内在平面はその全体が光（Lumière）である。運動の集合、作用と反作用の集合は、拡散する光であり、「抵抗も損失もなく」伝播する光である。イメージと運動も同一性の根拠は、物質と光の同一性である。物質が光であるように、イメージは運動なのである。[21]

この光が反射したり停止したりするとき、イメージが誰かの眼に「現われる」わけだが、あるいは、光線の塊が減算されたり縮約されたりしてイメージが「現われる」わけだが、その「現われ」を受け取る眼や脳神経もイメージであり、それは内在平面の中にだけ実存する。こうしてドゥルーズは、映画的知覚を直視することを通して、「哲学の伝統全体との断絶」を敢行する。

哲学は伝統的に、光を精神の側に置き、意識を光束とし、これが物をその本来の暗さから引っ張り出すとしてきた。〔……〕あたかも、意識の志向性は、電灯の光線でもあるかのように（「意識は何物かについての意識である……」）。ベルクソンにとっては、まったく反対である。それ自体で光り輝くのは物であって、物を照らすものはないのである。意識は何物かであって、意識は物と、言いかえるなら光のイメージと混じり合っている。[22]

哲学には、意識ないし眼が光線を発するかのように捉える伝統がある。しかし、その意識＝眼も物であって、光線の塊である。だから、そこで起こっていることは、光の中に光があること、光に対して光があること以上ではない。意識の志向性や眼の作用を「電灯」に喩えることは、さしあたりは失当なのである。そもそも志向性概念は無用であるが、[23]知覚論ではなおさら無用である。それでも、意識の位置、眼の位置が気になり、意識や眼と対象の相関関係が気にかかるのも確かであろう。そこで、もう少しドゥルーズの議論を、あるいはむしろ、ドゥルーズがその議論を通して狙っているところを拾い出してみる。事は、相対的運動と絶対的運動の区分に関わっている。内在平面の広がりに関わって、映画論として「画面外」や「全体」が語られている箇所に注意しておきたい。

画面外（le hors-champ）は、ある場合には、他所に、横か周囲に実存するものを指し示す。別の場合には、もっと不気味な現前を証し示す。それは、もはや実存するとさえ言えず、「内にある」とか「下にある」と言える現前であって、等質な空間と時間の外の、もっと根源的な他所である。[24]

この他所は「超空間的なものと霊的なもの」と言われるが、構成されるべき内在平面に折り込まれるものであると解しておいてよいだろう。とするなら、内在平面は、端的に霊的なのである。「全体（le tour）」については基本的には同じである。ドゥルーズによるなら、「全体」と「諸対象の閉じた集合」を区別しなければならない。全体は、諸関係によって構成される。あるいは、全体は、諸関係によって変換し形質を変える。そして、この全体が、「霊的あるいは精神的な実存」と言われるのである。[25]その上で、もう一度、先の問いに戻ってみよう。ドゥルーズは、ヴェルトフの映画作品を参照しながら、こう書いている。

ヴェルトフにおいて、運動の間（intervalle）が、知覚であり目撃であり眼である。ただし、その眼は、人間の不動の眼ではなく、カメラの眼である。言いかえるなら、物質の中の眼であり、物質の中にある限りでの知覚である。〔……〕非－人間的な物質と超人間的な眼の相関関係。[26]

間が複数あれば眼も複数あるわけだが、ここで相関関係は、非－人間的な物質、すなわち光と、カメラの眼との間に引かれている。そのカメラの眼をモデルとして人間の眼や脳や主観を捉え直さなければならないのである。しかし、同時に、上の引用は、相対的な運動の知覚に関してのことである。これに対して、ドゥルーズは、カントの数学的崇高論を引き合いに出しながら、絶対的な運動の知覚、というより、絶対的な運動の思考について、いささか途方もないヴィジョンを提示していく。

想像は相対的運動の捕捉に没頭するとき、計量単位を転換することで急速におのれの力を使い果たす。しかし、思考は、想像を越えるものに、言いかえるなら、運動の集合全体に、絶対的最大運動に、通約不可能なものや度外れたもの、巨大なもの、果てしなき天空や大海と混じり合っている絶対的運動に到達しなければならない。[27]

ドゥルーズにとって、思考の使命は、運動の無限集合に到達すること、光の絶対的運動に到達すること、要するに、思考が光速に到達して自然の光そのものになることである。そして、仮に思考が光と一体となるなら、思考は内在平面を瞬時に駆け巡り、全体は同時的に存在することになるだろう。そのような思考＝光の絶対的運動は、「霊的」になっていると言わざるをえない。[28]

だからこそ、ドゥルーズは、フランス戦前派の「スピリチュアリズム」を高く評価する。そこでは、「光の同時性、延長せる光、変化する全体、精神である全体の絶対的領域」が描かれているというのである。[29]そして、ドゥルーズは、今度はカントの力学的崇高を参照しながら、そのような「超‐有機的精神」がわれわれの内に存在すると主張する。その精神は、「物の非有機的な生命」を支配しており、「精神の非‐心理的な生命」を解き放つ。この精神の非‐心理的生命とは、「もはやわれわれの有機的個体性には属さず、われわれの内での神的な持ち分であり、光としての神とわれわれだけが取り結ぶ霊的な関係である」と主張するのである。[30]

映画的知覚をモデルとして自然的知覚を捉え直すとき、映画スクリーンに相当する内在平面を構成するとき、志向性や相関関係が取り仕切る閉域を超越して、思考は光速で運動する霊性を獲得する。映画は、そのような霊的なヴィジョンをもたらすのである。

3　映画と超越論的主観性――『シネマ1』から

志向性概念を振り捨てる道程が、超越論的主観性概念でも基本的に繰り返されていく。その次第を簡単に辿ってみよう。

超越論性、および超越論的主観性をどう定義するか、また、ドゥルーズがそれらをどう解しているかは必ずしも明確ではないが、さしあたり、超越論的主観性については、主観と対象の認識関係を設定して、その可能性の諸条件を、すなわち、対象の経験（的認識）の可能性の条件と経験（的認識）の対象の可能性の条件をともに、当の主観の内に位置付けるときに、経験的主観性とは内的に区別されることになる主観性であると言っておくことができるだろう。したがって、そのとき、主観性は経験的主観性と超越論的主観性の二重性を帯びることになる。そして、超越論的主観性は、三つのものを、すなわち、自己なる経験的主観性、主観と対象の相関関係、対象自体の三つを俯瞰する位置を占めることになる。さらに、超越論的主観性が認識対象の全体を見渡すことができるなら、超越論的主観性は、認識可能な自己や対象と認識不可能なものとの境界をそれとして認知できていることになる。そのとき、認識不可能なもの、言いかえるなら経験不可能で対象化不可能で超越的なものは、主観の別の能力に委ねられることになる。そこでもなお可能性の条件の問いを立て続けるなら、超越論性と主観性は変貌を遂げていくことにもなろう。これが、哲学史的には、自然や歴史を主題化しようとして起こってきたことである。

このような図式において特徴的なことは、超越論的なものを語るときには、見る主観と見られるものの双方を見る者が一貫して想定されていることである。双方を見る者に定位するなら、双方を見る者から見て、何かを見ている側が主観的であり、何かに見られている側が客観的ないし対象的であることになる。しかし、双方を見る者から見て、何かを見ている主観も、見られている側にあるのだから、主観的なものは同時に客観的で対象的でもあることになる。では、見る主観が見ているものが、それもまた見る主観である場合にはどうなるのか。主観的なものと客観的なものは俄かに入り組み始める。このとき、見る側における入り組んだ状況を分析するのが常であるが、翻って、双方を見る者にしても、主観的なものと客観的で対象的なものとをもはや見分けることができなくなることが留意されるべきである。さらに翻って、そもそも、見る主観と見られる対象の双方を見る者が存在するかどうかが怪しげである。とするなら、超越論性は別としても、超越論的主観性は無用な概念ではないかと疑われてくる。そして、以上のような疑念を鮮明に突きつけるのが、映画的知覚なのである。ドゥルーズは、映画の切り返しについて考察している。

われわれに、最初に、眺める誰かが示され、次いで、その誰かが見ているものが示される。しかし、第一のイメージが客観的で、第二のイメージが主観的であると言うことすらできない。というのは、見られているものは、第一のイメージにおいて、すでに主観的なものに、眺める者に属しているからである。そして、第二のイメージにおいては、眺められるものは、人物に対してだけではなく、それ自体としても提示されている。[31]

両者を見渡すわれわれ観客にとっても、この事態は変えようがない。主観的なものと対象的なものへと切り分けようがない。しかも、例えば、第一のイメージがソフトフォーカスで撮られるなら、その誰かは夢見心地であることにもなり、第二のイメージが客観的とはますます言い切れなくなる。映画のイメージにおいて主観と客観・対象の相関関係を設定することは端から無理なのである。

映画的な知覚‐イメージが絶えず主観的なものから客観的なものへ、また客観的なものから主観的なものへ移行するなら、映画的な知覚‐イメージには、柔軟に拡散する独特な地位をあてるべきではないだろうか。[32]

さて、ドゥルーズは、このような事態を言語との類比で考えていたパゾリーニを引きながら、言葉に見られる主観性の二重化が映画にも認められるのではないかと一旦は書き進めている。

言葉の中での主観の二重化や分化は、思考の中や芸術の中でも再び見られるのではなかろうか。それはコギトである。すなわち、経験的主観は自己を反省することなくしては世界へと誕生できないが、同時に、経験的主観を思考する超越論的主観、それの中で経験的主観は自己を思考するのでなければならない。そして、芸術のコギトはこうである。すなわち、行動する主体には、必ず、その主体が行動するのを眺める別の主体が伴われる。しかも、その別の主体は、前者の行動主体から自由を奪い、その自由を自己のものとし、前者の主体を、行動を被るものとして把握する。[33]

しかし、このような主観の二重化、あるいはまた二つの主体の相克関係は、映画では、主観的なものの範囲にも相互主体性の範囲にも大人しくおさまることがない。なぜか、カメラアイがあるからである。

ある人物がスクリーン上で行動しており、特定の仕方で世界を見ていると想定される。しかし同時に、カメラが別の視点から、その人物を見ており、その世界も見ている。そのカメラの視点が、人物の視点を思考し反省し変換するのである。〔……〕われわれはもはや主観的イメージや客観的イメージのどちらかに直面するのではない。われわれは、知覚‐イメージとそれを変換するカメラ‐意識との相関の中に捉えられるのである。[34]

映画にイメージが現われるとき、それを誰が見ているのか、それは誰かに見られているのかといったことを見分けて振り分けるのは、われわれ観客ではなく、あくまでカメラである。では、カメラは、何を見分けて振り分けているのか。イメージ自体、イメージの即自、イメージの物質を見ているとしか言いようがない。しかも、イメージを変換するそのカメラ－意識を、知覚主観をモデルとして捉えるわけにはいかない。この点に関して、ドゥルーズは、フランス派の映画作品における物質としての水のシーンを引き合いに出して、映画に占める眼を導入している。

フランス派が水に見出したものは、知覚の別の状態の約束や標示であった。それは、人間的知覚以上の知覚、固体によって裁断されない知覚、固体をもはや対象とせず条件とも環境ともしない知覚である。「映画－眼」に固有の繊細で広大な知覚、分子的な知覚である。〔……〕カメラ－意識は、流れる知覚の中で現実化し、そのようにして物質的規定に、流れ－物質に到達していた。[35]

約束され標示される別の知覚とは何であろうか。〈喩〉を用いて述べてみるなら、水が水を見ること、言いかえるなら、水の中に水があること、水に対して水があること、さらに言いかえるなら、水が等方的で等質的で一様な流れではなく、水の中に間隙や空白や襞があることである。そのような水が水を見ることとは、繊細で分子的な微小知覚でありながらも、広大な知覚でもあって、瞬時に同時に水を知覚する。ここにおいて、眼はもはや流れの縮約として形成される器官ではなく、映画－眼－カメラ－意識は、流れ－物質と一体化しながらそこに折り込まれる間隙や空白や襞となっている。

映画－眼は、改良された人間の眼ではない。というのは、仮に人間の眼が装置や道具の助けでその制限を越えるとしても、人間の眼には越えられない制限が一つあるからである。その制限は、人間の眼のまさに可能性の条件である。それは受容器官としての相対的不動性である。それによって、すべてのイメージは、特権的なイメージに応じて、その特権的イメージに対して変化する。そして、カメラが撮影装置として捉えられるなら、カメラは同じ制限条件に従っている。しかし、映画は単にカメラであるのではない。映画はモンタージュである。そして、モンタージュは、たしかに人間の眼の視点による構築であるが、その構築の一つの視点であることを止めている。モンタージュは、非-人間的な眼の純粋なヴィジョンであり、物の中にあるような眼のヴィジョンである。普遍的な変動、普遍的な相互作用（転調）、それはすでに、セザンヌが、人間以前の世界、「われわれ自身の夜明け」、「虹色のカオス」、「世界の処女性」と呼んでいたものである。われわれはそれを構築しなければならないのは不思議なことではない。それは、われわれが持たない眼にしか与えられないからである。[36]

ここで少し立ち止まろう。ドゥルーズは、「人間以前の世界」における光景を語っている。人間以前の、人間不在の光景、人間が見ていない光景、それを見る人間が一人もいない光景について語っている。それはいかにして可能となっているのか。いまは断定にとどめるが、その光景は人間にとって経験の対象ではないから、その可能性の条件を問う問いは、超越論的な問いにはなりえない。そのとき、問題は、われわれ人間が、人間が見ていない光景をそれとして見るのはどうして可能になっているのかということになる。いまは、物質は光である。物は光線の塊である。その光線の塊が一定の変換を受けるたびに、その物の見え方は変わる。このことは、われわれも理論的に認めることができる。カメラは物を光線の塊として捉え、そこに変換を施し、映画としてわれわれの眼に差し出す。このとき、われわれの眼もまた、それまで見たことのない物の変貌を見ているはずである。端的に、これまで一度として経験したことのない対象の相貌を経験したり経験しなかったりしているはずである。したがって、少なくとも、カメラは、人間以前の世界に仮に人間の眼が投入されたなら見えるかもしれないし見えないかもしれない光景を提示していることにはなる。この事態については超越論的な問いは無効であろう。カメラが超越論的なものの位置を占めているとしか言えなくなるからである。そして、人間以前の世界から人間の世界への移行が超越論的発生論の枠で捉え直されるなら、人間の眼は光の縮約として捉えられることになるだろう。

しかし、このように考えるなら、真に難しい問題は、「人間以後の世界」にあることがわかってくる。果たして映画は、人間が絶滅したその後の世界を映すことができるであろうか。人間が事実的にも仮説的にもそこに投入できないという仮定の下で、人間の眼に見える光景を語ることができるだろうか。いまはその論点は措き、カメラ－意識、あるいは、カメラの「非－人間的な眼」「物質の眼、物質の中の眼」[37]が、「あらゆる可能な知覚の発生要素」「知覚の微分」[38]に到達すること、「気体状の知覚」[39]にまで到達すること、そして、われわれ人間を「われわれ自身の夜明け」[40]へ導くことを確認しておこう。

4　霊的自動機械――『シネマ2』から

よく知られているように、ドゥルーズ『シネマ』は、映画の歴史の核心を、運動イメージから時間イメージへの移行に置いている。ドゥルーズにあっては、運動イメージを支える感覚－運動図式が危機に陥り破綻したことが、映画の歴史にとっても決定的に重要な出来事なのである。感覚－運動図式の解体とは、それが大状況であれ小状況であれ、状況から特定の適切な行動が導かれない事態を指している。状況をいかに記述したところで、状勢をいかに分析したところで、われわれは何を為すべきかがわからなくなっているというのである。言いかえるなら、行動のシナリオを描き出すところの大きな物語も小さな物語も破綻したというのである。ここで注記すべきは、この事態を嘆いたり悲しんだり怒ったりすることも依然として感覚－運動図式の枠内におさまっているのであり、いまや、そのように然るべき感情的反応を繰り出すことさえも不適切になっており、われわれは喜ぶべきか嘆くべきかもわからなくなっている。そして、ドゥルーズは、感覚－運動図式が破綻した後の映画を見るとき、われわれの内で新たな仕方で霊的自動機械が作動し始めて、それがわれわれを途方もない場へ連れ去っていくというヴィジョンを提示する。それは一体全体、何事であるのか。

当初の映画は、自己－運動のイメージ、自動的運動のイメージを呈示することによって、「思考にショックを与えること、大脳皮質に振動を伝えること、脳神経系に直接に触れること」を実現した。そのとき、われわれの内部で、「霊的自動機械（un automate spirituel）」が成立する。ショックは、単なる可能性にとどまる運動イメージを呈示するなら心が震撼し覚醒するというのである。言葉では心を動かせないとしても、思考を「目覚めさせる」[41]。映画の開拓者たちは、映画によって民衆に衝撃を与え覚醒させることができると、そのようにして世界を変えることができると信じていた。それは「映画の崇高な構想」であった。[42]しかし、幸か不幸か、そのような仕方では世界は変わらなかった。「霊的自動機械」は、「プロパガンダのマネキン」になってしまった。さらに、「霊的な自動機械はファシスト的人間になった」[43]。たしかに映画は心を動かすが、悪しき仕方で動かしもするのである。ここまでは、運動イメージの映画における映画と思考の関係の一例であるが、運動イメージが破綻するときそれはどうなるのだろうか。どのように映画と思考の関係は作り直されるのか。

ドゥルーズが、先ず指摘するのは、そもそも思考することは難しいということ、われわれにとっては不可能でさえあるということである。そのとき、「不能」が「映画の真の対象－主観」になる。その事態に呼応して映画が押し出すのは、「思考の力能」ではなく、「思考の無力」であり、「存在することの困難、思考の中心における不能」、「思考の中心における思考することの不能」である。このとき、「霊的あるいは心的な自動機械」は「ミイラ」になり、「解体され麻痺し石化され凍りついた審級」になる。[44] そして、ドゥルーズは、まさに「全体を思考することの不能、自己自身を思考することの不能、常に石化し脱臼し崩壊した思考」に、「常に来たるべき思考の存在」を見出す。「思考の中で思考不可能なものが現前すること」が、「思考の障害」でもあり「思考の源泉」でもあるというのである。[45] それは、いかなる思考か。無能化した霊的自動機械にやって来る思考とは何なのか。

ここでドゥルーズは、ジャン・ルイ・シュフェールに依拠して論じ進めている。[46] 映画は、いまだ存在しない思考、来たるべき思考に関係している。いかにしてか。映画において思考は不能に陥るが、映画はそこから思考の「高次の力能あるいは生誕」を引き出すのである。映画においてそれに相当するのは、「映画館から出るときの雨」であり、「暗闇と不眠」である。例えば、ガレルの作品における「見られるために作られたのではない舞い散る粒子、身体の予示ではない煌めく粉塵、粉雪と煤」である。黒澤明の作品における「灰色、蒸気、霧」、ウェルズの作品における「識別不可能な大地と水、空と大地、善と悪」、エイゼンシュテインの作品における「オデッサの霧」である。これらは、「思考に固有の不可能性から思考を生誕させる」ような、そのような「意識の前史」（バザン）を構成している。

シュフェールによるなら、運動よりも、むしろ世界の中断によって、思考は可視的なものが与えられる。その可視的なものは対象として与えられるのではなく、思考の中で絶えず生誕しては逃れていく場面〔エネルゲイア、現実態〕（un acte）として与えられる。[47]

この可視的なものが、「霊的な自動機械」とも言われ、「思考の経験」とも言われるのである。そして人間を「見者」にすると語られる。「感覚－運動の断絶によって、人間は、世界の中の耐えがたいものに打たれ、思考の中の思考不可能なものに直面する見者にされる」[48]。この見者は、思考を働かせることができず、思考を存在させることもできない。見者は、「より善い世界、より真なる世界」の名の下に、世界を耐えがたいと捉えるのではない。そうではなくて、世界が耐えがたいがゆえに、世界を思考することも自己を思考することもできないのである。「霊的な自動機械」は、まさにこの「見者の心的状況」の中にある。

まさにここで、ドゥルーズは、「精妙な出口（la subtile issue）」を提示する。すなわち、「信仰（croyance）」である。その信仰箇条は、人間と世界の絆、愛、生命、不可能なもの、思考不可能なものを信ずることである。そして、「思考と生命の同一性」を発見しなければならないと語っていく。この思考と生命の同一性は、ここまでの論述に明らかなように、例えば霧のことである。

そして、ドゥルーズは、映画に「光の世界」[49]を見出していく。そこでは、「存在者や対象を見えさせる光」が重要である。その光は、「光線（lumen）」ではなく、「輝ける光（lux）」である。見者は、光線を発する光源ではなく、光線をも見えさせるようにする光の源に位置するようになる。そのとき見者は、思考することと見ることとの新たな関係に入っていく。思考は光と同じになる。そこにおいて、「われわれと永遠に同時である霊的な部分（la part spirituelle dont nous sommes l'éternel contemporain）」[50]が見出される。あるいは、取り戻される。あるいは、与えられる。映画は、あるいは世界は、われわれの内にある霊的自動機械に対して輝ける光をもたらすのである。〈喩〉を用いて言うなら、そのとき、霊的自動機械に「電灯」が恩寵のように与えられるのである。そこにおいて、思考は光であり、光は物質であり、物質は存在であるから、思考は存在と同じになる。まさに光の形而上学、霊性の形而上学と呼ぶべきであろう。このようなヴィジョンをもたらすからこそ、映画は、「心理機構や霊的自動機械」と見なされるのである。[51]

いまや音声イメージは質量や連続を画面化し（cadrer）、そこから純粋な話し言葉の場面（acte）が、言いかえるなら、神話や作話の場面が引き出され、そうした場面が出来事を創造し、出来事を空中へ上昇させ、場面自らが霊的な昇天（une ascension spirituelle）へと上昇する。[52]

霊的自動機械は、霊的に浄化される。このとき「まるで個人の苦しみを忘れ去ったかのような光の体験の記述の中に、生の辛さや苦しみを並べ立てる人間性の甘さを超越したかのような一種のすがすがしさを感じ[53]」ることもできよう。では、ドゥルーズが残していた問題、集団的な魂の救済の問題はどうなるのであろうか。「貧民」や「弱者」の復讐精神も霊的に浄化されるというのであろうか。

5　人間以後の世界――『哲学とは何か』から

思考は、絶対的運動へ、絶対的脱領土化の運動へ到達しうる。『シネマ1』で語られたように、思考は、霊的な全体を光速で見渡し瞬時に見ることができる。そして、『シネマ2』で語られたように、映画と魂は、霊的な自動機械となって、光の世界において思考し霊的に生きることができる。映画は光によって、絵画は線と色によって、「霊的な存在者性（des entités spirituelles）を実存させる」のである。[54]『哲学とは何か』では、思考と内在平面の関係は次のように描かれている。

内在平面は、思考される概念でもないし思考可能な概念でもなく、思考のイメージである。思考すること、思考を用いること、思考の中で思考を方向づけることなどが、何を意味するかについて思考が思考に与えるイメージである。[55]

内在平面は、映画のスクリーンに由来する概念であると言えるし言うべきであろう。要するに、映画のスクリーンが思考のイメージなのである。映画は純粋な運動を映し出す。その運動は光から出来ており、絶対的運動である。そして、思考の運動も、絶対的運動に達する。したがって、思考の運動に対して、思考主体や運動担体をあてがうのは無意味である。思考は光線の速度で全方位に瞬時に達するから、思考の方向を定めるのも無意味である。思考には、「客観的な基準線」もなければ「主観として体験される運動体」もない。[56]このとき、思考と存在は一致すると語ることができる。

この意味において、思考することと存在することは同じ一つのものであると語られる。あるいはむしろ、運動が存在者の物質であるというのでなければ、その運動は思考のイメージではない。[57]

ここに物質＝運動とは、[58]タ－レスの水、ヘラクレイトスの火、そして、『シネマ』においては光、『哲学とは何か』においては土である。この意味において、「内在平面は、思考と自然、あるいはヌースとピュシスという二つの面を持つ[59]」ことになる。このとき、もはや主観と対象の相関関係を語るのはまったく無意味になる。

主観と対象は、思考について悪しき近似を与えている。思考することは、主観と対象の間に張られた糸ではないし、一方の周りでの他方の回転でもない。むしろ、思考することは、領土と大地の関係の中で作られるのである。[60]

その次第を、近代哲学批判の論脈においてだけ辿っておこう。領土から大地へ向かう脱領土化の運動と大地から領土へ向かう再領土化の運動が区別されるが、前者の脱領土化の運動については、相対的なものと絶対的なものが区別される。先ず確認しておくべきことは、「身体的であろうと心理的であろうと社会的であろうと、脱領土化は相対的である」ということである。脱領土化は「宇宙的であるだけではなく地理的・歴史的・社会心理的でもある」[61]が、それらすべても相対的である。例えば、カントが天上の星々を眺めるとき、カントの思考は、地球から飛び出して脱領土化しながら、天体系をおのれの道徳意識の領土とする再領土化であるが、相対的なものにとどまっている。他ならぬこの身体から脱け出し別の身体へ変容することも、ここではない何処かへ心理的に逃げ去ることも、市民社会の外の共同体を夢見ることも、人間の文明化された歴史以前の自然状態を考えることも、相対的な運動や脱領土化にとどまっている。

しかし、思考－存在の、思考－自然の純粋な内在平面の中で、大地がダイアグラムの無限運動へ達するとき、脱領土化は絶対的である。思考することは、大地を吸収する（あるいはむしろ「吸着する」）内在平面を張ることに存している[62]。

大地を吸収する内在平面を張ることは、世界にスクリーンを張ることに等しい。世界にスクリーンを張ることとは、光の塊のすべてを折り畳んでいる輝けるスクリーンを構成することに等しい。そこにおいて、運動する物質は光であり、一切の主観と対象を含む存在者は光線の塊である。そこにおいて、存在者の存在は内在平面であるから、存在論的差異は光線と光の差異に等しくなる。そこにおいて、思考は光速で全体を見るから、思考は自然であり存在である。この純粋な内在平面においても、再領土化は起こるし、それこそが「来たるべき新たな大地の創造[63]」になるわけだが、絶対的脱領土化が思考されるには、あらかじめ相対的脱領土化との関係について考えておく必要がある。

この文脈で「相対的脱領土化が内在的か超越的か」ということが重要になるが、ここで考えておきたいのは超越的な場合である。『哲学とは何か』によるなら、「相対的脱領土化が、帝国の統一性によって遂行される超越的で垂直的で天上的なとき、超越的なエレメントは、常に内在的な思考－自然の平面に書き込まれるために、降下するかいわば回転しなければならない[64]」。超越的なエレメントは必ずや螺旋に沿って落下するのであって、そうでなければ、そもそも超越を思考することすらできない。そのとき、思考は、「内在平面への超越的なものの投影」を思考することになる。「帝国の統一性あるいは霊的な帝国、内在平面に投影される超越性は、内在平面に形像（Figures）を敷き詰めたり棲息させたりする[65]」のであり、超越的で霊的なものは、内在平面で形像によって思考されることになる[66]。ここにおいて、概念による思考と形像による思考が対立するとは解さないでおこう。また、形像による思考が否定されているとも解さないでおこう。ドゥルーズは、通常は、概念に「死せる知性の人為的運動」が割り当てられ、形像に「霊的な生命の特権」が割り当てられるが、そのような対立のさせ方は間違っているとしており[67]、その意味するところは、概念と形像の双方に対して、知的で霊的な生命を与えるべきであるということであると解しておこう。近代哲学を乗り越えるためには、「霊的な帝国」から引き継ぐべきことがあるからである[68]。

実際、強調しておきたいが、ドゥルーズは、領土化・脱領土化・再領土化の三つ組を基本的には近代哲学の伝統におさまるものと捉えており、そこを超え出る絶対的な脱領土化こそを求めていた。そのことは、『シネマ』に比べて、『哲学とは何か』における超越論性批判がさらに厳しいものになっていることに明らかである。

ドゥルーズは、「ヨーロッパ独特の超越論的主観の特権[69]」を、次のように批判している。ヨーロッパは、「他のすべての民族に対するヨーロッパの権能を保証し、他の民族すべてをヨーロッパの上で再領土化す他の民族の大地を再領土化する運動を、それは資本の運動、文明化の運動、植民地化の運動、市民社会化の運動、グローバリゼーションの運動でもあるわけだが、それを保証することを求めていた。それゆえに、「思考の無限運動」は、資本などの相対的運動と「接続（conjonction）」することになった。そして、その相対的運動は、超越論的主観と接続する。

ドゥルーズによるなら、ヨーロッパ人である「われわれ」は、西洋哲学の長い歴史を経て諸概念を持っていると信じているが、「それらの概念をどこに置けばよいのかほとんどわかっていない」。「われわれは、キリスト教的超越によって気を逸らされて、われわれには真の平面が欠けている」からであり[70]、「われわれ現代の人間は、概念を持っているが内在平面を見失っている」からである[71]。そうであるからこそ、ヨーロッパ人は、別の平面を構成し、大地を再領土化することに専念してきたし現に専念している。その所業は、「居住可能な大地の調査」のようなことであって、「文明化可能な大地、認識可能な大地、認識された大地の調査」である。そして、それをさらに政治経済化したり精神化したり道徳化したりすることによって、「意識」「主観性」の上に再領土化してきたし現にしているのである。結局のところ、相対的な領土化・脱領土化・再領土化の三つ組そのものが、ヨーロッパ的で近代哲学的な超越論哲学の相対的な運動を規定しつつ決定している。とすると、『アンチ・オイディプス』の用語で述べるなら、「都市の倒錯者」を打ち棄て、「砂漠のパラノイア」となって、「霊的な帝国の夢」を再興することも厭うわけにはいかない[72]。そして、その超越性＝霊性が内在平面に投影された形像が、『哲学とは何か』においては、絵画や小説といった芸術作品にあたるのである。

『哲学とは何か』の有名なテーゼは、こうであった。「芸術は保存する、そして芸術は、世界において自己を保存する唯一の物である[73]」。その物、芸術なる物は、モデルからも作品内人物像からも独立している。

そして「物は、現実の観者や聴者からも独立している」。さらに創造者からも独立している。「自己保存するもの、物、あるいは芸術作品は、感覚の塊、言いかえるなら、ペルセプトとアフェクトの複合である」[74]。そのようであるからこそ、芸術では、現世的な人間の不在が主題化してくる。

感覚、ペルセプトとアフェクトは、それ自体で妥当し一切の体験を超出する存在者である。それは人間の不在において存在すると言ってよいだろう。石の中で、画布の上で、語に沿って把捉されるような人間は、それ自体がペルセプトとアフェクトの複合であるから。芸術作品は感覚の存在者であり、他の何ものでもない。すなわち、芸術作品は即自的に実存する[75]。

小説においても、事態は同様である。

小説はしばしばペルセプトに達している。ハーディにおいては、荒野の知覚ではなく、ペルセプトとしての荒野。メルヴィルの海洋のペルセプト。ヴァージニア・ウルフにおいては、都市のペルセプトや鏡のペルセプト。光景が見る（Le paysage *voit*）[76]。

そして、ドゥルーズは、「ペルセプト、それは、人間以前の、人間不在における光景である」[77]と断言する。さらに、ドゥルーズは、プルーストを取り上げて、初めて「人間以後の世界」と語り出す[78]。芸術作品は、「自然の非人間的な光景」を制作し、「人間の非人間的な生成」を描き出す。また、芸術作品は、「非有機的な力強い生命」を構成する。それら非‐人間的なものは、人間から脱け出すだけなのであろうか。人間の絶対的脱領土化は、人間の再領土化へ戻らないのだろうか。芸術作品が、人間を打ち棄てた人間以後の世界・光景・生命を構成するとして、人間の思考もまた、その絶対的運動において人間を振り捨てるだけなのだろうか。人間以前の世界についての思考は、人間が誕生して初めて可能になると言わざるをえないので、おそらく人間が存在することなくしては不可能であろうが、人間以後の世界についての思考は、人間が存在しなくなるとともに、その道連れとなって滅び去るのではないのだろうか。リオタールは、「太陽の終わり」は思考の終わりになると主張していた。

四十五億年の間に、あなたたちの現象学、ユートピア的な政策も死に絶え、弔鐘を鳴らす者もそれを聞く者も誰もいないことになるのです。〔……〕地球が消滅するとき、思考はその消滅を完全に思考されないままにして途絶えてしまうでしょう。消滅するのはその地平そのものであり、あなたたちの言うところの内在における超越性です。死は、限界としてならば、すぐれて逃れ去り先延ばしされるものであるし、そのことによって思考がそれを構成するという形で関わっているものです。そのような死は依然として精神の生でしかありません。しかし、太陽の死は精神の死です。なぜならそれは精神の生としての死のそのまた死だからです。もし何も生き残らないならば、交代要員もいないし先延ばしすることもありません。[79]

このリオタールの黙示録にも、復讐精神の響きを聞き取ることができるだろう。太陽を終わらせ、精神を終わらせ、ひいては「あなたたち」が後生大事にしているものを終わらせる神話的な権力による裁きに対する微かな期待を聞き取ることができるだろう。しかし、あまりにも自明なことであるが、太陽が死んでも、恒星は残る。恒星すべてが死んで一見したところ光が消えても、そもそも世界は一様ではないのだから、その痕跡たる波も残る。そして、一切が暗闇に沈んでも、真空が活動的な物質として厳然として存在する。ドゥルーズは、そこを見通しているのである。その媒介となるのが、例えば抽象芸術である。抽象芸術が探求することとは、建築的な創作の平面を張ることによって、感覚を洗練させること、感覚を脱物質化することだけである。そして、その平面においては、感覚が、純粋な霊的存在者になり、思考し思考される輝ける物質になるであろう。[80]

では、ドゥルーズは、一切が暗闇に沈んでもなお、霊的な存在者が存在することをもって悟りすまして、リオタール的な黙示録を乗り越えるというのであろうか。そうであるとともに、それだけではないと言わざるをえないだろう。ドゥルーズ自身も認めていたように、われわれ人間は復讐精神を免れない生き物であるからには、恩寵だけではなく審判をも求めざるをえなくなっているからである。黙示録とポスト－黙示録を通して考えるべきは、「あなたたち」が後生大事に抱えているものの何を破壊し何を保存するべきかということである。

6 「輝くこの日光の中に忍びこんでゐる音なき空虚」[81]

太陽が消滅したその後の暗がりでは、あるいは、天界の恒星さえも消滅したその暗闇では、いかなる精神さえも存在しなくなるのであろうか。そうであるがゆえに、リオタールが言うように、そのような暗がりや暗闇について思考するというそのことが絶対的に虚しくなっているのであろうか。人間の観点に立って言いかえるなら、太陽の消滅は人類の絶滅に等しいからには、人間は、人類が絶滅したその後の闇に対してはいかなる認識の光も届かせることはできないだけでなく、その闇を思考することすらも、そのつもりであっても、実はまったくできてはいないことになるのだろうか。事柄からして、どうしても議論は修辞的にならざるをえないが、千葉雅也は、「懐中電灯」の〈喩〉を持ち出している。

モナドの暗い底から、ノマドの暗い底へ。そこでふたたび、照明を点そうとするのである。どうしたらいいのか。私たちはもう、天上の照明〔「唯一の太陽」〕を失ってしまった。今度は、世界の局所に、災害時の懐中電灯のように、世界全体に及ぶことのない小さな照明を、あちこちに点すことしかできないだろう。[82]

天上の照明は消失した。太陽の光も星々の光も消失した。神の暴力が到来し、可視的な事物は消滅した。世界は暗転した。そのとき、闇を追い祓う救済が、「懐中」からやって来るかのようだ。しかも、「あちこち」の懐中からやって来るかのようだ。懐中は、あちこちに小さな照明を点すというのだ。その物‐語りならぬ光‐語りに準拠してみるなら、いくつもの問いが「暗い底」から湧き上がってくる。電灯の電源は何処にあるのだろうか。照明の光源は何処にあるのだろうか。点される照明は、光なのだろうか光線なのだろうか。局所を照らす限りでは輝ける光にあたるのだろうが、局所なる距離を含意する限りでは光線にあたるのだろうか。では、その光ないし光線が、「世界全体に及ぶことがない」とはどういうことなのか。世界はまったき闇である。その闇にあって、いかに小さな照明であっても、世界全体へ届かないなどということがありうるだろうか。いや、逆に言うべきかもしれないのであって、その闇にあっては、小さな照明が届くところが世界全体になるのではないか。しかし、それにしても、何処に届いていると言えるのだろうか。届いたその先を見るにはどうすればよいのだろうか。小さな照明は、もちろん通信である。その通信が通じたことは、どのように返信されるのであろうか。そもそも、仮に暗闇が端的な無であるとするなら、はたして照明が届くことがありうるだろうか。いかに小さな照明であれ、そして、いかに極小の局所においてであれ、照明が、理念的な「点」から発して「点る」のを期待できるためには、暗闇は端的な無ではなく、それは物質（第一質料）であること、真空であること、存在者の存在であることを当てにしているのではないのか。以上のような問いをめぐって、ドゥルーズは、「バロック」と「ビザンティウム」の対で思考しようとしていた。ドゥルーズは、「スピノザと三つの『エチカ』」で、次のように書いている。

スピノザがライプニッツから本質的に区別されるのは、ライプニッツが、バロック的な発想に近いのだが、〈闇〉（「暗黒」）（le Sombre〔« fuscum subnigrum »〕）の中に母胎を、そこから明‐暗、色、そして光さえもが出て来る（sortir）ような前提を見ているからである。スピノザにおいては、反対に、すべては光であり、〈闇〉も影（ombre）でしかなく、光の単なる効果、光を反射したり（感情）吸収したり（情動）する物体における光の限界でしかない。それはバロックよりもビザンティウムに近いのである。[83]

バロック的なライプニッツは、暗黒の底から光が出て来ると考えている。光がそこから発出して来る光源は、暗闇なのである。この発想において問題になるのは、物は何処から出て来るのかということである。ドゥルーズによるなら、ライプニッツは、物もまた暗闇から出て来ると論じようとしていた。その議論の流れは、次のようになっている。[84]

仮に、光より先に物が存在しているとしよう。そのとき、光が出て来るなら、その光に照らされて、物はその表面で光を反射する（その限りで、物は鏡である）と同時に、物の影を作り出す。その物の「照らされた区域」は純粋な白であり、その物の影は純粋な黒である。しかし、光は光線であるだけでなく照明でもあるから、物の表面の白と物の影の黒は明暗のグラデーションをなすはずである。そして、物は、さまざまな度合いの明暗が入り交じったものとして現われてくる。その意味で、物は光の塊である。あるいはむしろ、物は光と闇の塊である。以上を踏まえて、今度は、逆方向で考えてみよう。ドゥルーズの解するところのバロック的な光の形而上学によるなら、神が存在せよと最初に命じて作ったのは、「光」と「光に伴う白‐鏡」と「闇ないし絶対的黒」である。しかも神は、それら三つが存在することを同時に命じて作ったはずであるから、その光は、「密閉された光（la lumière scellée）」となる。それがモナドだ。神は、物や物体より先にモナドを作るわけだが、そのモナドは、光を「密閉」しながら、そこにおいて純粋な白と純粋な黒を二つの極として明暗のグラデーションをも「密閉」する光の塊である。[85] つまり、モナドは、その「懐中」に「電灯」を抱えているのである。

続けてドゥルーズは、このバロック的・ライプニッツ的構想において、「霊的」な微小知覚、「幻覚的」な知覚、光や波や振動を縮約する器官の発生、ひいては身体の発生を断片的に語っていくが、いま重要なのは、その最後に、「退化したモナド」について語っていることである。ドゥルーズによるなら、退化したモナドは、もはや「照らす」ことも「照らされる」こともなく、ただ「点滅（clignotantes）」するだけである。[86] それは、神の命令なくしては、照らすことも照らされることもない、振動としての光の波のことであろう。恒星が消滅し一切の生体が絶滅した後でも、退化したモナドは点滅し続ける。それは、光と鏡と闇が到来するのを待機しているかのような根源的な物質性でもある。

では、ビザンティウム的なスピノザはどうなっているのであろうか。ドゥルーズは、スピノザ『エチカ』は、原初的な光の存在から、順に、影の世界、色の世界、光の世界の三つを演繹しており、三つのエチカを構成すると解している。そして、第三のエチカにあたる『エチカ』「第五部」について語っていく。[87] そこで述べられていることは、「光の第三の状態」、「純粋に光学的な世界」である。その光は、「即自的で対自的な光」、光の中の光、光に対する光である。それは、「実体的な〈光るもの〉(le Lumineux) によって産出される光の純粋形像」であって、「光によって啓示＝現像される (révélé) 幾何学的形像ではない」。しかも、その純粋形像は「絶対的速さ」であり、それは「投影によって空間を構成するのではなく、一度に一撃で空間を満たす」のである。この光の世界から色の世界と影の世界が出て来るのであるが、そのことについて、ドゥルーズのT・E・ロレンス論の用語で言いかえておこう。「最初に光がある」。この光は知覚しえぬものであり、「純粋で不可視で無色で不定形で不可触な透明 (le transparent)」である。その光は、空間を横切って広がり、まさにその意味で、「〈開かれたもの〉(l'Ouvert)」である。そして、この空間に方位を定めるのが「観念」であり、次いで「朧げな日光」が生まれ、「幻覚的な知覚」が始まる。その灰色の光景から、やがて色が生まれ、可視的なものと知覚が生まれるということになる。[88]

太陽も恒星も、影と色からなる幾何学的形像にすぎない。太陽や恒星は、自ら光線を発出しておのれを可視的なものにしているようであるが、それが、そのような光の塊として現出するとき、言いかえるなら、光を放出し投射するだけでなく光を反射したり吸収したりするとき、それらは「実体的な〈光るもの〉」の有限様態でしかない。ところで、この実体としての光は、等方的で一様ではありえない。光の中に光があり、光に対して光があるように、光そのものが間隙や襞やクリナメンを形成するのであって、それが光の純粋形像である。

仮に、懐中電灯の照明が何処かに届くとせよ。一見すると、その何処かと此処の双方を見渡し俯瞰する超越的な観点がなければ、照明が届いたことも、照明が届いたことを知らせる照明が届くことも見ることができないように見える。しかし、光は「絶対的速さ」である。「一撃」で空間を走るからには、そのような超越的な観点を想定することは無理である。しかも、「一度」で空間を満たすからには、いま此処で、いたるところに届いていると言わざるをえない。懐中電灯を光の純粋形像と捉えるなら、そのように考えざるをえない。退化したモナドが微かな照明を発するや否や、その光の純粋形像は、空間を絶対的速さで走破して観想し、空間のいたるところで同時的に観想される。「意識は、物を照らす光であることをやめて、物自体の純粋な燐光となる」[89]。そして、来たるべき神が命令するなら、あるいは、物や物体が発生するなら、色の世界と影の世界が再開して、あらためて通例の哲学が妥当する世界が生成されるだろう。ドゥルーズは、いわゆる生命主義的ホーリズムを生涯捨てなかったと私は考えているが、その〈生〉とは、退化したモナドの懐中電灯そのもののことなのである。

もちろん、ここまでの語りは〈喩〉である。しかし、〈喩〉は何らかの思考を動かす。そこを最後に確認しておこう。ドゥルーズは、「最も偉大なるアイルランド映画」の最終節で、次のように書いている。それは、ドゥルーズの映画論の最終的帰結として読まれるだろう。

ベケットのフィルムは、映画の三つの大きな基本イメージ、行動・知覚・感情の各イメージを横断した。しかし、ベケットにおいては、何も変わらず、何も死なない。揺り椅子が動かなくなるとき、〈揺り椅子〉のプラトン的イデアが、精神の揺り椅子が揺れ始める。マーフィが言ったように、登場人物が死ぬとき、彼はすでに精神において動き始めている。彼は荒れ狂う海上の浮子と同じように振る舞う。彼はもはや動かないが、動くエレメントの中にいる。今度は、現在さえもが、もはや暗さを含まぬ空虚の中へ、もはや認識可能な変化を含まぬ生成の中へ消えてしまった。部屋はその隔壁を失った。そして、光り輝く空虚の中へ、非人称的で特異な原子を、他者と区別されたり混同されたりするための〈自己〉をもはや持たない原子を放つ。知覚しえぬものになることが、〈生〉である。「絶えず、無条件で」、宇宙的で霊的な騒めき（clapotement cosmique et spirituel）に到達することが、〈生〉である[90]。

退化したモナドの懐中電灯、それは、「原子」を放つ、「知覚しえぬ」、「宇宙的で霊的な騒めき」であり、それがドゥルーズのいう〈生〉である。「天上の状態」に近づいた〈生〉である。[91] その〈生〉は、「動くエレメント」の中に存在する。それは「暗さ」ではなく「空虚」であり、「変化」ではなく「生成」である。それを言いかえるなら、存在としての真空、物質としての真空である。

　このような霊性から反転して「現在性」へ立ち返るとき、残された問題はどうなるであろうか。問題は、こうであった。「集団的な魂」に救済をもたらす恩寵の光は、一切が絶滅してもなお存在する自然の光であるにしても、また、その自然の光は現世的な「日光の中に忍びこんでゐる音なき空虚」であるにしても、「集団的な魂」が一切の権力に裁きを下したがるその復讐精神を免れないことを勘案するとき、その自然の光が織り成す〈生〉を「歴然と見わくる目の発明」が何になるのかということであった。

　ドゥルーズが認めていたように、人間にあっては、「霊的な帝国」は「内在平面」に投影されて「形像」化される。だからこそ、人間にあっては、形像を通して霊性を垣間見ることもできるようになっている。とするなら、現世なる待機の時間において、「待機の中にプログラムを導入するのは復讐の精神である」からこそ、集団的な魂にふさわしいプログラムを形像化しておかなければならない。ドゥルーズにとっては、そのような形像こそが、芸術作品である。そして、芸術作品が霊的な帝国を垣間見させる形像として差し出すのが、〈来たるべき民衆〉である。現世において、集団的な魂が〈来たるべき民衆〉になること、それがドゥルーズの霊性である。

注

1　ジル・ドゥルーズ『差異と反復（上）』（財津理訳、河出文庫、二〇〇七年）：Gilles Deleuze, *Différence et répétition* (PUF, 1968) 一五頁：

p. 3。

2 同、一七頁：p. 4。

3 同、二五七頁：p. 125。

4 「ニーチェと聖パウロ、ロレンスとパトモスのヨハネ」（初出一九七八年）『批評と臨床』（守中高明・谷昌親訳、河出文庫、二〇一〇年）：Gilles Deleuze, *Critique et Clinique* (Minuit, 1993)。

5 同、八三頁：p. 51。

6 前世紀末の黙示録の流行の後に、今世紀になって絶滅論や破局論が流行している。前者に比して後者に違いはあるものの、黙示録の構成を破ってはいない。

7 「ニーチェと聖パウロ、ロレンスとパトモスのヨハネ」八五頁：p. 52。

8 同、八六－八七頁：p. 53。

9 同、八八－八九頁：pp. 53-54。

10 同、八八頁：p. 54。

11 同、九一頁：p. 56。

12 同、九九頁：pp. 61-62。

13 同、一一一頁：p. 70。

14 「霊性」については、ミシェル・フーコーによる定式も念頭に置いている。ミシェル・フーコー『主体の解釈学』（廣瀬浩司・原和之訳、筑摩書房、二〇〇四年）：Michel Foucault, *L'herméneutique du sujet — Cours au collège de France 1981-1982* (2001) 一九頁：p. 19。自己の変容を真理現出の要諦とする霊性である。

15 ジル・ドゥルーズ『シネマ１＊運動イメージ』（財津理・齋藤範訳、法政大学出版局、二〇〇八年）：Gilles Deleuze, *Cinéma 1. L'image-mouvement* (Minuit, 1983) 六頁：p. 11。

16 同、一一六頁：p. 94。

17 同、一〇六頁：p. 86。ここで、映画スクリーンを主題としながら、「内在平面」と言われていることに留意しておきたい。

18 ある種のセンスデータ論や純粋経験論を変容させたものになるだろうが、この論点については、ここでは追わない。

19 福尾匠の表現を借りるなら、「映画が可能にした新しい時空を哲学のフッテージとする」のである。福尾匠『眼がスクリーンになるとき――ゼロから読むドゥルーズ『シネマ』』（フィルムアート社、二〇一八年）二五頁。

20 『シネマ１＊運動イメージ』一〇八頁：p. 88。

21 同、一〇八頁：p. 88。

22 同、一〇九－一一〇頁：pp. 89-90。

23 樹木を見る、そして、その後で、「樹木」「を」「見ている」と発語ないし内言する。この言語の介入なくして志向性概念は成立しえない。言語の介入は、概念の介在とか意味の媒介とか認知の枠組と言いかえられていくが、樹木を見るという経験から遠ざかるばかりであることは疑いようがない。そのことは運動の知覚で顕わになるわけだが、物の知覚でも同様であり、結局のところ、志向性概念は言語的構成物であるとしか言えない。

24 『シネマ1＊運動イメージ』三三頁：p. 30。

25 同、一九－二〇頁：pp. 20-21。

26 同、七三頁：p. 60。

27 同、八四頁：p. 69。

28 同、八五－八六頁：pp. 69-70。

29 同、八七頁：p. 71。

30 同、九七頁：p. 80。

31 同、一二九頁：p. 105。

32 同、一二九頁：p. 105。

33 同、一三二頁：p. 107。この一節は、ドゥルーズ自身による超越論的主観性の定義として引かれることがあるが、文脈からして、それはパゾリーニの見解の敷衍であり、しかも退けられていく見解である。

34 同、一三三頁：p. 108。

35 同、一四二－一四三頁：pp. 115-116。

36 同、一四四頁：p. 117。

37 同、一四五頁：p. 118。

38 同、一四八頁：p. 120。

39 同、一五〇頁：p. 121。

40 同、一五〇頁：p. 122。

41 ジル・ドゥルーズ『シネマ2＊時間イメージ』（宇野邦一他訳、法政大学出版局、二〇〇六年）：Gilles Deleuze, *Cinéma II. L'image-temps* (Minuit, 1985) 二一八－二一九頁：pp. 203-204。

42　同、二一〇頁：p. 205。
43　同、二三〇頁：p. 214。
44　同、二三三頁：pp. 216-217。ここで想起しておきたいのは、このような思考の不能や無力へ到らしめる技法のことである。無知・愚鈍・大愚に到達する技法、愚かになる技法、心を貧しくする技法など、伝統的技法は数多いが、それらの中には、そのように自己に配慮することを通して霊性に到達しようとする技法も多かった。ドゥルーズの霊的自動機械は、その技法の機械である。
45　同、二三四頁：pp. 218-219。
46　以下の箇所があげられている。Jean-Louis Schefer, *L'homme ordinaire du cinéma*, pp. 113-123.
47　『シネマ２＊時間イメージ』二三六頁：p. 220。光は、東方神学では、神のエネルゲイアである。それに照らされて人間は神化する。大森正樹『エネルゲイアと光の神学——グレゴリオス・パラマス研究』（創文社、二〇〇〇年）六三－六四頁等を参照。
48　同、二三七頁：pp. 220-221。世界が「耐えがたい」とは、政治的・倫理的に解されるべきことではなく、宗教的に解されるべきことである。時間イメージの映画は、世俗化された宗教装置なのであると留保抜きに認めるべきである。
49　同、二四六頁：p. 230。
50　同、三三五頁：p. 317。
51　同、三六一頁：p. 343。
52　同、三八三頁：p. 363。
53　大森正樹、前掲書、七六頁。
54　ジル・ドゥルーズ＋フェリックス・ガタリ『哲学とは何か』（財津理訳、河出文庫、二〇一二年）：Gilles Deleuze / Félix Guattari, *Qu'est-ce que la philosophie ?* (Minuit, 1991 / reprise 2005) 一三頁：p. 11。
55　同、六八頁：p. 41。
56　同、六九頁：p. 41。
57　同、七〇頁：p. 42。
58　物質は必ず運動する、運動しない物質はありえないとする近代唯物論の基本テーゼを想起しておくべきであろう。近代唯物論は、アリストテレスの第一質料論以前の古代唯物論を再発見していたことも想起しておくべきだろう。
59　『哲学とは何か』七〇頁：p. 42。
60　同、一四八頁：p. 86。
61　同、一五三頁：p. 89。

62 同、一五三頁：p. 89。
63 同、一五三頁：p. 89。
64 同、一五四頁：p. 90。
65 同、一五五頁：p. 90。
66 聖像破壊をめぐる論点の一つに、「死者の肖像を作ることは真の生命を与える神の権能を侵そうとする試み」であるという論点があったことに注意しておきたい。若林啓史『聖像画論争とイスラーム』（知泉書館、二〇〇三年）六〇頁。
67 『哲学とは何か』一五八頁：p. 92。
68 ここで、ミシェル・フーコーの古代「回帰」を想起してもよいだろう。
69 『哲学とは何か』一六九頁：p. 99。
70 同、一七五頁：pp. 102-103。
71 同、一七九頁：p. 105。
72 『アンチ・オイディプス』第三章・第六節では、「霊的な帝国の夢」を紡ぐのは、「砂漠のパラノイア」であり、そこに協同して、軍隊的規律を禁欲主義や内部団結に転用する「都市の倒錯者」が介在する。訳書では「霊的」は「教権的」と訳されている。ジル・ドゥルーズ＋フェリックス・ガタリ『アンチ・オイディプス（上）』（宇野邦一訳、河出文庫、二〇〇六年）：Gilles Deleuze / Félix Guattari, *L'Anti-Œdipe*（Minuit, 1972）三六五頁：p. 228。
73 『哲学とは何か』二七四頁：p. 163。
74 同、二七五頁：p. 163。
75 同、二七五頁：p. 164。
76 同、二八三頁：pp. 168-169。
77 同、二八四頁：p. 169。続けてドゥルーズは「いかにして鏡は、老女が鏡で自己を見ていないとしても、そこに映る老女なくして、存在しうるのだろうか」といった疑問を書き連ねて、自ら回答していくが、ここでは追わない。なお、鏡は、何かを反映することなくしては鏡たりえないと見なされる限りで、疑問は成立するが、万物は必ず何かを反映することを認めるなら、その疑問は成立しない。鏡はその前に立つ老女が不在でも鏡であり、老女は老女で、鏡を含む他の物に対して鏡たりうる。
78 同、三一九頁：p. 190。
79 ジャン゠フランソワ・リオタール『非人間的なもの――時間についての講話』（篠原資明他訳、法政大学出版局、二〇〇二年）［Jean-François Lyotard, *L'Inhumain*（Galilée, 1988）］一三頁。

80 『哲学とは何か』三三四頁：p. 199。

81 伊東静雄「わがひとに与ふる哀歌」より。伊東は、その空虚を「歴然と見わくる目の発明の何にならう」と続けている。

82 千葉雅也『動きすぎてはいけない――ジル・ドゥルーズと生成変化の哲学』（河出文庫、二〇一七年）四三五頁。

83 「スピノザと三つの『エチカ』」『批評と臨床』（守中高明・谷昌親訳、河出文庫、二〇一〇年）：*Critique et Clinique* (Minuit, 1993) 二九一頁：p. 175。

84 ジル・ドゥルーズ『襞――ライプニッツとバロック』（宇野邦一訳、河出書房新社、一九九八年）：Gilles Deleuze, *Le Pli : Leibniz et le baroque* (Minuit, 1988) 五七－五八頁：pp. 44-45。

85 ここでの純粋な黒は、ライプニッツのいう第一質料にあたるが、解釈上の論点が多いので論及しない。また、「密閉された光」はカメラ・オブスクーラをモデルとすると解することができるかもしれないが、ドゥルーズがその解釈を採っているとは読めない。

86 『襞』二〇一頁：p. 158。

87 『批評と臨床』三〇四－三〇五頁：pp. 183-184。ここで「観想」は、光の縮約とは切り離されているようであり、『差異と反復』の観想論との違いが問題になりうる。

88 「恥辱と栄光――T・E・ロレンス」『批評と臨床』（守中高明・谷昌親訳、河出文庫、二〇一〇年）：*Critique et Clinique* (Minuit, 1993) 二三七－二三八頁：pp. 144-145。『差異と反復』では、「白色光」が「色の理念」とされている。『差異と反復（下）』一〇六頁：pp. 266-267。ドゥルーズの光論と色彩論は微妙に変化しており、再検討を要する。

89 ジル・ドゥルーズ『意味の論理学（下）』（小泉義之訳、河出文庫、二〇〇七年）：Gilles Deleuze, *Logique du sens* (Minuit, 1969) 二四二頁：p. 366。これは「深層の狂い」でもあるが、それを「救済」するのは、「奇妙なスピノザ主義」である。同、二四八頁：p. 366。

90 「最も偉大なるアイルランド映画――ベケットの『フィルム』」（初出一九八六年）『批評と臨床』（守中高明・谷昌親訳、河出文庫、二〇一〇年）：*Critique et Clinique* (Minuit, 1993) 六二－六三頁：pp. 38-39。

91 『消尽したもの』（宇野邦一他訳、白水社、一九九四年）：Gilles Deleuze, *L'Épuisé* (Minuit, 1992) 一八頁：p. 71。「光の不在」の下での生については、星野太「暗き生――メイヤスー、ブラシエ、サッカー」『現代思想』二〇一八年一月号。

I

生命／魂

ドゥルーズにおける普遍数学
——『差異と反復』を読む

風が立ち、風が動く。風を感じ、風を思う。かたわらをよぎっていった風の流れを追いかけるにせよ、かたわらでふるえる風の内にたたずむにせよ、この辺りの風は、あの辺りの風や遠くの風や彼方の風とつながっているから、今ここで風を感じ風を思うことは、風を立ち上げて風を動かしている世界の存在を知ることであるし、風に身をゆだねることは、風の世界を信じながら風の世界に生きることである。世界を知るということ、世界を信ずるということ、世界に生きるということは、まさにそのようなことであるとドゥルーズは書いていたし、世界についての知と信をもたらしてくれるのは、まさに普遍数学であるとドゥルーズは書いていた。だから、普遍数学について思考することは、世界を信じながら世界に生きている存在者たちについて思考することであるし、逆に言えば、世界に生まれて世界に死んでいく存在者たちについて思考することは、普遍数学についてより深く思考することである。そんな具合でなければ、そもそも普遍数学などに何の意味があるだろうか。

風の世界だけのことではない。「最も硬い岩でさえ、その現実化の時間をなす百万年というスケールで見れば、その岩の特異性たちに及ぼされるきわめて微弱な束縛力のもとで流れる流動的物質である」(329/282)[1] からには、岩を立ち上げ岩を動かしている世界がある。そして、水の世界、火の世界、音の世界、色の世界、電磁波の世界、さらには、言葉の世界、振る舞いの世界、労働の世界がある。これらの世界が探究をいざなう問題として立ち現れるとき、これらの世界を信じながら生きているということが探究をいざなう謎として立ち現れるとき、「新しいメノン」(276/234)が手にすることのできる知は、やはり普遍数学である。ドゥルーズにおける普遍数学は、〈微分〉を中心としている。だから微分を学び知ることは、世界を信じながら生きることを学び知ることである。微分法を「功利主義的計算法」におとしめることなく、微分法を「善悪の彼岸の知」(278/235)とするためには、「哲学的な素朴さと熱意」(261/221)が必要であるとドゥルーズは書いてもいた。初めて微分に触れたときの胸の高鳴りを覚えている者ならば、きっとドゥルーズの志しを理解できるはずである。

1 いかに記号dxは世界を指し示すか

いま世界の内部の存在者がすべて球面からなっていると考えてみる。現実に実在する存在者とは、ペンギンたちや樹木たちや地層たちや機械たちであるが、それらがすべてさまざまな球面の集積であると考えてみるのである。そのとき世界とは、あらゆる球面を含むようなものであるが、それはいかなるものとして知られるであろうか。

そこで一つの球面をとりあげて、それはいかなるものであって、何によってそのことを与えられたのか、何からできているのか、どこから発生しているのか、何によって維持されているのかと問うてみる。一つの存在者について、形相因、質料因、作動因を問うてみるのである。一つの球面は別の球面たちからできあがっていて、別の球面たちから発生して別の球面たちによって維持されていると答えることはできるにしても、その球面が球面であるという形質をもっているということ、その球面が特定の量をもっているということ、要するに、その球面が一つの延長物として現実化している個体であるということは、別の球面たちを引き合いに出したところで決して解明されないであろう。というのは、球面であるということが、まさにこの特定の量や形質をもった個体に現実化しているということは、別の特定の量や形質をもった個体たちによっては解明されないからである。いま問うていることは、球面であるということが、まさに複数のさまざまな個体として現実化しているのはいかにしてかということだからである。したがって、球面たちを超越し、球面たちに内在する世界を引き合いに出さなければならない。第一に、球面であることは何によって与えられたかという問いは、球面性を現実化する力能をもつような世界によってであると答えられる。ところで世界はあらゆる球面を含むものであるから、世界は球面であるとは言えない。球面であるものは、世界の内部の個体であることになるからである。第二に、球面が何からできているのかという問いは、球面性を自らはもっていなくともそれを現実化する力能をもつような質料からできていると答えられる。そして形質を付与された質料は世界の中の存在者であることになるから、かの質料はいかなる形質ももたない第一質料である。さらに世界は無からではなく第一質料からできているからには、球面性を与える世界は第一質料であると言わなければならない。第三に、球面がどこから発生して何によって維持されているのかという問いは、あらゆる球面を含む世界から発生して維持されていると答えられる。では、球面の形相因、質料因、作動因である世界はいかなる仕方で存在するであろうか。とくに、球面が現実的に実在する仕方と、どのように違う仕方で存在するであろうか。

まず、世界はあらゆる球面を発生させて維持するものではあるが、世界をあらゆる論理的に可能な無数の球面が隠されているような場所として考えることはできない。かりに世界が可能な球面を隠していて、その中からいくつかの球面が現実化するという具合であれば、可能な球面と現実の球面の間には球面であるということにおいては何の差異もないのであるから、現実化や個体化を解明するために世界なるものを引き合いに出す必要はまったくないことになってしまう。したがって世界は、現実性の影にすぎないような可能性によってではなく、現実性とは本性的に異なっている潜在性によって特徴づけられるし、世界は、可能的な球面においても現実的な球面においても潜在的に存在することになる。そして世界は球面という事物のリアルな形質や量を発生させるが、そのようなリアルな規定をそのままの形ではもってはいないから、世界は理念的（観念的）であることになる。ところで、世界を球面からその境界を除いた開球として考えることはできない。任意の球面には、境界と中心というまったく形質の違う位置が含まれているし、そのことに依拠してそれに固有の量的規定を与えることもできるから、球面から境界を除いて開球を考えることは、任意の球面に対して開かれている地平を考えることに相当する。したがって世界は、あらゆる球面と、任意の球面に開かれているすべての開球を含むものであり、この意味においてイデアル（理想的）である。球面が現実的に実在し、球面性がリアルであり、各球面にとって世界が開球として現れるのに対して、世界は潜在的に存在し、理念的でイデアルである。このような世界についてドゥルーズは次のように語っている（259-62/218-21）。

第一に、世界から球面の量が発生しているからには、世界は「量化可能性のエレメント」をなすと語ることができる。では、そのエレメントに量的な規定を与えることはできるであろうか。いま球面の外部から球面の量を外的に規定するような座標系を想定することはできないから、球面の量は、いかなる方式によるにせよ球面に内的な計量によって確定されなければならない。そのとき、球面にとっての外部は開球として現出することになるが、その開球ないしは地平の量は、基本的には無際限な不定量として指定されることになる。これに対して、あらゆる球面を含み、かつ、それぞれの球面にとっての開球をも含む世界の「量」は、球面に内的な計量や開球によってトポロジー的に規定される計量によっては確定できない「量」として指定されることになる。世界の「量」について、それを無限量であるとも有限量であるとも言うことはできないのである。この意味において世界は「未規定なもの（indéterminé）」である。世界が量を発生させる場であるからには、世界は任意の計量と順序が入れられるような場であると語られなければならない。つまり世界は、その属性としてスピノザ的な延長（extensio）をもっていると考えられる。第二に、世界から球面の形質が発生しているからには、世界は「質化可能性のエレメント」をなすと語ることができる。ところで先に指摘したように、世界が球面の形質をそのままもっていると語ることはできない。もちろん世界は、球面の形質を発生させるような〈形質〉をもっていると語ることができるから、この意味において世界は「間接的に規定可能なもの（déterminable）」である。つまり世界は、その属性として形質を発生させる強度（intensio）をもっていると考えられる。第三に、世界からあらゆる球面が発生しているからには、世界はあらゆる球面の量と形質を含んでいると語ることができる。あらゆる球面は、世界から特定の量と形質を分有して現実化していると考えることができるし、球面の数は論理的には可算無限に達すると考えることができるから、世界はあらゆる球面の無数の規定を含んでいると、すなわち、世界は「完全な規定（détermination）」をもっていると語ることができる。つまり世界は、あらゆるリアルな規定を完全な形で含む最もリアルなものであると語ることができる。第一と第二の意味において世界は、球面という存在者に対して「超越的」であるし、第三の意味において世界は、球面という存在者に「内在的」である。

世界は、未規定なもの、量的・質的に間接的に規定可能なもの、完全に無限な規定をもつものであるが、このような世界をそれとして知ることのできる学問とは何であろうか。かつては形而上学と自然学であったわけだが、現代においては数学と物理学である。より限定して言えば、「古典的」な数学的物理学や物理学的数学の核心をなしている微分法である。では、そのような世界を指し示す記号は何であろうか。有限宇宙論における○（まろきもの）、無限宇宙論における∞（無限）、カント二律背反論における∅（空集合）、可能世界論における@（現実世界）、形式算法におけるS_{-1}（書かれざる囲い）、集合論における∪

（クラス）、これらの記号はそれぞれの仕方で世界の様相や部分を指し示している。これに対してドゥルーズによれば、dx（微分）こそが世界を指し示す記号である。微分は、何か無限に小さい量を指し示すのではないし、何か幾何学的形質や運動学的規定や力学的力を指し示すのでもない。そうではなくて、それらを発生させ維持する理念的で潜在的な世界を指し示すのである。簡単な例から始めよう（264-70/222-8）。

直交座標において定式化された円の代数方程式、$x^2 + y^2 - R^2 = 0$を考える。これは円という形質を表現しているし、その変数x, yは無数の値をとりうるし、定数Rは変数に制約を与えつつ無数の値をとりうる。だからこの代数方程式は、直交座標において現実化することが論理的に可能な円たちも集約的に代表しているし、直交座標において特定の量と形質をともなって現実化している円たちを集約的に代表していると考えることができる。たとえば定数Rに直交座標において確定される値1を代入することは、直交座標における一つの延長物である半径1の円を指定することである。定数Rを不定にとどめておくことは、直交座標において論理的に可能な円を表示することであるから、代数方程式は円たちの寄せ集めを表すのであって、円の世界を表現しているのではない。つぎに円の代数方程式を微分すると、定数項が消失して、$xdx + ydy = 0$という表式を得ることができる。ここにおける変数の量は、dx, dyが張る理念的世界から、すなわち特定の座標系から離脱した潜在的世界から発生している。（dx, dy）による表式は、量化可能性のエレメントからどのようにして量が発生するのかを表現している。さらにこの表式は、$dy / dx = -x / y$と変形される。この微分方程式は、曲線の接線の傾きや運動体の運動方向を、すなわち現実化された延長物である曲線の形質を表現するのだが、微分方程式そのものは、それらの形質を発生させる質化可能性のエレメントに内的な関係を表現している。このように微分は、未規定でありながらも間接的に規定可能な円の世界を指し示すのである。では微分は、完全な規定としての世界を指し示すことができるのであろうか。ドゥルーズは一変数関数の級数展開を利用して説明している。

$y = f(x)$ を C^n 級の関数とすると、それは次のように展開される。

$$f(x) = f(0) + f'(0)\,x/1! + f''(0)\,x^2/2! + \cdots + f^{(n-1)}(0)\,x^{n-1}/(n-1)! + f^{(n)}(ix)\,x^n/n! \quad (0 < i < 1)$$

$y = f(x)$ を C^∞ 級の関数とする。このとき n を大きくすると、すなわち、累乗を高めていくと、級数はいくらでも先まで展開することができる。そのとき剰余項の i はそのつど変動するはずであるが、変数 x の変域全体にわたって剰余項が 0 に収束するならば、$f(x)$ を無限級数に展開することができる。すなわち、

$$f(x) = f(0) + f'(0)\,x/1! + f''(0)\,x^2/2! + \cdots + f^{(n)}(0)\,x^n/n! + \cdots$$

ここにおいて右辺の微分係数たちの値を定めることができるとすれば、変数の変域全体にわたって関数のすべての値を定めることができるはずである。ここに $f(0)$ が定まるのは当然であるとして、問題は $f'(0)$ を定めることになろう。「問題全体はまさしく x からそれ自体独立している最初の係数を規定するところにある」。実際、$(-a, a)$ の範囲において $f(x)$ が完全に規定されているとする。このとき、$f'(x)$ も完全に規定されるし、$f'(0)$ の値も決定される。そしてさらに、$f''(x)$ も完全に規定され、$f''(0)$ の値も決定され、以下同様に続く。つまり $(-a, a)$ の範囲において関数が完全に規定されているならば、それを展開した無限級数の係数たちはすべて決定されることになる。しかも $(-a, a)$ の範囲はいくらでも小さくとることができる。このことが意味していることは、特定の座標系において現実化された曲線の量や形質（極大・極小、収束、発散、接続、曲率）のすべてを、すなわち曲線の大域的な定量的定性的特性のすべてを決定しているのは、当の曲線の局所的な微小領域であるということである。この微小領域を完全に規定し

ているのが、多少の解釈上の問題は残るが、まさに微分である。このように微分が指し示している世界を、ドゥルーズは「ポテンシャリティのエレメント」と呼んでいる。「ポテンシャリティの純粋なエレメントは、最初の係数すなわち最初の導関数の中に出現し、他の導関数は、したがってその級数のすべての項は、同じ操作の反復から帰結してくる」。

このように微分は曲線の世界を指し示しているが、微分は曲線たちを産出する超越的で内在的なエレメントとして世界を指し示している。世界とは、あらゆる曲線の量や形質が発生するエレメントであるし、あらゆる曲線のすべての規定を定めるエレメントである。このような意味において記号dxは世界を指し示すのである。だから微分を掘り下げれば掘り下げるほど、世界はより深く知られることになろう。

2　解消しない問題

「善悪の彼岸にある唯一の計算法」である微分法、これに「発生論的あるいは力学的な志し」（271/229）をとりもどすためには、微分法の数値計算や価値計算にだけ固執する「功利主義」を放棄して、微分法は数値や価値の彼岸にある世界を表現していると解さなければならない。この点は数学史的には、微分が計算結果において〈消える〉ことをいかに解するのかという論点や、微分方程式が〈解ける〉ということや〈解けない〉ということをいかに解するのかという論点にかかわっている。微分法が創出された一七世紀においては、微分はおおむね無限小量として解されていて、計算結果である有限量において無限小量が消えてしまうのはなぜであるのか、そのことは無限小量のいかなる特性を示しているのかという論点が争われた。無限小量は計算の便宜のためだけの虚構的な量にしかすぎないのか、それとも、有限量においては無視されてしまうにせよ運動論的力学的な意義を有する実在的な量であるのかという論点である。これは現代においても新たな形で問われる必要がある。たとえば微分方程式の解曲線の定性的分析の技法や、微分方程式を差分化して数値計算にもちこむ技法において微分は消えるわけであるが、このことは当初の微分方程式にとっては何を意味しているのかが考えられる必要がある。そこで微分方程式の定性的分析の概略を確認することから始めることにしよう。まず解ける微分方程式から考える。

$$dx / dt = x - t$$

ここに $x(t) = Ce^{t} + 1 + t$ は、微分方程式の〈一般解〉であり、定数Cの値を変えることによって無数の〈特殊解〉を得ることができる。あるいは定数Cの値を決定するような (x, t) の初期条件や境界条件を与えてやると、特定の解を得ることができる。そしてそれぞれの解は、特定の座標系において描き出される曲線として現実化する。微分方程式が解けるということについては、さまざまな数学的規定が与えられるが、ここではそのことを、微分方程式から曲線たちが発生する過程、微分方程式が表現する世界から曲線という延長物たちが現実化する過程として捉えていくことにしよう。そうすることによって、微分方程式が決定論的法則を表しているという通念を再検討する道が開けることになる。

　自然界においては、さまざまな延長物がさまざまな運動をおこなっているし、その運動の様相は当然にも自然界において決定されている。それが「決定」という語の本義であると言っておこう。他方において、運動の軌跡は曲線として把握することができる。かくて通念では、$dx / dt = x - t$ は運動学的な自然法則を表し、一般解 $x(t) = Ce^{t} + 1 + t$ は運動の軌跡一般を表し、特殊解 $x(t) = 2e^{t} + 1 + t$ は特定の運動の軌跡を表している。[2] ところが通念において「決定」とは、一般解に条件を定めて特殊解を定める操作に対応しているし、しかもその操作は無造作に特定の座標系に一つの曲線を描き出す作業と同一視されている。

微分方程式も一般解や特殊解も、曲線の描出の仕方を定めるような計算規則と見なされるのである。二階の微分方程式についても同様である。延長物の運動を決定する要因が物理学的力として概念的に把握されるとき、その物理学的力によって運動様式を決定する自然法則が成立していて、しかもその自然法則を微分方程式が表しているという通念が生ずる。そのとき、微分方程式を解くことによって解曲線を定めることは、物理学的力によって決定された運動の結果としての軌跡を定めることに等しいと見なされる。いま力（X, Y）の作用によって決定される運動を（x(t), y(t)）とすると、x(t), y(t) は、以下のような微分方程式の解に相当する。

$$m d^2x / dt^2 = X(t, x, y, dx / dt, dy / dt)$$
$$m d^2y / dt^2 = Y(t, x, y, dx / dt, dy / dt)$$

この微分方程式を解くということは、一般解を計算して、一定の時点における質点の位置と速度の値を決めて特殊解を一つ定めることと見なされる。しかもそのことは、特定の座標系において一定の点を指定することによって解曲線を定めることに等しいと見なされる。他方では、延長物の運動は現実には自然界において実現しているわけであるが、それが完全に微分方程式によって表されているからには、運動の現実的軌跡は微分方程式によって完全に決定されていると語られる。しかしこのような決定論的力学的世界観には、ある混乱がひそんでいる。微分方程式は自然法則を表していた。微分方程式を解いて得られる解曲線は、自然界での運動の軌跡を表していた。とすれば、自然法則が軌跡を決定している過程は、微分方程式が解曲線を決定する過程に相当するはずである。ところが、いつのまにかその決定過程は、一つの解曲線を一つの点を定めることによって確定する過程に矮小化されてしまう。もっと明確に言えば、自然界において運動が決定されていることが、紙上に曲線を一本描出する作業に矮小化されてしまうのである。微分方程式についての決定論的世界観と、微分法についての功利主義は、この意味で共犯関係にある。ところで、〈解けない〉微分方程式においては、この共犯関係は破綻すると思われるかもしれない。微分方程式が解けなければ、それと解曲線との差異がより際立つように思われるからである。ところが、まさに〈解けない〉微分方程式において共犯関係を再建して矮小化を進めたのがポアンカレであった。

微分方程式には解けないものが多い。微分方程式を立てること、すなわち、解かれるべき問題を立てることはできるのに、解を出すことができない事態のほうが多いのである。このような事態が起こりうることは一七世紀にも自覚されていたが、決定論的世界観が確立した一九世紀に改めて三体問題において自覚された。三つの質点からなる系の運動方程式は、一八個連立の一階微分方程式として立てることはできるし、その数を八個まで減らすこともできるのだが、それを解くことはできないことが示されたのである。問題を立てることはできても、それを解いて解消することができないのである。数学的に〈解消できない問題〉が数学的に見出されたのである。とすると、微分方程式とはそもそも何であるのか、決定論的世界観とは何であるのかを改めて反省せざるをえないことになる。まさにここでポアンカレは定性的分析の技法を提示して、問題を解消してしまう考え方を提案した。

微分方程式を解くということは、ふつうはその解を既知の関数を組み合わせた数式によって表現することだと考えられている。しかし解くということをこのように理解するならば、微分方程式の大部分は〈解けない〉といわざるをえない。しかし次のように考えることもできるのではないか。微分方程式の解の特徴は、それが微分方程式を満たすということであって、それ以外には何もない。だから解の性質はすべて微分方程式そのものの中にひそんでいるわけである。したがって、もし何らかの方法で解の性質のすべてを微分方程式そのものの中から引き出す方法が見つけられれば、たとえ解の数式表現が得られなくても、その方程式は〈解けた〉といってよいのではなかろうか。[3]

かかる観点を支えるためのポアンカレの技法は大略次のようである。

$$dx / dt = X(x, y),\ dy / dt = Y(x, y)$$

この一つの解を $x = x(t), y = y(t)$ とすると、xy 平面上の点 (x, y) は、パラメータ t の変化につれて、一つの解曲線を描き出す。これは、微分方程式によって確定されている曲線であると言うことができる。なお t の変化にかかわらず、微分方程式によって確定される解曲線が一点になることがあって、その点を特異点という。そこでパラメータを消去して自律系を考察するために、特異点も含めた解曲線を確定する微分方程式を以下のように表記しておく。すなわち、$dy / dx = Y(x, y) / X(x, y)$ と $dx / dy = X(x, y) / Y(x, y)$ を合わせて表記する。

$$dx / X(x, y) = dy / Y(x, y)$$

これによって確定される曲線群に特異点を付加したものが、当初の微分方程式によって確定される曲線群に相当する。そしてポアンカレによれば、こうした曲線群を完全に描き出すことができれば、微分方程式は解けたと言われてよいのである。曲線群の描出は以下のように進められる。

xy 平面上で解曲線が無限に伸びる場合についても、その様式を分類できるようにするために、xy 平面と無限遠点を球面上に写像する。かくて解曲線は球面上の曲線に、無限遠点は球面の赤道上に写される。相空間を球面として実現するのである。特異点は基本的に計算によって定まるから、次の課題は、特異点の近傍における解曲線の様子を調べることになる。いま、X(a, b) = Y(a, b) = 0、すなわち(a, b)が特異点であるとしよう。その特異点での近傍における関数x, yを級数展開したと考え、しかも高次の項は無視して、一次多項式によって近似できると考える。そうすると適当な変数変換と局所積分を実行すれば、近傍の解曲線をユークリッド平面上に描き出すことができるから、それを調べることによって解曲線の形質を知ることができるし、同時にそのことによって特異点がいかなる形質をもっているかも知ることができる。こうしてポアンカレは、特異点近傍の解曲線の形質を分類することによって、特異点のタイプを分類した。そしてこの分類は、特異点近傍の解曲線の形質に微小な変形が加わっても変わらないことをも証明した。同様の作業は、無限遠点が写像されたところの赤道上の特異点についても実行される。ここにおいて特異点が重要な機能を担うことになる。球面という相空間上において特異点の数と位置、特異点のタイプを確定することができるならば、特異点近傍の解曲線の形質を確定できるだけではなく、相空間全域にわたって大域的に解曲線がどのように振る舞うかをも確定できる。そして、各タイプの特異点の個数に成り立つ関係を定め、解曲線が閉曲線になる場合、特異点に近づく場合、リミット・サイクルに巻きつく場合を分類して、特異点とリミット・サイクルの位置関係を定式化することによって、解曲線の大域的挙動を完全に確定できるのである。このようにして、微分方程式によって確定される解曲線を既知の関数で定式化することはできないにしても、その形質を定性的に完全に確定できるのである。微分方程式が運動方程式であるとすれば、運動の軌跡を定性的に完全に把握することができるということになる。

ここで問うことにしよう。そもそも微分方程式は何を表現していたのだろうか。微分方程式は解かれるべき問題を提示していたのだが、その問題とはいかなる問題であったのだろうか。その問題を定性的にであれ解くことは、問題を解消することなのだろうか。[4] ポアンカレによれば、解曲線をすべて描き出すことが微分方程式を解くということであり、解曲線を描き出すことが原理的に保証されるならば、微分方程式が提起する問題は解消することになる。したがって、ポアンカレにとって微分方程式が表現しているものは、解曲線の定量的・定性的形質だけである。ポアンカレは、微分が解曲線描出において消えるのは、微分方程式と解曲線群との間に何の差異もないからであると、また、解曲線の図像と微分的世界の間には何の差異もないと考えているのである。ポアンカレにおいて、微分法の「志し」は潰えていると言わざるをえない。これに対してドゥルーズはこう書いている。

微分法は、以前には解くことができなかったような、それどころか立てることさえできなかったような問題（超越的問題）を表現している。……たしかに、特異点の分類は積分曲線の形によってなされるし、積分曲線は微分方程式の解を示している。しかし、それら特異点の実在と配分にかんする完全な規定があって、その規定はまったく別の審級に、すなわち、微分方程式そのものによって定められるベクトル場に依存している。それら二つのアスペクトには相補性があるのだが、それらの本性上の差異が除去されるわけではない（272/229-30）。[5]

微分方程式はたしかに曲線を完全に規定している。曲線の定性的形質と、特異点の実在と配分と、正則点と特異点の関係を完全に規定している。だからこそ微分方程式を、曲線群を球面上に描出する計算規則として使用することが可能になっている。しかし解曲線群とは「別の審級」がある。「微分方程式によって決定されるベクトル場」という別の審級が、すなわち速度場や力場として実現する多様体があって、ここには解曲線群との「本性上の差異」がある。すなわち、曲線を規定する理念的で潜在的な世界と、その一つの実現にすぎない球面上の曲線群との間には、自然本性的な差異があるのだ。ところがポアンカレのような数学者は、そのような差異を消してしまう。微分方程式は、曲線を産出する世界を表現しているはずなのに、曲線の量・形質が確定できさえすれば、すべてが完了したと信じられてしまっているのだ。ここで見失われてしまうものは、微分方程式が表現している世界である。この点を最近の例に即して論じておきたい。

3　ローレンツ系とロジスティック写像

カオス理論でよく取り上げられるローレンツ系を例にとろう。

$$dX / dt = -aX + aY$$
$$dY / dt = rX - Y - XZ$$
$$dZ / dt = -bZ + XY$$

ここに、Xは対流運動の強度に比例する変数、Yは上昇流と下降流の温度差に比例する変数、Zは対流がないときの定常温度勾配からずれる度合いに比例する変数であり、aはプラントル数、rはレイリー数とその臨界値との比、bは対流の領域の形状によって定められる数である。この非線形方程式系はもちろん解けない。そこでパラメータa, b, rに定数値を与え、初期条件を決めて数値計算を実行して、一つの解曲線を相空間（ここでは三次元ユークリッド空間）上に描き出してみる。すると曲線は、いままで見たことがなかったような奇妙な仕方でアトラクタに引き込まれていく。さらには初期値を微小に変えただけで、曲線は当初のそれから大きく離れていく。相空間上における解曲線間の微小な距たりが、大域的には予想を裏切るような仕方で拡大してしまう。このように微分方程式という決定論的法則から、きわめて不規則な曲線群の形質が発生する。そこで初期値鋭敏性や予測不可能性を把握するために、いくつかの悟性概念が導入されて分析が進められる。

ポアンカレならば、意外に見える相図も、微分方程式によって確定されていると言うであろうが、いまは論点はそこにはない。ローレンツ系が、相空間上に曲線を描き出すための計算規則を与えていること、ないしは計算規則を制約していることは争われていないからである。問題の核心は、相空間上の曲線群の挙動を定性的にであれ定量的にであれ悟性概念や数学的技法によって把握しさえすれば、当初の微分方程式が提起していた問題がすべて解消するのかというところにある。この点を考えるためには、ローレンツ系がいかにして導かれたかを考える必要がある。

ローレンツの原論文の題名は「決定論的な非周期的流れ」であった。[6] つまりローレンツは、決定されている流れとは定常的な流れか周期的な流れであって、決定されていない流れとは規則性を見出しがたい非周期的な流れであると前提しておいて、決定されているのに決定されていないかのように見える非周期的流れが出現することを発見したと報告したのである。しかし事態はそれほど単純ではない。ローレンツは気象学者としては当然のことであるが、自然現象としての流れを、定常的な流れと、規則的かつ周期的流れと、不規則的かつ乱雑な流れに分類して、三番目の非周期的な乱流は自然界ではありふれた現象であることを認めている。しかもかなり制御された実験においても乱流を発生させて再現できることを認めているのであるから、自然においてであれ実験においてであれ、乱流が本来の意味において決定されていることは承認するはずである。ところがローレンツは、乱流を相空間に再現できたと解される場合については、あたかも決定されていないかのような現象を再現したと言ってしまうのである。何故か。微分方程式を数学的に処理する過程において、何か基本的な事柄が忘れ去られたからである。実際、ローレンツは論文を次のように要約している。

決定論的な非線形常微分方程式系は、強制散逸的な流体力学的流れを再現する（represent）ように立てられている。その微分方程式系の解は、相空間の軌道と同一視してもよい。有界な解をもつ微分方程式系にかんして、非周期的な解は、通常の場合、小さな変化に対して不安定であることが見出される。かくて、きわめて小さな初期状態の差は、かなり大きな状態の差に発展する。有界な解をもつ系は、有界な数値解をもつことが示される。細胞状の対流を再現する簡単な微分方程式系が、数値的に解かれる。そのすべての解は不安定であることが分かるし、そのほとんどの解は非周期的である。以上の成果に照らして、長期にわたる気象予測の実行可能性が吟味される。

当初は微分方程式は、流れの自然界を再現すると解されている。とすれば微分方程式を決定論的と形容することは、乱流を含む個々の自然現象が決定されているということを意味しているはずである。ところが微分方程式から非周期的な解が導出されることをもって、決定論的微分方程式から決定されていないかのような解が導出されたと言うのであれば、乱流は自然界において決定されながらも決定されていないかのようであると言うのに等しくなる。要するに、決定という概念が甘く考えられているし、解けない微分方程式を数値的に解くということが充分に吟味されていないと言わざるをえない。そこでローレンツの作業の大略を想起しておこう。

そもそもの問題は、温度差のある流体から細胞状の対流が発生するという現実的現象であった。水を下から暖めると、水はやがて動き出す。水は動きながら熱を下から上へと運ぶわけだが、逆に、熱は下から上へ動きながら水を運ぶ。ここでは水の流れの世界と熱の流れの世界が交錯している。微分の志しとは、これを表現することにある。数学的には次のように進められる。粘性流体の運動方程式を、上方が開かれて下方から熱が加えられる容器内の流体について立てると、いくつかのパラメータをもった五個の連立偏微分方程式が定式化される。しかしこれは解けないだけではなく複雑すぎるので、方程式を単純化するためにいくつかの仮定を加える。[7] 容器の高さは微小であると仮定して、流体の運動方向は二次元平面内で表現できると仮定する。また、上面だけではなく下面も開かれていると仮定する。こうすると二個の連立偏微分方程式が立てられることになる。数学的には次のステップが重要である。微分されている関数を、二重フーリエ級数に展開して、ほとんどの係数を捨象するのだが、その操作は、時間が充分に経過するならば流体の粘性の働きによって速度や温度の高い振動モードは消失していくはずであるという現実的現象に依拠してなされている。つまり、高次の微分の捨象に相当する数学的操作は、粘性という流体の質にその根拠を置いているのである。ここにおいて、微分方程式における粘性率などのパラメータの意味が問われる必要が出てくる。とまれこのようにしてローレンツ系が導出されるが、それは数値的には次のように解かれる。一つの解X, Y, Zに微小攪乱x, y, zを加えて同式に代入して、それをx, y, zについて線形化した微分方程式を立てる。そして微小攪乱が零にならないという条件を用いて、静止状態を表す定常解の近くでの解曲線の挙動を調べていくが、このような数学的操作も、流体が熱せられると微小攪乱が発生して消滅することなく定常状態から逸れていくという現実的現象にその根拠を置いていると言わなければならない。具体的には、$a = 10, b = 8/3, r = 28$として、数値計算が実行されている。そして$X = Y = Z = 0$の近くに、初期値（0, 0.01, 0.01）をとり、数値積分によって解曲線を描き出す。かくて一万ステップ計算を進めても、曲線は二つのアトラクタの周りを不規則にまわりつづけるという有名な相図が描き出される。

　ローレンツ系でのパラメータとは、重力定数、熱膨張係数、流体密度、粘性率、熱伝導係数から形成されたパラメータである。そこで粘性率をとって、パラメータの意味を考えておく。流体の質である粘性率は、決して所与の定数ではない。それは実際には流体を特定の条件下に置いて運動させることによって初めて計測されるような数値である。そしてこのことは不可避的である。なぜなら粘性とは、運動する流体だけが現実化することのできる質だからである。当たり前のことだが、パラメータが変化するから流れが変化するのではなく、流れが現実に変化することの様相が、パラメータの変化として計測されるのである。とするなら、粘性率をパラメータにもつ微分方程式とは、パラメータに数値を与えれば何か特定の数値を弾き出すような計算規則なのではなく、むしろ逆に、粘性という質を発生させる流体の世界を表現しつつ、運動の諸様相と粘性率の分離不可能な関係を定式化していると考えるべきである。微分方程式はそもそもの初めから、流れを発生させて維持する流れの世界を表現している。だからこそ微分方程式から出発して、現実の対流を再現するモデルを組み立てることができるのである。微分方程式そのものは決して現実の対流のモデルなのではなく、現実の対流を発生させる世界の表現である。だからこそ、数学的操作によって描き出される相図は、乱流のモデルたりえる。とすれば、解曲線群をいくら描き出したところで、微分方程式が提起する問題は決して解消しないはずである。実際ローレンツ自身も、当初の非線形偏微分方程式系とそこから導出された線形微分方程式系とを区別して、後者での結論をそのまま前者に適用できないことを自覚していて、自然科学者として充分に慎重であったと言うことはできる。しかし、その最終的帰結をいかにして気象に「適用」できるかという考察においては、その慎重さを失って、線形微分方程式が確定する曲線群の中の一つの曲線の振る舞いの相図を、当初の非線形微分方程式が表現する自然界にあてがうことを「適用」と考えてしまうのである。それはまさに、円の代数方程式の微分が表現する事柄に、紙の上にデッサンした一つの円の形質を「適用」するようなことではないだろうか。

こうしてローレンツ系をめぐって流布している言説に対していくつかの疑義を提出することができる。

第一に、もはや単純に〈微分方程式は決定論的方程式〉と言うことはできないし、〈決定論的微分方程式から偶然的に変化する解曲線が出現するのは驚き〉と言うこともできない。現実に乱流が発生することが驚かれるべき問題であるし、現実に乱流が発生することに依拠して数学的操作を施すと、いままで見たことのないような相図を描出できるように、そのように微分方程式がなっているということが驚きであり解かれるべき問題である。第二に、〈初期条件への敏感依存性や予測不可能性〉という悟性概念だけによって事態を考えるわけにはいかない。[8] 熱力学をめぐる一九世紀的「良識」を批判する文脈においてドゥルーズは、「良識」の観点からの「予測」を次のように批判している（337-8/290）。良識は、観想的でも活動的でもなく、方向だけを気にしてひたすら予測しようとする。良識にとっては、過去はきわめて確率の低い状態であり、過去から現在を経て未来へと向かう時間の矢は、きわめて確率の高い状態に進んでいく過程である。実際、「部分システム」は、その起源においては、自己の領域を他から区別して個別化するような差異によって生成したのであるが、そのことは良識にとっては、ありうべからざる出来事としてしか感じられない。だからこそ、部分システムの初期条件が特定の数値に定まったことは、まったく予測不可能なことであったと回顧的に考えられてしまう。これに対して、未来へと向かう時間とは、部分システムを立ち上げた差異や、部分システム内部の差異が、平準化され均衡化されていく過程として、そしてそれ故に、予測可能な過程として考えられる。良識にとっては、初期条件が与えられさえすれば、現象は一様化へと向かうのだから、この世界に新しきことは何も起こりはしないことにもなる。すべては、ありうべきこととして現象するのだ。ローレンツ系をめぐる言説は良識の立場とは違うように見えるが、初期条件の僅かな違いから予測不可能な状態が出現するということに驚くだけでは、いささかも良識の立場を脱してはいない。というのは、そのような驚きは、未来には部分システムの差異が一様化されてしまうはずだという観点を前提としているし、初期条件を予測が始まるための所与の数値としか捉えないからである。微分方程式を単純に決定論的法則と見なして怪しまない観点や、現象の典型的展開を一様な平衡状態への進行と見なして怪しまない観点に依拠して、それと結託して、予測不可能な相図なるものが驚かれているのである。もちろん良識の科学である熱力学・統計力学にしても、予測不可能な現象が起こりうることは認めている。たとえば液体の粘性が高まれば、流体中の運動体の運動方向は予測不可能な仕方で変化することは承認されている。しかし微分方程式が立てている問題はそんなところにはない。問題は、流体の粘性という質を生成している強度的世界にこそあるからだ。そのような世界を「観想」するか、それとも、そのような世界において「活動」するという具合でないから、「予測」するという仕方でしか現象について語れないことになるのだ。

要するに、ローレンツ系をめぐる騒ぎの多くは、相図にとらわれた想像力だけで思考する人々によって引き起こされている。微分法の志しをとりもどすためには、数値計算や図像とは本性上異なるからこそ、それらによって消されてしまう微分的世界という審級をとりもどさなければならない。[9]

ロジスティック写像、$X_{n+1} = aX_n(1 - X_n)$ についても同様に論ずることができよう。まず、この写像があらゆる X_n の数値を決定していることは自明である。初期値 X_0 と定数 a の数値を決定しさえすれば、この写像を繰り返し計算規則として使用することによって、あらゆる X_n の数値を弾き出して決定することができる。しかし注意しておかなければならないが、このことは、そのように決定される数値たちの〈距離〉を定めることではないし、それら数値たちが〈延長〉の中で大域的に形成する配置を確定することでもない。ロジスティック写像を計算規則として見る限りでは、それが何らかの図像の形質や量を決定していると解することはできないのである。もちろん、決定される数値たちをマッピングすれば、予測したことのないような図像が現実化するかもしれない。そのときに驚くべきことは、図像の形質や量ではなく、マッピングの働きではないのか。

ロジスティック写像の定数aが、ある数値（3.56994567…）以上の数値をとると、初期値のきわめて微小な違いが、数百回の写像操作の繰り返しの結果、オーダーを異にするきわめて大きな違いを弾き出すことが指摘されてきた。この事態をどのように見ればよいのであろうか。ここでも注意すべきは、写像を計算規則として見る限りでは、そこに何の不思議もないということである。出発点の微小な違いが到着点での大きな違いとして実現するような計算規則がありうることに、何の不思議もないからである。したがって、この事態を不思議と言うときには何らかの解釈が介在しているはずであるし、そのときいかなる解釈を採るべきなのかが争われるべきであるということになる。通常こう解釈されていると思われる。現実の事象は実数値で記述されるはずであるが、実際の観測値にはどうしても誤差がともなう。そのため現実の初期事象を観測しても、事象によっては観測値にもとづく予測を裏切るような仕方で展開することがあるはずである。ロジスティック写像はそんな事象を記述していると解されるのである。初期値を観測によって定めたとしても、そこに必ずや存在する観測誤差は、きわめて巨大な予測誤差を生成するということが、ロジスティック写像によって表現されているというわけである。

しかしこのような解釈には、いくつもの混乱がある。計算上の初期値の違いは、いかに小さくとも完全に決定され確定されているのに対して、現実の事象の量的規定と観測値の違いはいささかも確定されてはいない。コンピュータ数値計算における誤差を考慮して、実験点列が「真の」数列を再現しないと評価されるにしても、誤差も真の値もともに確定されてはいないのに対して、マッピングされた点列はコンピュータの作動によって決定されている。さらに計算において初期値が以後の値を決定することは自明であるにしても、自然界において初期の事象が以後の部分的事象を決定しているかどうかは自明どころではない。一体、何と何がいかなる観点において比較されているのかがまったく定かではないし、一体、いかなる決定といかなる決定が比較されているのか、また、いかなる非決定といかなる決定が対比されているのかがまったく定かではないし、決定ということにしても、それは数値の計算なのか、図像の確定なのか、事象の決定なのか、計算可能な実数値の指定なのか、計算不可能な実数の指定なのかがまったく定かではないのである。したがって、現実の事象の量的変化の様式を、ロジスティック写像による計算や図像が再現しているとも再現していないとも単純に結論するわけにはとてもいかないのである。もちろんここには近似や誤差をめぐる多くの論点が伏在しているが、事態を「不完全な知の主観的契機」に帰着させることは正しくない。事態を近似や誤差という概念によって考察するのでは、微分方程式によって提起された「問題的なものの理念的で客観的な本性」が見失われてしまうからである（272/230）。ここでも、計算によって定まったり定まらなかったりする数値に着目するよりは、計算規則そのものを定めるパラメータに着目しなければならない。ロジスティック方程式という微分方程式を考えても、これを差分化したロジスティック写像を考えても、両者の関連を忘れなければ基本的には同じことであるが、そこでのパラメータaは、一定の個体数を別の個体数へと量的に変化させるような決定要因たちを集約的に表現していると解される。たとえば、人間の個体数が一定期間に一定数増大するという事象を現実化するような決定要因を考えてみよう。有性生殖の実行回数を決定する多くの要因、受精や授精を成功させるための多くの要因、発生や形態形成を成功させる多くの要因、そして、家族や個人に作用する多くの権力作用、そうした強度的要因を集約して代表しているのがパラメータなのである。したがってパラメータを定数として捉えることは、多くの決定要因の作動様式を固定させることに等しい。そして写像を計算規則として繰り返すということは、その作動様式を反復して累乗化していることに等しい。たとえば産児制限政策が諸個人に及ぼす影響を、単に加算するのではなく、反復して累乗化させて諸個人に作用させるということであると解釈することができる。とすれば初期値の微小な違いが、諸作用の累乗化によって、予測不可能な違いを生成するであろうことは想像に難くはないはずである。だからロジスティック方程式に驚くべきことがあるとすれば、それがパラメータの作動様式を微分関係によって表現できているというそのことでなければならないし、そこから出発して、作動様式が累乗化して事象を決定する過程の一事例を、コンピュータによって作図できるというそのことでなければならない。さらにはロジスティック写像を計算規則として使用しながら予測不可能な図像を産出するコンピュータこそが、まさにパラメータが集約的に表現している諸決定要因を再現する機構になっていると言わなければならない。現実を再現しているのは図像ではなく、図像を産出する機構なのである。ドゥルーズは「計算」と「世界」の関係について次のように書いている。

神は計算して世界をつくるとしても、神の計算は決して正確になりはしない。計算結果の不正確さ、解消されない不等性、それこそが世界の条件をなしている。神が計算しているあいだに、世界は〈出来上がる〉にしても、計算が正確であれば、かえって世界はないことになろう。世界はつねに〈剰余〉に同じであるし、世界の中の実在的なものは、分数や無理数としてしか考えられない（333/286）。

実在的なものが、すなわち出来事や変化が、計算という相の下では実数値として考えられることは認めてもよい。しかし実数値と計算値や観測値との違いでもって実在的なものの様相を捉えられると思うことは、まさに功利主義的計算法の発想にほかならない。これに対してドゥルーズの言いたいことは次のようなことであろう。神が微分方程式を立てて世界を表現してから、神が計算を実行して世界像をつくるときに、神は微分方程式が数値的世界像に対して〈剰余〉をなすことに気づかざるをえない。では、その剰余とは何であるのか。その中で神が計算を実行している世界のことであるし、微分方程式はまさにそのような世界を表現していたと神でさえも気づくことになる。同様にして、ロジスティック方程式から出発してロジスティック写像を計算して図像をつくるときに気づかれる〈剰余〉とは、その中でコンピュータ・数学者が計算を実行して図像を産出している世界のことであるし、当初の微分方程式はそのような世界を表現しているのである。とくにパラメータは、コンピュータ・数学者の作動様式に集約される世界の諸強度を表現していると解さなければならない。だからこそドゥルーズは、現象が計算不可能な実数値として考えられるのは、現象を発生させる諸強度の差異がつねに剰余として残るからであると書くことができたのである。

決定と非決定、予測可能と予測不可能、実数値と観測値、こうした一連の概念的対立を考えるだけでは決して解消できない問題に、カオス理論においても私たちは出会っているのである。「概念における対立、葛藤、矛盾は、軽やかな理念を特徴づける繊細な微分的機構に比べれば、近似的な鈍重な尺度や計量であって、そんなものは何と粗野に見えることか」(308/262)。そしてこの「軽やかな理念」は多様体として捉えられることになる。

4 いかに個体について多様体を語るか

「理念は多様体である」。しかも「理念は、確定された、かつ、連続的なn次元多様体」、すなわちリーマン多様体である。理念的で潜在的な世界は、リーマン多様体である。そして「生物学的理念としての有機体」も「多様体」である(278-81/236-8)。ドゥルーズは個体論において多様体を語る必要があると考えているのである。その点を論ずる前に、必要なかぎりでリーマン多様体論の意義を確認しておこう[10]。

問題は曲面である。曲面の量や形質を知るにはどうすればよいであろうか。ガウス以前の方法では、三次元直交座標によって曲面を規定する方程式を定式化して、曲面上の点の位置を表示し、曲面の面積や形状を測定した。曲面をユークリッド空間の内部に含まれた図形として、その外部から観察して測定していたのである。これに対してガウスは、曲面の外部の観点を前提とすることなく、曲面の量や形質を内的に規定しようとした。そのための第一着手点は、曲面において内的に位置を定めるために、曲面上に座標を設定することであった。そして第二に、曲面上において内的に距離を定めるために、微分的な線素（線のエレメント）を規定し、それによって計量を規定した。そして第三に、曲面の形質を内的に規定するために曲率を規定した。曲率とは、曲面を伸縮させることなく、すなわち曲面の内的距離を変えることなく、曲面を展開させたり褶曲させたりすることによっても不変のままに保たれるような量であるから、まさに曲率は、曲面たちを分類するための差異を与えることになる。このようにしてガウスは、曲面を二次元の連続多様体として把握することに成功した。そしてガウスは、空間をも三次元多様体として把握する。これは空間を観察するような外部の観点を前提としないで、言いかえれば、空間を外部から包むような四次元空間などを想定しないで、空間を内的に規定することである。ここにおいて初めて、曲面や空間の世界が内的に把握される道が開けたと言ってよいであろう。ガウスの成果を受けて、リーマンはそれを多次元の場合に拡張した。いま距離を産出するような微分的線素を記号 ds で表しておく。通常の平坦な平面における二点（x_1, x_2）、（x_3, x_4）間の距離の平方は、直交座標で表示すれば、（$x_1 - x_3$）^{2} +（$x_2 - x_4$）^{2} となるが、この距離が次のような線素によって産出されると考えるのである。

$$ds^2 = dx_1^2 + dx_2^2$$

ところが座標の設定は任意であるから、任意の座標によって線素を表示すると次のような式になるはずである。

$$ds^2 = g_{11}dx_1{}^2 + g_{12}dx_1dx_2 + g_{21}dx_2dx_1 + g_{22}dx_2{}^2$$

ここに、係数 g_{ij} は座標の設定によって決まるような関数である。曲面に内的に局所座標を設定したときにも、線素を表示する式は当然このような形式になるであろう。逆に言えば、曲面において線素を確定するならば、すなわち線素を表示する式の係数を確定するならば、曲面の位置と距離を内的に確定することができるはずである。ただしその際には、座標変換によって係数がどのように変換されるかを確定する必要がある。たとえば適当な座標変換によって係数が $g_{11} = g_{22} = 1, g_{12} = g_{21} = 0$ となるようであれば、当初の曲面はそれを展開させたり褶曲させたりすればユークリッド平面に変換できるような面であることになるし、そのような座標変換が存在しなければ、当初の曲面はユークリッド平面とは異なる形質をもっていることになる。いずれにせよ、座標変換を通して曲面の内的な形質や量が確定されるのである。リーマンはこの観点を n 次元の多様体に一般化して、n 次元の線素を次のように定式化した。

$$ds^2 = \sum_{ij} g_{ij}dx_idx_j$$

そして係数行列の性質によって、曲率や測地線という曲面に固有な量や形質を確定することに成功したのである。こうして n 次元多様体から、さまざまな曲面や空間が生成されると考えることができる。n 次元多様体から始めて、その次元や計量を定めることによって、ユークリッド的であれ非ユークリッド的であれ、多様な幾何学的構造が次々と生成されると考えることができる。こうしてリーマン多様体論によって初めて曲面や空間の世界が知られたのである。

ここで多様体について次のように想像してみることができる。さまざまな計量や曲率をもった曲面たちが存在している。曲面たちは互いに交差してさまざまな曲線を実現している。多くの正則点と特異点がいたるところに配置されていて、ある特異点の近傍では曲線たちが集中し、ある特異点の近傍からは曲線たちが逃走する。同様のことは、曲面たちの間でも起こっている。さらに多様体の変化について想像してみることができよう。どこかでサイコロが振られたかのように、突然に曲面たちが計量や曲率を変換したとしよう。そのとき一挙に、曲面たちと曲線たちはその量と形質を変化させる。その変化のプロセスは、当初の特異点たちが一つの特異点に縮減したり、当初の一つの特異点が多くの特異点たちにほどけたりする過程として想像することができよう。一つの多様体は別の多様体に変換されるわけだが、この変換がドゥルーズの言う「イデアルな連結」であり「着衣の反復」である。「反復とは、特異性たちを、つねに反響の中へ、共鳴の中へ投げ入れることであり、この反響、共鳴において、それぞれの特異性たちは、互いに他の分身になり、それぞれの星座は互いに他の星座の再配分になる」(304-5/259-60)。そして多様体が変換されるたびごとに、現実的な曲面たちや現実的な曲線たちは、集中したり展開したり、捻れたり広がったり、交わったり離れたり、現実的な出来事を実現するだろう。イデアルな連結は相空間の分岐として現実化するだろう。このようにしてイデアルで理念的な出来事から、現実の出来事が発生する(287/244)。

そしてドゥルーズは多様体論を個体化論に導入しようとする。個体化の原理がリーマン多様体であり、そして、多様体から個体という延長物が現実化すると主張するのである。しかし個体について多様体を語るためには、いくつかの注意が必要である(286-9/243-6)。

第一に、個体は〈多なるもの〉を統一する〈一なるもの〉であると語られることが多いが、そのような語り方にとどまるかぎり、〈一〉と〈多〉を対立させたり組み合わせたりする語り方から脱することはできない。それに〈一〉にもさまざまな〈一〉があるし、〈多〉にもさまざまな〈多〉があるのだから、〈多〉を統一する〈一〉と語ったとしても、何も言ったことにはならない。問題の核心は、個体を「多であるかぎりでの多に固有な組織化」として、すなわち〈多〉様体として捉えることに置かれなければならない。

第二に、現実化している個体は延長物である。この水準では、個体を「指定された質料」としたトマスが正当である。個体は変化しつつあるものであるが、それとして指定される一定のボリュームをもった物体にほかならないからである。ただし一定のボリュームは、たえず生産されて維持される必要がある。食べなければ痩せ衰えるし、食べるものがなくなれば死んでしまうから、この世で特定の個体として指定され続けるためには、食べて消化して吸収して排泄しなければならない。とすると個体とは、このようにボリュームを維持し続けるものであると言う必要がある。この水準では、個体性を物体性とは形相的に区別されるる存在者性（entitas）としたスコトゥスが正当である。要するに、トマスは現実化した個体に重点を置き、スコトゥスは現実化して個体化する過程に重点を置いたのである。[11]ドゥルーズが「理念は多様体」と書くときはスコトゥスの観点に立っているし、「事物は理念という問題の解の事例」と書くときはトマスの観点に立っていると言えよう。一旦は二つの観点を厳格に区別しておく必要がある。

第三に、個体を多様体として捉えるためには、それが「何であるか」という問い方を放棄しなければならない。個体について「何であるか」という問いは、一つの人間であるとかソクラテスであるとか答えられてきたわけだが、人間性という共通本性と個体として現実化する過程とがいかに連関しているのかを言うのでなければ、人間であるという答え方は空虚であるし、ソクラテス性なるものが個体的本質を指し示すとしても、個体的本質についての考え方を変更しなければ、個体に単独的に「本質」を語りうるということを正当化できるはずがない。いずれにせよ、「何であるか」という問い方は、本質さえも明らかにはしない問い方である。これに対して個体については、「どのくらい（combien）」「どのように（comment）」「どのような場合に（en quel cas）」と問わなければならない。「程度（mesure）」「態様（manière）」「場合分け（casuistique）」を問わなければならない。どのくらいの体重であるのか、どのような肌合いであるのか、どんな場合に下痢をするのか、あるいは、どのくらいの涙の量であるのか、どのような流し方であるのか、どんな場合に鼻水を流して悲しむのか、このように問わなければならない。そして、このような問いによって問われているものが多様体であり、このような問いに対する繊細な答えが多様体の何たるかなのである。伝統的分類で言えば、非本質的なこと、偶有的なこと、変化すること、これこそが個体の本質であり、個体の実体をなしている。一つの個体的な船とは、何らかの静態的な構造体のことではなく、流体において特異な動きをしながら変化するものである。船の個体性とは、その運動の諸モード、たとえば慣性モーメント、強制モーメント、横揺れ角、減衰力が、波や風の運動モードと連成していくその仕方のことである。一つの個体的な人間とは、何かを為している主体のことではなく、ある時ある場所で、何ほどかの速度や衝撃度をもって窓ガラスに頭を打ちつけて、何ほどかの影響や情動をこうむっていたその仕方のことである。

　以上の点を自己組織化論の言葉で言い直しておこう。河本英夫は、ビーカー内の溶液に音波が当てられた場合に突如結晶が生成するという現実的現象について次のように書いている。

> 溶液中の分子が、偶然なんらかの外的要因によって、特定の配置をとり、結晶の析出が開始される。ひとたび結晶の析出が始まれば、同様の生成プロセスが断続的に進行する。生成し増大しつづける結晶は、溶液各所の近傍濃度に応じて凹凸が生じ、さまざまな形態になっていく。増大をつづける結晶は、この自己形成をつうじて溶液の周辺条件を変化させる。析出した結晶も、溶液との境界で、再度一定速度で溶液中に融解しており、溶液から結晶表面に析出する分子と、結晶表面から流出する分子の差異が、結晶の増大値となる。このとき結晶の境界は、結晶と溶液環境との相互作用によって決定される。[12]

ここに「生成プロセス」が個体化する多様体に相当する。この多様体を把握するためには、「外的要因」「配置」「断続」「増大」「融解」「析出」などの程度・態様・場合が決定的に重要であり本質的である。そして「結晶」が現実化された個体に相当する。ところで、結晶を析出している生成プロセスと生成された結晶とがなしている系に対して、ビーカーの壁は外部からの所与に見えるから、ビーカーの壁を系に含ませることはできないし、それは系にとっては異物であるように見える。かくて異物によって支えられる系は、十全な意味における自己組織系ではないと評されることになる。しかしそれでよいのだろうか。

生体という自己組織系の発生をいかにして理解するかということについて、こう論じられることが多い。試験管において無機物たちからアミノ酸を生成した実験は、試験管の壁を生成したわけではないから、生体の構成材料の生成を実験的に再現したにすぎない。よって生体の発生を実験的に再現できたと言えるためには、試験管においてではあれ、無機物たちから有機物が生成されて、さらには有機物たちによって細胞膜に相当する境界が生成されるといった具合でなければならない。生体という自己組織系を再現するには、自己の境界を自己が創り出すような系を試験管内に実現しなければならないからである、と。

しかしこのように試験管（in vitro）と生体系（in vivo）の差異を捉えている限り、よしんば細胞膜に相当する有機物が形成されたところで、生体の発生を理解できたと言うことはできないであろう。結晶の例から言えば、問題の核心は、生成プロセスと生成物との系がビーカーの壁を観測して測定して認識していると、外部観察者が言えるかどうかというところに置かれるべきである。ある反応プロセスが多様体をなしていると考えるとき、それは内的な位置と計量をもっているはずであるが、そこから生成物が現実化する際に、ビーカーの壁をその計量によって測定したかのように結晶を析出していると言えるかどうかが重要なのであり、そのように言えるならば、多様体はビーカーの壁を系内に統合していると、外部観察者は判定しなければならないはずである。同じことは試験管についても言えよう。有機物が試験管ガラスを生成することは不可能に決まっている。問題の核心は、有機物がそれを不可能と認識しているかと言えるかどうかにある。かりに有機物が試験管の壁から離れて膜を形成したとしても、有機物が試験管の壁を取り込めないことを認識したが故に、そこから〈離れた〉位置に膜を形成したと言えるのでなければ、すなわち、有機物の多様体がその内的計量によって自らと試験管の壁の距離を測定していると言えるのでなければ、外部観察者は生体の生成を再現したとは言えないはずである。生成プロセスから結晶体へ、生化学反応プロセスから細胞膜へ、個体化の原理から個体へ、要するに理念的で潜在的な多様体から現実的な延長物へ、このような過程を内的に把握するような知が求められるのである。

以上のことを、現実化した個体の側から捉え直してみよう。個体は空間的時間的な現実態であるが、それがどこから現実化しているかと言えば、理念的で潜在的な多様体からである。ところで現実的個体は絶えず変化している。現実的個体は絶えず自ら差異を創りながら自らを維持している。個体の身長が一ミリメートル伸びたとしよう。この一ミリメートルという差異は、変化する前の個体を現実化している多様体から、変化する後の個体を現実化している多様体へのイデアルな変換によって現実化していると考えなければならない。「生成（genèse）とは、いかにわずかであっても、一つの現実的な項から別の現実的な項へと時間の内で移行することではなく、潜在的なものからその現実化へと移行すること、すなわち、構造からその具現へ、問題の条件から解の事例へ、微分的諸要素とそれらのイデア的連結から、現実的な項とさまざまなリアルな連関へと移行することである」（280-1/237-8）。総じて、発生、形態形成、自己維持、自己組織とは、現実的なものから現実的なものへと移行することなのではない。だからこそ個体についても多様体を語らなければならないし、その上で自己組織化について内的に把握しなければならない。ここにおいて私とはいかなる存在者であるのかということを考えておく必要がある。

私が結局は一つの個体であるということを、すなわち、私とは世界の中で生まれて死んでいく一つの存在者であるということを真剣に受け止めるならば、私についていかに考えるのがよいであろうか。私とは受精卵が成長してきた当の生体であり、いずれ老化して死体になっていく生体である。要するに私とは卵なのである。そこで個体としての私がいかにして量的規定を内的に現実化しているかを考えてみる。私は自分の指先から自分の肩までの距離を知っている。そのことは、私が自己の身体図式や運動図式を身につけていることに相当する。私が特定の内的距離を隔てて肩と指を形成できたのは、私が内的に自らの曲面に計量を与えて、内部の生成プロセスによって延長物を生産して配置してきたからである。そしてまさにそのことによって、私は身体図式や運動図式を身につけてきた。そしてそのような内的距離でもって、私は私の外部を規定して、その距離を計測して、外部の延長物と接続している。ところが外部から私を観察する者は、以上の経緯を個体が延長量を増大する過程としてしか把握することができない。外部の観察者は、個体の外部に座標軸を設定して、そこで定まる計量によって個体の成長を計測する。私の指先から肩までの距離を何センチメートルであると語ることは、そのような外部からの規定でしかないのである。これに対して私が内的に計量している距離は、第一義的には決してそのような数値なのではない。

このような意味において私は個体であり多様体である。だから、私であるということは、個体化の一つの様相として捉え直されなければならない。私の活動を考えてみよう。私が声を出すことは、自らの舌に別の特異点を形成して別の曲面を形成することである。声を出すこと、舌を動かすことは、特定の現実的形状から別の現実的形状に移ることではなく、舌や空気に潜在する多様体がイデアルな連結をたどって別の多様体へ変換することの現実化である。理念的で潜在的な多様体から現実化する活動、これの様相の一つが声を出す私なのである。だから、私とは何であるのかを学び知りたいのであれば、理念的で潜在的な出来事と現実的な出来事の交錯を思考しなければならない。そしてその思考は実はほとんど生きることに等しいのである。「学ぶということは、問題の理解において、特異性の把握と凝縮において、身体と理念的出来事の合成において進展する。泳ぐのを学ぶこと、外国語を学ぶことは、自らの身体や舌に特異点を構成することである。……私たちは、私たちの身体や舌の変化までも要求する、そうした問題以外の何に身を捧げるというのか」（292/248）。微分方程式の立てる問題を思考することは、微分の表現する世界に身を捧げて現に生きていることに等しいのである。その次第を論ずることにしよう。

5　微分と個体化

理念的で潜在的な世界から、延長物としての個体が現実化してくる過程、言いかえれば、受精卵が形態形成や分化を経て成長して死んでいく過程、このことを数学的に表現するためには、微分から差異が発生する過程を定式化する必要がある。ドゥルーズも次のように書いている。「理念の潜在的な内容の規定は、微分化（différentiation）と呼ばれる。この潜在性が種と部分に現実化することは、差異化＝分化（différenciation）と呼ばれる。種と部分の差異化＝分化が実行されるのは、つねに微分化された問題やその条件との関係においてであり、種と部分の差異化＝分化は、問題の解に対応するように実行される」（312/267）。このことを最初に解明した論文の一つが、チューリングの「形態形成の化学的基礎」であった[13]。その後の解説も参照しながら、微分から差異を発生させる数学的定式化の概略をたどっていくことにする。出発点は次のような反応拡散方程式である。

$$\partial X / \partial t = f(X, Y) + D_X \partial^2 X / \partial x^2$$

$$\partial Y / \partial t = g(X, Y) + D_Y \partial^2 Y / \partial x^2$$

ここに、X, Y は反応成分の濃度、f, g は X, Y の反応式、D_X, D_Y は拡散係数、最後の項は拡散項を表している。濃度の時間的変化が、ある場所における反応による濃度変化と、その場所からの拡散による濃度変化との和によって示されている。

このような反応拡散方程式について、あらかじめ注意しておくべきことがある。第一に、それが濃度という強度量を変数としていることである。ドゥルーズは、強度が強度量としてその程度を計量されるときには、強度に何らかの延長を入れておかなければならないと指摘している（357/307）。その延長は、拡散項において濃度勾配を規定する変量 x によって表されているわけだが、この変量 x はあくまで位相的距離であって、特定の座標系によって計量されるような延長量ではない。このように反応拡散方程式とは、強度量と延長を関係づけている方程式であるから、そこにおける強度量の微分が何を表現しているのかと問うならば、まさに強度を表現していると答えなければならない。このとき方程式全体は、強度から強度量と延長が発生する過程を表現していることになる。第二に、ここでの延長は延長物ではないことが強調されるべきである。反応や拡散が生ずる場所とは、濃度勾配という延長の局所であって、それは延長物としての細胞ではないし、延長物としての反応生成物でもない。したがって、反応拡散方程式から数学的技法によって導出される解を、細胞の形態形成やパターン形成や分化の再現として解釈するためには、いかにして強度量と延長から特定の形質をもった延長物が発生するかを説明しなければならないことになる。ところが、反応拡散方程式には延長物の量は表されていないのだから、強度量と延長から延長物が生成される過程が、数学的技法によって再現されているのかが問われるし問われなければならない。しかしそのような再現はなされてはいないように見える。むしろ反応拡散方程式は、語の強い意味において、延長物としての細胞や反応生成物を前提にしているし、受精卵の現実の発生過程を前提にしている。そのことは、微分方程式にも言い表されてはいないし、数学的技法においても再現されてはいない。解かれるべき問題は個体化であり、微分は個体化の原理を表現しようとするのであるが、個体化は個体を前提にし、かつ、個体化は個体を結果とすることは微分方程式には表現されていない。この点をどのように解すべきかが問われなければならない。第三に、微分が強度を表現していることがそのまま認められるべきである。しばしばこう言われることがある。本来は各分子について微分方程式を立てて、それを寄せ集めてアボガドロ数のオーダーの連立方程式を組み立てて解くべきであるが、それは実行不可能なので、粗視的な変数として濃度をとって微分方程式を立てるのである、と。おそらくそれは誤った弁明である。たとえ全分子について微分方程式を立てたとしても、それが表現するのは、決して分子運動論が想定しているような事態ではなく、あくまで強度量と延長の関係になると思われる。反応拡散という自然現象を離散的モデルによって表現するとしても、強度量と延長を取り消すことはできないと考えるべきであろう。たとえばボルツマンの分子混沌仮説にしても、それは質点間の相互作用である衝突という出来事を捨象している。だから本当に微分方程式を各質点についてきちんと立てるならば、衝突における強度や延長や理念的出来事が表現されずにはおかないはずである。ドゥルーズも言うように、質点も理念的な多様体であって、質点間に立てられる微分方程式は、速度分布や統計ではなく、「多様で局所化されない連結」を、たとえば粘性流体においてしか発生しない乱流を理念化したクリナメンという強度を表現するからである(281-2/238-9)。

反応拡散方程式を解いていく数学的技法を概観しよう。$X = X_0, Y = Y_0$ において、$f(X_0, Y_0) = g(X_0, Y_0) = 0$ であるとする。すなわち、その濃度において反応が進行しない定常状態が実現する。そこでこの定常状態の安定性を解析してみる。定常状態に微小な揺動 u, v が加わる場合、$X = X_0 + u, Y = Y_0 + v$ について考える。そして $f(X_0 + u, Y_0 + v)$ は $au - bv$ によって、$g(X_0 + u, Y_0 + v)$ は $cu - dv$ によって近似されるとする。このとき反応拡散方程式は次のようになる。

$$\partial u / \partial t = au - bv + D_x \partial^2 u / \partial x^2$$
$$\partial v / \partial t = cu - dv + D_y \partial^2 v / \partial x^2$$

ここで拡散のない場合、すなわち、$D_x = D_y = 0$ の場合の安定性を調べて、安定であるための条件（$a < d$, $ad < bc$）が満たされていると仮定しておく。つぎに拡散のある場合について安定性を調べて、最終的には、D_x がそれほど大きくなく D_y が充分に大きければ、定常状態は不安定であって、u, v をフーリエ展開することによって規定される特定の波数をもつ濃度の周期パターンが発生すると結論される。このことは次のように言いかえられる。反応だけが起こっても、拡散だけが起こっても、濃度は一様化に向かって進行してそこで安定するはずであるが、一方の濃度 u の拡散係数がそれほど大きくなく、他方の濃度 v の拡散係数が大きいと、前者の濃度の増大をいくつかの場所において後者の濃度によって抑制することができなくなるために、前者の濃度のピークが発生する。かくて前者を活性因子と、後者を抑制因子と呼ぶことができる。こうして反応拡散方程式から、ある条件の下で、濃度の大域的な差異が導出されたことになる。たしかに微分から差異が発生したように見えるし、個体化の原理から個体が発生する過程の一面が表現されたように見えるのである。ドゥルーズはこう書いている。「差異化＝分化とは、局所的積分、局所的解である。これは他の局所的積分や局所的解とともに、大域的積分や大域的解の集合の内で構成される。このようにして生体における現実化のプロセスは、同時に、諸部分の局所的差異化＝分化として、内部環境の大域的形成として、有機体の構成の場において立てられた問題の解として現れる」（318/272）。チューリングも次のように書いていた。「相互に反応し、組織を通して拡散する化学的物質（形原（morphogens）と呼ぶ）の系は、形態形成の主要な現象を充分に説明する（account for）。そのような系は、当初はまった

く一様であっても、一様な平衡状態の不安定性のために、あるパターンや構造を発生させる。この誘因となるのがランダムな揺動である。……不安定性が生ずる六つの形式が見出されるが、その最も興味深い形式においては、定常的な波動が細胞たちのリング上に出現する。このことはたとえば、ヒドラの触毛のパターンや輪生葉序を説明する。さらには球面上の反応拡散系の考察によって、原腸陥入が説明されるように思われる」。

しかし先に指摘したように、チューリングの解釈は、組織、形態、細胞、リング、触毛、葉、受精卵という延長物や個体を前提としておいて、それらを濃度の差異から現実化したと見なす「説明」にしかなってはいない。これでは微分方程式から個体的差異が導出されたとはとても言えないはずである。ドゥルーズも指摘するように、「理念」には「自らを微分する力」はあっても、「自らを差異化する力」はない（285/242）。微分方程式はいささかも差異化された個体を「説明」しないように見えるのである。それ故に発生の生化学的研究の方法からしても、微分方程式系によって生化学的反応のカスケードを記述したところで意味がないとされたとしても無理はないであろう。[14] 実際、生物物理は分子生物学に付属する意匠にしか見えないのである。では、ここにおいて微分の発生論的な志しは潰えてしまうのであろうか。

反応拡散方程式における強度量や延長と、現実化された延長物の間にはたしかに距たりがある。その距たりを、局所積分や特性解析を用いる数学的技法が埋めているとはとても思えない。チューリングやドゥルーズの志しは空しいように見えるのだ。しかし実は、このように言い立てられている距たりとは、現実化された個体の外部の観察者だけが見出すような距たりではないだろうか。外部の観察者は、一方では微分方程式が表現する強度の延長を認識して、他方では眼前の小さな延長物を感覚して、理念的延長と現実的延長物の距たりを言い立てているだけではないのか。さらにはそもそも外部の観察者には、理念的で潜在的な多様体と、現実的で顕在的な多様体の距たりを埋めることはできないのではないか。再度考え直してみよう。ドゥルーズは受精卵の形態形成運動について次のように書いている。

個体化は延長物において生ずるのに、延長物によって個体化は説明されないということに注目すべきである。たしかに、高低、左右、図と地は、延長物の中で、上昇下降、流動、沈降の線を描き出すための個体化のファクターである。しかしそれらのファクターは、すでに展開されている一つの延長物の中で与えられるのだから、それらファクターの価値は相対的なものにすぎない。したがって、それらのファクターは、一つのより深い審級から派生している（343/295）。

表面の増大、細胞膜の伸張、原腸陥入、細胞群の局所的置換が生ずるためには、受精卵が自ら動物極や植物極の位置や、軸に相当する線分を決定して、高低、左右、前後を確定しなければならない。そしてそのような位置や方向の情報は、さまざまな濃度差によって与えられると考えられる。だからこそチューリングは、反応拡散方程式を立てたのだ。ところが、以上のような語り方は、受精卵の外部に据えられた座標系を暗黙の内に前提としておいて、すでに三次元ユークリッド空間の内部で「展開されている」延長物についての外的な語り方になっている。そのような語り方によって把握される「個体化のファクター」が「相対的」なものにすぎないのは明らかである。だからこそ個体化の「より深い審級」を探究しなければならない。そしてドゥルーズは、そこから延長と延長物が同時に発生すると書くのである。「存在者において深さと強度は同じである。……深さは存在者の強度であり、強度は存在者の深さである。そしてこの強度的な深さから、すなわち空間（spatium）から、延長と延長物が同時に、また、形状と質が同時に出来してくる」（343-7/295-8）。強度的多様体は、延長と延長物、形状と質の「四重の発生の源泉」である。ところで、微分は強度的多様体を表現している。とすると、いかにして強度量と延長から形質をともなう延長物が発生するのかという問いは、微分が強度的多様体を表現し、微分方程式が強度量と延長の関係を規定することをもって解決していることになる。しかし何故そんなことが言えてしまうのか。ドゥルーズは何を信じ何を当てにしているのか。[15]

ここにおいて反応と拡散のカップリング（couplage）について考えなければならない。二つの濃度X,Yは、本性的に異なっている。それらの間には、いかなる出会いも、いかなる反応も予定されていたわけではない。よしんば出会えたとしても、温度、圧力、張力、電位などの諸強度との幸運な出会いがなければ、反応など起きはしなかったであろう。強度たちは互いに異質（hétérogènes）であり不調和（disparates）であるが、それらの交流（communication）のおかげで、現実化が進むのである（333-4/286）。しかしいかにして交流は実現するのか。「私たちが強度の諸セリーは何らかの力の働きの下で交流状態に入ると想定しているとき、明らかにこの交流は強度の差異を別の強度の差異に関係させて、システムの中で強度の差異の差異を構成している。このような二階の差異が、差異化＝分化させるものの役割を演ずる」（185/154-5）。「個体化の働きとは、……不調和な諸要素を、一つのカップリング状態に統合して、それらの内的共鳴を保証することである」（368/317）。しかしいかにして共鳴は実現するのか。二つの濃度が反応するのは、二つの濃度の差異を構成するシステム、たとえば受精卵というシステムの中においてだけだからだ。しかもそのシステムは濃度差から現実化する延長物でもあるからだ。「強度は、ある延長の内で繰り広げられ展開される。延長によって、強度は延長物に関係づけられる。延長物において、強度は自己の外に現出して形質によって覆われ、強度の差異はシステムの中で取り消されるが、強度の差異だけが当のシステムを創造する」（342/294）。濃度差が一定の構造を実現するのは、拡散係数というパラメータに一定の条件が付与される場合であった。拡散係数とは、個体の中と個体の外の諸強度の共鳴状態を集約的に表現しているはずである。ということは、拡散係数の一定の条件とは、まさに受精卵が幸運にも形態形成を遂行できるという内的状態を指し示しているはずである。裏から言えば、拡散係数がその条件を満たしていないということは、受精卵が形態形成に失敗して流れて死ぬということなのである。だからこそ反応拡散方程式から数学的技法によって濃度差のパターンを引き出すということは、まさにそのままで受精卵の形態形成がうまくいっていることの再現であると言うことができる。濃度差のパターンを引き出せない場合は、形質をともなう延長物は流れて死んで消滅する場合に相当するからである。だからこそ強度的多様体は「四重の発生の源泉」であると言うことができたのだ。ここで一旦は、個体の死を個体の無として表象する限りにおいては、反応拡散方程式は存在者の存在と存在者の無との差異を示していると言っておこう。

たとえばジャイアント・マウスを〈造る〉実験を考えてみよう。ラットの成長ホルモン遺伝子をマウスの受精卵に導入すると、うまくすると巨大なラットを造り上げることができる。そのラットの血中成長ホルモン濃度は通常の約八百倍に達し、体重はおよそ二倍になると報告されている。ここで驚くべきことは、成長ホルモン濃度という強度量と体重という延長物の量とに、何らかの比例関係が実証されたなどということではない。そうではなくて、成長ホルモン濃度が高まることによって、滝のようにさまざまな反応が連成し、次々と別の濃度が変化し、次々と延長物の産出高は変化したはずであるが、そうであるにもかかわらず、あるいは、そうであるからこそ、いくつもの強度量といくつもの外延量がカップリングして共鳴して個体化を実現したということが驚くべきことなのである。要するに、遺伝子を操作したにもかかわらず、あるいは、遺伝子を操作したからこそ、受精卵が死ぬこともなく生体として自らを持続したということが驚くべきことなのである。ジャイアント・マウスの実験は、そこに潜在する強度的多様体を信じて当てにすることなしには実現しない。しかもジャイアント・マウス自身が、そのような強度的多様体を信じながら生きているのである。この意味で「私たちは、個体化は本質的に強度的であり、前個体的な場は理念的・潜在的であり、微分関係によってつくられていると信ずるのだ」(368/317)。

強度ないしは自然本性だけをとれば、それらは「狂った配分」「ノマド的で瞬間的な配分」であるし「戴冠せるアナーキー」である（337/289）。諸強度は本性的に異なっているからである。しかしスコトゥスが語ったように、自然本性は個体において現実化するし、自然本性と個体性のあいだには形相的区別だけが成立している。すなわち生化学的反応拡散プロセスにはさまざまな自然本性が関与して交流しているわけだが、それはまさに当のプロセスにおいてだけ現実化している。だからこそ、強度的自然本性と個体性との間には、事物的区別でも理論的区別でもない、形相的区別だけが成立する。強度的自然本性たちは、まさに個体という存在者において遭遇する。だからこそ強度は存在者の存在者性である。個体性が強度的であるとはそのようなことであり、世界はまさにそのように存在している。

それでも、強度的多様体と現実的個体の距たりを、信ずることによって埋め合わせただけに見えるかもしれない。最後にその「主要な困難」（375/324）に触れておこう。

理念は、判明で曖昧である（distinct-obscur）。理念的多様体は微分関係によって完全に規定されているだけではなく、理念的多様体たち相互のイデアルな関係も微分的に規定されているから、その意味において理念は判明である。ところが理念的多様体は現実化して分化しているわけではないから、その意味では曖昧な状態にとどまっている。これに対して個体化する強度は、明晰で混雑している（clair-confus）。強度は個体化されて、形質をもった延長物として現実化して分化しているから、その限りで明晰である。ところが、形質や延長物によって強度は覆い隠されているから、個体化で働くさまざまな強度は、判明に区別されずに混雑して現実化している。

では、判明で曖昧なものから、いかにして明晰で混雑したものが出現するのであろうか。言いかえれば、理念的で潜在的な多様体から、いかにして個体が現実化するのであろうか。そこに強度が介在していると思考できるにしても、その強度を形質に覆い隠された仕方でしか、すなわち、明晰で混雑した仕方でしか感覚できないのならば、私たちは、いかにしても多様体からの個体の発生を理解することができないように見えるのだ。そのとき一方では個体の存在を個体の無との差異によってしか表象できなくなるし、他方では理念的潜在性は論理的可能性や統計的確率と取り違えられて、個体の発生や個体の消滅はありうべからざる事件として捨て置かれ忘れ去られ思考されなくなる。しかし私たちは現に、判明で曖昧なものから明晰で混雑したものへと移行するような仕方で生きている。たとえば感覚である。海はきっと微小な無数のざわめきで満ちているだろう。海は、すべての波動の強度を、すべての振動の強度を現に潜在させている。海は、微分によって表現される世界である。そこは判明であるが曖昧なのだ。ところが私たちは、海からの形質を感覚している。海の音を聞き、海の匂いを嗅ぎ、海の広さを見る。海と私たちが幸運な仕方で遭遇することで、明晰で混雑したものが現実に現象する。世界はそのようになっている。そのようになっているから、私たちは生きているし、私たちは感覚している。私たちは「思惟する者（penseur）」であり、「思惟する者は個体そのものである」（377/325）。私たちが現実に生きているというそのことが、私たちが個体として現実化しているということであり、潜在的なものが現実化しているということである。理念はいかにして個体化するのかという難問は、私たちが生きているということによって現に答えられているのだ。

　海のざわめきや風の流れを思うように、そのように私たち個体は生体から死体へと変化していく。私たちが、いかに存在と無の差異について思弁を重ねようとも、いかに私性や自己性について言説を重ねようとも、いかに私たち自身について議論を重ねようと、「私」や「自己」は個体化の場において超克される（385/332）。「死は個体化である。自己と私のリミットにおいてすら認められようのない個体、この個体による抗議である」（387/333）。死ぬことは死体になることであり、死体になることも個体化である。個体化の場とは、生体化の場であり、かつ、死体化の場である。そこに私たちは、残酷と言えば言えるような開口部を見出すが、そこを通して存在者の無ではなく存在者の反復を見出す。「この開口部において、被造物は生きる才能（don）と死ぬ才能を贈与されると同時に、自らの反復を織り上げる」（46-7/32-3）。そして存在者の反復を通して、存在の反復を垣間見る。「永遠回帰における反復は、前個体的な特異性たちの再開（reprise）を意味している。……存在者が差異であり開始であるとすれば、存在は反復であり、存在者の再開である」（306/261）。そんな風に私たちは生きて死ぬ。

注

1 ドゥルーズ『差異と反復』からの引用は、財津理訳『差異と反復』（河出書房新社、一九九二年）の頁付け、*Différence et répétition*（PUF, 1968）の頁付けの順序で本文中に記す。

2 ドゥルーズは微分方程式を法則と呼ぶことはない。法則は一般的なものに特殊なものを包摂することにすぎず、単独的なものと普遍的なものの関係を表現しないからである。たしかに微分方程式の意義が一般解に特殊解が包摂されることを表すことにつきるならば、微分方程式は法則であるが、ドゥルーズはそのような通念を認めない（25-7/13-4）。なお法則の典型と見なされるエネルギー保存則は、部分システム内で成立する経験的原理にすぎず、それは当の部分システムを立ち上げている差異を説明しない（360-1/310）。

3 齋藤利弥『力学系以前――ポアンカレを読む』（日本評論社、一九八四年）参照。

4 ドゥルーズはその問題の理論において、さまざまな応用例を提示している。一つだけ触れておく。社会「問題」とは、政治経済学誕生以降に、貨幣で「解決」「解消」されるような問題として成立してきた。もちろん本来の社会「問題」は、解決されても解消するような問題ではないだろう。ドゥルーズはそのことを言いたいのである（284/241）。

5 ドゥルーズはこれを「アーベル的転回」と呼び、「コペルニクス的転回よりもはるかに重要」としている（275/233）。

6 E. N. Lorenz, Deterministic Nonperiodic Flow, *Journal of the Atmospheric Sciences* Vol. 20 (1963).

7 ドゥルーズは問題と仮説（hypothétique）を区別しているが（298-9/253-4）、ここでの仮定は仮説ではない。ここは数学的理想化と抽象や捨象との違いを考える上で大切な論点だが、いまは措く。

8 もちろん数学的にはリアプノフ数やローレンツプロットなどの悟性概念から、2.06次元多様体や計算不可能性などの理性概念への移行が実現している。津田一郎『カオス的脳観』（サイエンス社、一九九〇年）参照。しかしそもそも微分はいかなる問題を立てていたことになるのかという論点が残されている。

9　微分法を功利主義的計算法としないためには、微分法におけるモデルや数値スキームや計算機シミュレーションといった概念の再検討が不可欠になるが、この点では以下のものが現場の状況を理解する上で参照に値する。保原充・大宮司久明編『数値流体力学』（東京大学出版会、一九九二年）。

10　リーマン他『リーマン幾何とその応用』（共立出版、一九七一年）、近藤洋逸『新幾何学思想史』（三一書房、一九六六年）参照。

11　長倉久子訳註『トマス・アクィナス　神秘と学知』（創文社、一九九六年）、渋谷克美『オッカム「大論理学」の研究』（創文社、一九九七年）参照。

12　河本英夫『オートポイエーシス――第三世代システム』（青土社、一九九五年）七九―八〇頁。

13　A. M. Turing, The Chemical Basis of Morphogenesis, *Philosophical Transactions of Royal Society of London*, Ser. B. 237 (1952).

14　土居洋文『生物のかたちづくり』（サイエンス社、一九八八年）参照。

15　樫村晴香「ドゥルーズのどこが間違っているか?」『現代思想』Vol. 24-1（一九九六年）の的確な線引きからすれば、以下は「世界観（=幻想）贈与的な振る舞い」であり、「自らは虫にならないことを担保」にした「穏便な幸福」の語り方であろう。そこに苛立つべきか否かは迷うが、そのことは以下の語り方を愚劣としての非真理にするわけではないと思う。

ドゥルーズにおける意味と表現

『差異と反復』の普遍数学は、潜在的なものから、強度的な差異を条件として、現実的な個体が発生する過程を、生物と無生物を問わず万物が一義的に辿るとする存在論である。では同じ仕方で言葉について考えることができるのか。これが『差異と反復』との関係において『意味の論理学』を読み解く際の基本的な問いになる。ここでは『スピノザと表現の問題』『プルーストとシーニュ』『マゾッホとサド』を検討して、『意味の論理学』における言葉の静的発生論を読み解くための予備作業をしておく。

1　表現、あるいは発現

種子は樹木を表現する。表現の哲学におけるこの基本命題を出発点とする。種子が樹木を表現するとは、種子の構成要素と樹木の構成要素が一対一対応するということではない。形質やパーツという構成要素が一対一対応するなら、種子は樹木を表象（代理）し、樹木は種子を表象（代理）することになるし、樹木は種子を拡大して再現（再演）し、種子は樹木を縮小して再現（再演）することになるが、表象することは表現することとは違うからである。したがって、種子は樹木を折り込み、種子は樹木を折り広げると考えるだけでは、折り込まれた襞と折り広げられた襞は一対一対応することになるから、いささかも表象の論理を超えていないことになる。

そこで種子の構成要素と樹木の構成要素は一対多対応ないしは多対一対応するとしてみる。ここでは一対多対応について考えて、種子の微視的な単数の襞が、樹木の粗視的な複数の襞に展開するとしてみる。このとき種子の単数の襞 z_1 は、樹木の複数の襞 $\alpha_1, \alpha_2, \alpha_3\ldots$ に分岐することになるから、前者から後者への写像規則を想定して、それは種子に内蔵されていると想定しなければならない。一般に種子の襞 z_n の配列を樹木の襞 $\alpha_{m,n}$ の行列に対応させる規則が、種子に内蔵されているということになる。ところが状況によっては、種子の襞 z_1 は、樹木の別の複数の襞 $\beta_1, \beta_2, \beta_3\ldots$ に分岐することがあるから、当初の写像規則を別の写像規則に変換する規則を想定して、それも種子に内蔵されていると想定しなければならない。この類の議論はいくらでも迫り上げることができるから、結局のところ、種子に対して開かれている可能的な分岐のすべてを定める規則、しかも限りなくその数が増大するすべての規則が、種子にア・プリオリに内蔵されていると想定しなければならない。こうして種子は無限性を表象するライプニッツ的個体となり、種子の無限性を表象（代行）する個体概念を表象する主観はヘーゲル的主観となる。表象の論理は必ずや無限表象論に行き着く。しかしこれで終わりではない。

種子は樹木になる。種子は成長分化して樹木に生成する。ライプニッツもヘーゲルもこの過程だけに止目して、種子と樹木の間に規則を設定して無限表象論に行き着いた。しかし自然過程を素朴に見直してみる。種子は発芽せずに腐敗することがある。発芽しても萎えることがある。樹木になっても種子を実らせずに枯れることがある。したがって種子が何ものかを表象するなら、種子は、緑なす樹木だけではなく、腐敗した種子や萎えた芽や枯れた樹木も表象しなければならない。種子の単数の襞 z_1 が、腐敗して崩壊した植物遺体の複数の襞 $\tau_1, \tau_2, \tau_3\ldots$ に分岐する写像規則と、写像規則間の変換規則のすべてを内蔵しなければならない。再びこの類の議論もいくらでも迫り上げることができるから、表象の論理は無限表象をいわば累乗化して、結局は無限に無限なる表象主観である神を呼び込むことになる。必ずや表象論は舞い上がっていく。

以上から引き出すべき教訓は比較的単純なものである。いまや種子が表象するものは、変換規則群の無限集合であるとでも言わざるをえないのだから、種子が表象するものを、樹木や植物遺体などの現実的個体として指定するわけにはいかないということである。無限表象論の枠内においては、デカルトやマルブランシュがそうしたように、種子が表象するものは、無限にして完備なる神であるとしておけば十分であるが、その場合でも、神は指定して指示できるような個体であるはずがないし、カントの思い込みに反して、近世哲学者は一度としてそんなことを述べたことはなかった。したがって表象論にせよ表現論にせよ、「種子が樹木を表現する」という言い方は、目的語から個体指示作用を消去するために、「種子が何かを表現する」という言い方に切り替えられなければならない。

では種子は何を表現するのか。表現の哲学のこの基本的な問いを現代化するために、何が種子を表現するのかと問うてみる。胚細胞が種子を表現すると答えなければならない。さらに何が胚細胞を表現するのかと問うてみる。ＤＮＡ塩基配列が胚細胞を表現すると答えなければならない。約めて「ＤＮＡ塩基配列が種子を表現する」と言うことにする。この命題についても無限表象論に行き着く議論を構成することができるから、最終的に、現代的な表現の哲学の基本命題として、「ＤＮＡ塩基配列は何かを表現する」という命題を得ることになる。「ＤＮＡ塩基配列は何を表現（発現）するのか」、これが現代的な表現の哲学の基本的な問いになる。ドゥルーズは言葉の哲学を表現の哲学の一部門として確立しようとしたが、そのためには言葉をＤＮＡ塩基配列と同等のものとして扱うことが先決課題であることになる。そこでドゥルーズの用語「意味」と「出来事」を導入する。ＤＮＡ塩基配列や言葉が表現する「何か」を「意味」と言い換え、ＤＮＡ塩基配列や言葉が表現する「何ごとか」を「出来事」と言い換える。現段階ではたんなる言い換えである。したがって「何か」や「何ごとか」を、記号「x」で置き換えても、空白「　」で置き換えても同じことである。

さて『スピノザと表現の問題』においてドゥルーズは、表現に三つの項を、すなわち、実体、属性、本質を設定して、それらの関係について次のように書いている。

実体は自己を表現する。属性は表現である。本質は表現される。……実体と属性が区別されるのは、各属性がある本質を表現する限りにおいてである。属性と本質が区別されるのは、各本質が実体の本質として表現されて、各本質が属性の本質として表現されない限りにおいてである。こうして表現という概念のオリジナリティが明らかになる。すなわち、本質が実在するにしても、本質を表現する属性の外に実在するわけではない。また本質が本質である限りにおいて、本質は実体だけに関係する。本質は属性によって表現されるが、実体そのものの本質として表現される。[1]

三つのテーゼを取り出しておく。第一に、属性が本質を表現する。そのことにおいて実体は自己を表現する。第二に、属性が本質を表現するから、属性は実体と混同されない。属性が本質を実体に帰属させて、属性に帰属させてしまわないから、属性と本質は混同されない。第三に、属性が本質を実体に帰属させて解釈するための最大のポイントは、いかに属性を解釈するかにあることが分かるが、その属性についてドゥルーズはこう書いている。

スピノザにおける属性は動的で活動的な形式である。……属性は何かに帰属させられるのではなく、属性は何かを帰属させるものである。各属性はある本質を表現して、それを実体に帰属させる。……この意味でスピノザにおける属性は真の言葉（動詞 verbes）である。[2]

属性は言葉に相当する。正確には、属性の様態（観念）が言葉に相当するのだが、不必要に複雑にしないために、属性が言葉に相当するとして、表現の三項関係に例解を与えておく。言葉であれば何でもよいが、ここでは中原中也「北の海」を引く。

海にゐるのは、
あれは人魚ではないのです。
海にゐるのは、
あれは、浪ばかり。

曇つた北海の空の下、
浪はところどころ歯をむいて、
空を呪つてゐるのです。
いつはてるとも知れない呪。

海にゐるのは、
あれは人魚ではないのです。
海にゐるのは、
あれは、浪ばかり。

第一に、言葉は何かを表現する。正確には、何かが何であるかということを表現する。(何かが何であるかというその何かで)あることがessentia(本質)であるから、言葉は本質を表現する。このことを通して、何かとして何かがあることが表現される。(何かとして何かが)あることがsubstantia(実体)であるから、言葉が本質を表現することを介して、実体は自己を表現する。第二に、言葉が、何かが何かであることを、何かとして何かがあることとして表現するから、言葉と、何かとして何かがあることは、混同されることがない。第三に、言葉が表現において、何かが何かであることを言葉だけのことに回収してしまわないから、言葉と、何かが何かであることは、混同されることがない。

このような表現の三項関係がア・プリオリに成立しているからこそ、「何か」や「何ごとか」を別の言葉に言い換える経験が解発されることになる。実際、一二行の言葉を読むと、題名や詩句の一部に促されて、言葉は北の海を表現しているとか、北の海が北の空を呪っていることを表現しているとか、北の海は嫉妬する人物を暗喩していると読解される。[3] ここで起こっていることは、次のようなことだ。「言葉は北の海を表現する」と読むときには、言葉が何かが何かであることを表現し、かつ、何かとして何かがあることを表現するという関係が成立した後で、「何か」を「北の海」に言い換えている。「言葉は北の海が北の空を呪っていることを表現する」と読むときには、言葉が何ごとかを表現するという関係が成立した後で、「何ごとか」を「呪うこと」に言い換えている。「北の海は嫉妬する人物を暗喩する」と読むときには、「呪う」の語義と「嫉妬する」の語義の関係が成立した後で、かつ、「嫉妬すること」という出来事が人物間の関係として実現する過程が成立した後で、「北の海」を「嫉妬する人物」に言い換えている。しかし言葉が表現するのは、北の海の光景でもないし、北の海の事件でもないし、誰かの嫉妬感情でもない。言葉が表現するのは、本質、意味、出来事であり、その後で読解が駆動されるだけである。もちろん一二行の言葉は、言葉の一部であり言葉の一様態であるから、属性にではなく属性の様態に相当している。したがって一二行の言葉は、本質の一部だけを表現するから、普遍的に何かが何かであるということではなく、特別の場合として北の海が北の海であるというそのことを表現すると解しても構わない。しかしそのときには、言葉と一二行の言葉の関係、言葉が表現する本質と一二行の言葉が表現する様態の関係、要するに、属性と様態の関係をいかに理解するかという、まさにスピノザ哲学の核心をなす問題に遭遇することになる。言葉の哲学を仕上げるには、『エチカ』のすべてが必要である。

「何かが何かであること」を「本質」と、「何か」を「意味」と、「何ごとか」を「出来事」と言い換えた後で、読解はたんなる言い換えであると批判したわけだが、この批判は当の言い換えにも向けられる。この言い換え以前の起点や始動因が問い返される。しかしこの類の問い返しは、言葉に一つの系列しか想定していない点において、贋の問題として退けられる必要がある。これが『意味の論理学』における論点の一つになる。

以上の議論をＤＮＡ塩基配列についても展開できるが、ここでは省略する。表現の哲学の現代化のためには、言葉の表現とＤＮＡ塩基配列の発現を同等に考える必要があるし、そのためには言葉をＤＮＡ塩基配列と同等に考える必要があることを再確認しておきたい。[4]

2　最初の言葉、真の言葉

言葉が本質を表現することについて、初めてドゥルーズが論究したのは『プルーストとシーニュ』（第一版）であったが、そこには困難が孕まれていた。言葉ではないシーニュが本質を表現するということを、言葉にもたらすことに関わる困難である。

『プルーストとシーニュ』によれば、人生はシーニュを習得する過程、シーニュに感応しシーニュを経験しシーニュを体得する過程である。三つのシーニュ、社交のシーニュ、恋のシーニュ、感覚のシーニュがあるが、恋のシーニュの習得についてだけ触れておく。

> 恋する人になるということは、誰かが担っていて発するシーニュによって、その誰かを個体化することである。……恋される人は、シーニュとして、魂として現われる。[5]

誰かの身振りや声振りが気に掛かる。それらはシーニュである。このときその誰かは、どこか知らない背景から個体として立ち現われてくる。恋の始まりであり、恋人の発生である。このような恋人の個体化は、複数の出来合いの人物の中から〈他ならぬこの〉人物を比較選別して個体指定することではない。もちろん外見的には、展示された複数の人物から比較優位の個人を指名するかのように恋が始まることはあるが、そんな場合でも、丁寧に見直せば、シーニュを発する誰かが恋人として個体化していると分かるはずだ。

恋が始まるや、シーニュは何かを表現する。恋人の身振りや声振りは確かに何かを告げているが、しかし同時にその何かを遠ざけて隠してしまう。恋人は秘密を宿す。シーニュは未知の何かを表現するが、恋する人がそこを解読して言葉にもたらしても、必ずや読み違える。シーニュが表現する何かはいつも謎だし、どう深読みしても行き違いの元になる。恋人自身は、大抵の場合、シーニュを発していることには無自覚だから、恋人はいつも裏切るし、恋人はいつでも無意識の偽善家である。ところがシーニュが表現する本質は、「指示可能な対象」でもないし、「観察と記述」によって描写される事象でもないし、恋する人の側の一方的な思い入れでもない。シーニュが表現する本質は、指示対象や定言文の意義や主観的な表出を超越した彼方にある。言語の意味論的次元、指示、意義、表出を超越しているのである。恋人の宿す秘密を言葉にもたらしても間違えるということは、まずはこのようなことである。しかし恋のシーニュが表現する本質は、恋がまさに恋であるということ、恋のイデアのことではない。恋人が隠している本質は、見たことも聞いたこともない恋人のイデア、想起不可能な遠い過去に遭遇した本当の恋人、「あらかじめ失われている恋人」（リルケ）のことではない。現実の恋人が表現して遠ざけて隠すのが恋人のイデアなら、恋は余りにも簡単な話になる。[6]

指示される対象の彼岸に、知性的に定式化可能な真理の彼岸に、そしてまた主観的な連合の連鎖の彼岸に、類似や近接に依拠した回想の彼岸に、非論理的で超論理的な本質がある。[7]

これは経験されて体得されることである。超越的な何かの方から恋人が個体化してくるということも経験されて体得されることである。『プルーストとシーニュ』においては、その何かは、異性たちのグループ、異性たちが同性であること、同性たち同士の秘かな愛、同性であることとして語り継がれ、そして、異性たちが埋もれる風景、情趣溢れる光景として語り継がれて、そんな彼岸から恋人が生い立ってくる過程が言葉にもたらされている。問題はこの先にある。ドゥルーズが目指していることは、彼岸から恋人が発生する過程を記述することだけではない。そうではなくて、彼岸から恋人が発生する過程を記述する言葉、これを経験することが、ちょうど彼岸から恋人が発生する経験になるような作品を目指している。恋の言葉の経験が、恋の経験のア・プリオリな条件となるような作品を目指しているのだ。たとえば、「恋のシーニュが表現する本質の方から、恋人が発生する」という言葉が、まさに恋のシーニュが表現する本質の方から、恋人が発生することを表現するような様態で、作品を書き上げることを目指している。これは言語哲学におけるタルスキー的目標、「『雪が白い』は雪が白いことを表現する」といった命題群を導出するような意味論を書き上げるという目標に相当する。
しかし作品を読む経験は、言葉の経験であって、恋の経験ではない。作品に学ばなくとも人は恋する。作品を真似て恋することはあっても、作品なくして恋することはないなどとは言えない。ところがドゥルーズは、恋を知らないままに読んでも、恋を経験することになる作品を夢見ている。実際、シーニュが本質を表現するにしても、それは束の間の経験にすぎず、芸術だけが永遠に本質を表現するという通俗的な議論を経て、「本質の啓示に到達するのは、芸術作品、絵画、音楽によってである」[8]と書き付ける。たしかに、芸術が本質を表現することは明らかである。六波羅蜜寺の空也像は、社交のシーニュである仕草、恋のシーニュである姿態、感覚のシーニュである苦行、さらには口に出した言葉の断片というシーニュをも不動化しているから、永遠にではないが、素材が形態を保持する期間に限って、本質を表現する。しかしいまは、芸術が本質を表現するということを、芸術内部で表現できるかが問われている。「いかにして本質は芸術作品の中に受肉するのか」[9]が問われているのである。
まさにそこで『プルーストとシーニュ』は、芸術作品の「スタイル」が、芸術作品が表現する「本質」であるとする。すなわち、本質が作品に受肉する過程が、作品のスタイルが作品内部の言葉に受肉する過程と一致するような仕方で、作品自身が作品のスタイルを表現しているとするのである。要するに、芸術作品はスピノザ的な自己表現する実体に似ていると言いたいのだ。明らかにドゥルーズは楽観的だった。[10]
それは次のような叙述にも覗える。

事物や精神は実在しない。物体だけがある。天体や植物体だけがある。物体そのものが既に言葉であると知ったら、生物学は正しいものとなろう。言葉はいつでも物体の言葉であると知ったら、言語学も正しいものとなろう。すべての徴候は語っているし、すべての語りは徴候である。[11]

初めからシーニュや徴候が語り（パロール）であるなら、シーニュや徴候が本質を表現することを書くことができるはずだ。逆に、すべての語りがシーニュや徴候であるなら、すべての書き言葉もシーニュや徴候であるから、言葉が本質を表現することを書くことができるはずだ。そのときには、生物の徴候に聴き従うことによって生物の発生の論理を語る振りをする生物学も、言葉の徴候に聴き従うことによって言葉の発生論を語る振りをする言語学も理に適っていることになろう。こんな言葉の力能をドゥルーズは信じている。しかも物体の言葉は定言命題と想定されているから、明らかに無限表象論に傾いている。

ドゥルーズは、身体的な発作という徴候を発することによって、堪え難い苦痛と引き換えに身をもって語り続ける病者と、そのサインに触発されて情動をこうむりながら、それが表現する彼方から当の病者が此方に到来してくる過程を記述する文学者とが、互いに共振する様子を哲学的に書き込むことによって、一切が発生してくる次第を書き上げることができると信じている。だからこそドゥルーズは病者の発作には「最初の言葉、真の言葉」が宿ると書いてしまう。しかしこんな夢は潰えるべきであったし、『差異と反復』と『意味の論理学』はこの夢の行方を見定めるために書かれたのである。シーニュについてだけ触れておく。『差異と反復』におけるシーニュ（サイン）は、シニャル（シグナル）と対にされている。

すべての現象は、シニャル－シーニュの体系内に閃き出る。少なくとも二つの異質なセリーによって、相互に齟齬するが相互に通信可能な準位によって、構成されて境界付けられている体系を、私たちはシニャルと呼ぶ。そして現象はシーニュであり、齟齬するものの通信によって体系内に閃き出るものである。「エメラルドは、その幾つもの切り子面の内に、透き通った瞳のオンディーヌを隠している」[12]。

光が分光する過程を考える。光がプリズムを通過すると、光は複数の色光に分化する。ここにおいて光がシニャルであり、それぞれの色光は人間にとってのシーニュである。ところが光を、それらの色光のたんなる総和として捉えるわけにはいかない。光を色光の総和と見做すだけではたんなる人間中心主義であるし、そう見做すためにも条件が必要である。電磁波としての光の振動波形を、複数の分化した光線の振動波形の総和として捉えるときには、前者の光から相互に異なる光線を限りなく分化することが可能であると考えられている。すなわち光線の強度の差異を限りなく小さく取れるし、その意味で差異を限りなく生産できると考えられている。したがって電磁波としての光は、限りない光線の総和の極限であると捉えられなければならない。数学的には、光線の振動波形の無限級数が収束する極限が存在するという条件の下で、光が光線を折り広げて分散し、光が光線を折り込んで収縮すると言うことができる。電磁波としての光はイデア的で潜在的であり、光は強度的であり、光線は現実的で個体的である。エメラルドは潜在的かつ強度的であり、透き通った瞳は現実的である。そして電磁波としての光が実体であり、光が本質であり、光線が属性である。したがってシーニュが表現する本質は、シニャルとしての光である。潜在的かつ強度的な波動を無限級数展開できるという条件の下で、級数の現実的な特定の波動項が、無限級数が収束するところの潜在的かつ強度的な波動を表現していると、ドゥルーズは主張していることになる。無限級数の項が積分係数を伴っていることを的確に解釈すれば、ドゥルーズの主張は数学的にも正しい。しかし『プルーストとシーニュ』が未解決のまま残している問題は、現実的なシーニュが、そして現実的な言葉が、イデア的で潜在的なものから、強度的なものが条件となって、現実化して分化する過程までも表現しているのかということ、さらには、表現しているとしても、そのことを再び現実的な言葉によって書き上げることができるのかということである。無限級数の収束条件の証明を、その細部にわたって、言葉にもたらすことができるのかという問題である。

　不可能に決まっているという解答が思い浮かぶだろう。しかし、不可能であるにしても、数字に比して言葉の力能が劣ることにはならない。ここでは数学の力能の過大評価とないまぜになったコンプレックスを払拭する必要がある。実際、数学の証明にしても、その細部にわたって、数学的記号にもたらすことは不可能である。たとえば数学記号と見做されている「∴」は、「故に」という言葉の表象（代理）にすぎないし、証明内部において「∴」を、純粋に数学的に定義された記号群と論理式群で置換することは不可能である。したがって言葉に比して数学の力能が劣っていることも余りに明白なのである。むしろ考えるべきは、数学と言葉の奇妙な連携である。

『プルーストとシーニュ』第二版においてドゥルーズは、「アンチロゴスと文学機械」の章を付加して、そこで文学機械を光学機械に比して論ずることになるが、それはまさに、『意味の論理学』を経ずしては出て来るはずのない発想である。『意味の論理学』に向かうためには、「最初の言葉、真の言葉」という発想が崩壊しなければならなかったのである。[13]

3　高次の言葉

　ドゥルーズによれば、サドとマゾッホは、「まったく新しい言葉[14]」、すなわち暴力を記述する言葉を超越する高次の言葉を創造した。

「暴力は、語らないものであり、ほとんど語らないものである」。一般に、何かが起こるとき、そのことを言葉にもたらしても語り違えているという印象が残る。いかに詳細に記述を積み重ねても、起こったことには届いていないというもどかしさが残る。ところで、暴力は明らかに精神的身体的コミュニケーションである。何らかの反応が返されることを期待しながら、何らかの力を行使し、何らかの力が行使されることを予期しながら、何らかの反応を返すというコミュニケーションであり、そこでは何かが交わし合わされているし、何かが通じ合っている。しかしそのことを言葉にもたらしてもまったく核心を外してしまうという印象が残る。違和感を拭えないのだ。だからこそ暴力を記述する欲求が駆り立てられる。語り難いことを語ることが人文学や文学の基本的欲求であるとすれば、通じ合っているのに語ることのない暴力は格好の題材になるわけだ。では、いかにして暴力を記述するのか。

暴力の能動者は、既成の言葉で暴力を記述するだけである。既成の言葉に駆り立てられて、それを規範的なモデルにして、自ら為すところを調整するから、記述と行為は一対一対応の表象関係になると信じて疑わない。「〈拷問〉を為そうとして、拷問を為した」「これが〈愛の鞭〉であり、これが愛の鞭である」。名は体を表わすというわけだ。注意すべきは、暴力に対する立場の如何にかかわらず、大概は能動者の側に立って事態を記述するということである。田崎英明はこう指摘している。

暴力の声ではなく、暴力の被害者の、サヴァイヴァーの声を聞くこと。そのことの難しさは、どこから来るのだろうか。それは、私たちが事実を知ろうとするときに、その「事実」と呼んでいるものの捉え方のうちにすでに入り込んでいる。私たちは知らず知らずのうちに、暴力にとって構成的なのは、暴力の行使者の意図であって、サヴァイヴァーの経験の方ではないと理解している。サヴァイヴァーの証言を聞くときも、それは、それ自体が事実であると扱うよりは、事実を知るための手段として捉えているところが強い。それではサヴァイヴァーの証言を通して私たちが知るとされるものは何か。それは、最終的には、暴力の行使者の意図である。つまり、私たちは暴力が志向的な出来事であるという捉え方――それ自体が暴力の行使者の事後的な捉え方であるかもしれないもの――を、暴力の行使者と共有しているのである。[15]

しかし被害者の経験を持ち出しても、意図や志向性が事実を構成するという思い込みを崩せるわけではない。「暴力を振るう」という能動形の記述を、「暴力を振るわれる」という受動形の記述に切り替えたところで、事実が「暴力」と記述されて構成されて指示されていることに変わりはないからである。確かに「何か」が起こったのだが、その「何か」を「事実」と言い換え、その「事実」を「暴力」と言い換えるだけで済むのかが問われるのである。こうして記述の言葉とは異なる別の言葉が必要になる。記述（描写）の裏で寝転んではいられなくなる。

サドの作品では「論証」の言葉が導入されていて、これが「言葉の高次の機能[16]」を果たしている。能動者は暴力を行使するに際して、受動者に論証を聞かせる。論証の形式と内容は恣意的であっても構わないし、論証によって受動者を説得して納得させせようとする意図も外見上のものでしかない。とにかく論証の言葉が繰り出されながら、暴力が行使される次第が作品化される。一方で論証は、「非人物的な要素」や「非人物的な暴力」を表わす。論証は、実定法や共和革命や自然法則を一般的に論じ立てるから、直接には現実的暴力に結び付かないように見える。他方で記述は、人物の姿態や人物の関係を表わす。記述は、誰が誰に何をしたという人物的で個体的な描写であり猥褻な描写である。そしてサドの作品では、記述の言葉から論証の言葉へ超出する過程が書かれているし、そのことによって、記述の言葉は論証の言葉の挿し絵のような機能だけを果たすことになる。こうして猥褻な記述と記述の猥褻性が、高次の言葉から発生する過程が書かれていると読まれることになる。「推論そのものが暴力であり、推論は、その厳格さ、静けさ、平静さを含めて暴力の側にある」ことが示される。そしてドゥルーズは「被害者がこうむる暴力は、論証によって示される高次の暴力の像にほかならない」と結論する。

マゾッホの作品では「契約」の言葉が高次の機能を果たしている。暴力の実行以前に、暴力の受動者は、暴力の能動者と詳細な契約を取り交わす。鞭の強度や鞭を振り降ろすタイミングに到るまで仔細に取り決めておく。何が暴力であるか、いかに暴力を記述するかは、受動者の側にヘゲモニーが確保される。そのために能動者は自ら為すところについて困惑する。どの程度の強さで縛ればよいのか、どんな具合に侮辱すればよいのかを能動者は決定できなくなる。こうしてマゾッホは見事に被害者の側から事実を記述する技法を編み出した。一方で契約は、原理的には受動者に起こることのすべてを取り決めている。契約は、理念的には起こるべきことの細部にわたって完全に記述している。他方で事実の記述は、断片的で不完全である。記述は、猥褻な記述であるかも定かではなくなる。こうして記述の言葉が、それ以前の高次の言葉から断片的に現実化する過程が書かれていると読まれることになる。

確かにポルノ文学は、言葉を言葉の極限に、すなわち一種の〈言葉の無〉（暴力は語らないし、エロチスムは語られない）に関係付けようと企画している。しかし言葉を内的に二重化しなければ、ポルノ文学はこの課題を本当に果たすことはできない。命令の言葉や記述の言葉は、高次の機能へと超出する必要がある。人物の要素は、非人物の要素に反転して移行する必要がある。[17]

サドとマゾッホの作品をこのように読解できるにしても、問題が残る。ウィトゲンシュタイン『哲学探求』の一節を参照する。

私たちは一つのことを忘れないようにしよう。私が私の腕を上げるときには、私の腕が上がるということを。そこで問題が起こる。私が私の腕を上げるという事実から、私の腕が上がるという事実を、私が引き去るとき、何が残るのかという問題である。[18]

この後でウィトゲンシュタインは、引き算しても行為の意図や運動の感覚が残るわけではないと書くが、引き算するという想定を取り下げてはいない。実際、腕を上げることと腕が上がることには間違いなく差異がある。引き算して残るのは差異である。問題は、この差異をいかにして記述するのかということになる。暴力で例示してみる。暴力を振るうという事実から、暴力が振るわれる（受動相ではなく中動相として読んでほしい）という事実を引き去ると、何が残るか。こう考えておく。暴力を意図的で志向的な行為として構成する実践的推論、暴力の現実的実現を合理化して正当化する実践的推論、それに伴走している態度や欲求が残る。したがってサドとマゾッホの高次の言葉は、行為を結論として実現するかのように装う実践的推論に相当する。とすると、『マゾッホとサド』におけるドゥルーズが思うほど事情は簡単ではないことが見えてくる。

死刑執行が実行されるときには、実に多くの言葉が費やされる。自白、犯罪解釈、検事調書、判決文や、社会学的言説、心理学的言説、精神医学的言説である。これら一連の言葉が提示されながら、「故に」「にもかかわらず」「さて」といった言葉を経由して、物理的身体的変化が実現する。この過程の全体が言葉にもたらされるとする。能動者の饒舌な言葉を書き込んでもよいし、受動者が法制定以前に能動者と通じ合って契約したかのように書き込んでもよい。[19] そのとき確かに、実践的推論がまったく恣意的であること、いかに合理的な推論を積み重ねても実行までにはギャップがあることは示される。サドとマゾッホは、ギャップを示すことによって、あるいはギャップを利用することによって、高次の言葉から記述の言葉が現実化するかのように書くことができた。ところがこのままでは、何かが違うのである。実際、作品内部においては、あるいはむしろ作品の紙面においては、「死刑を執行する」という言葉に到る一連の言葉から、

「死刑が執行される」という記述の言葉へと横滑りしているだけである。しかも言葉が横滑りしている間に現に人間が死ぬという現実が発生する次第は、どこにも書かれていない。「死者よ、あなたは紙の上でしか生きられないのか?」(城戸朱理)と書かれる間にも、死体は現実に発生する。しかもそこを書き加えたとしても、同じことになるのだ。言葉としては、非人物的で前個体的なものについての言葉も、実践的推論の言葉も、人物的で個体的な記述の言葉も、まったく同質の言葉である。高次と低次の差異はマークされていないし、言葉でマークしても、それも同質の言葉に落ちてしまう。だから書き込めば書き込むほど、言葉からスムーズに現実に移行すると信ずる俗情や、言葉と現実の間には乗り越えがたいギャップがあると信ずる俗情を追認して終わるだけだ。ここからは、見る前に跳ぶか、跳ぶ前に見るかといった選択肢にすがるか、言葉の代替物として叫びや声にすがるという道しか出てこない。

したがって高次の言葉という概念を少なくとも一度は捨てる必要がある。[20] たしかに、暴力の現実と暴力の記述は、どこか別のところから同時に発生しているという感触はあるのだが、高次の言葉を作品内部に書き込んでも、高次の機能から個体が発生し、同時に、高次の言葉から記述の言葉が発生する過程を書けることにはならないからだ。そこを理論化することが、『差異と反復』と『意味の論理学』に委ねられるのである。

4　言葉の静的発生論に向けて

言葉をＤＮＡ塩基配列と同等にすること、最初の言葉、真の言葉、高次の言葉を解体すること、これが『スピノザと表現の問題』『プルーストとシーニュ』『マゾッホとサド』の検討から引き出された課題である。

『意味の論理学』においてドゥルーズは、言葉の発生論を二つ提出している。静的発生論と動的発生論である。ここでは、静的発生論において使用される一連の言葉について、大凡の使用法を示すために、予備的な議論を行なっておく。吉本隆明『言語にとって美とはなにか』の一節を引く。

たとえば狩猟人が、ある日はじめて海岸に迷いでて、ひろびろと青い海をみたとする。人間の意識が現実的反射の段階にあったとしたら、海が視覚に反射したときある叫びを〈う〉なら〈う〉と発するはずだ。また、さわりの段階にあるとすれば、海が視覚に映ったとき意識はあるさわりをおぼえ〈う〉なら〈う〉という有節音を発するだろう。このとき〈う〉という有節音は海を器官が視覚的に反映したことにたいする反映的な指示音声だが、この指示音声のなかに意識のさわりがこめられることになる。また狩猟人が自己表出のできる意識を獲取しているとすれば〈海《う》〉という有節音は自己表出として発せられて、眼前の海を直接的にではなく象徴的（記号的）に指示することとなる。このとき、〈海《う》〉という有節音は言語としての条件を完全にそなえることになる。

これは動的発生論の一つの典型である。発生の順序、すなわち、〈う〉という叫びから、〈う〉という有節音を経て、〈海《う》〉という記号に到る順序は、時間的な順序として叙述されている。そして、言語が備えるべき意味論的な次元の発生の順序、すなわち、指示、表出、意義という順序も、時間的な順序として叙述されている。しかもこれらの時間的順序は、意識の内生的な力によって、すなわち、感覚的な反映、知覚的な自己触発、反省的な自己意識へと発達する意識自身の力によって伴走される順序として叙述されている。このタイプの動的発生論としては遺漏のない叙述である。ところが動的発生論は起源論であるから、当然にも幾つもの難題や逆説を抱え込むことになる。それらを一挙にかわすには、言語が一挙に発生すると考えるしかない。これが静的発生論を構想する動機の一つである。一撃の発生を例示する。〈う〉が叫びであるとは、それが自然物と人間が発する騒めきから区別されているということである。また〈う〉が音声であるとは、それが音声の不在から区別されているということである。これらを合わせて次のように表記する。

……／う／……

ここにおいて「／」は、叫びと騒めきの差異や、音声と音声の不在の差異をマークしている。「／」は、叫びや騒めきではないし、音声や音声の不在でもない。ところが〈う〉を叫びや音声として意識することは、同時に差異を意識することであるから、当の差異を叫びや音声でマークすることができる。そこで「／」をマークする叫びや音声として、〈み〉が発生するとしよう。このとき三つの配列が発生する。

……みうみ……　……／うみ……　……みう／……

ここから振り返ると、「み」は、叫びや音声の不在や空白をマークしたことになる。つまり空白の叫びや空白の音声をマークしたことになる。したがって「／」は、ドゥルーズの言う「空白の語」に相当し、「み」は、空白の語を指示する「密教的な語」に相当する。〈う〉は、叫びと騒めきが混合する深層から「上昇」してきたと考えることができるが、〈み〉は、見ることも聞くことも感じることもできない「／」が、一つの叫びや音声という要素として高層から「落下」してきたと考えられる。さて三つの配列には差異がひしめいている。どこからともなく差異が発生する。

……／み／う／み／……　……／う／み／……　……／み／う／……

先ほどは差異を要素「み」に落としたが、いまや要素「み」と要素「う」は同等であるから、ここでは「／」を、「み」で指示しても「う」で指示しても等価である。この段階で配列には二進法表示と同等の力能が備わったことになるので、配列は無秩序に限りなく分岐することになる。ここから振り返ると、「／」は、限りなく配列を現実化して分化する差異をマークしていたことになる。注意すべきは、三つの配列における一〇個の「／」が、同じ一つの差異を指示しているわけでもないし、それぞれが別々の一〇個の差異を指示しているわけでもないということである。そうではなくて、「／」が指示する差異は、限りなく配列を分出する潜在的なエレメント（境位）であるし、しかも同時に、落下した強度的なエレメント（要素）でもあるし、別の要素と同質の現実的なエレメント（要素）でもある。ここにおいて「／」は、「パラドックス的な要素」を指示することになる。ところが今度は、「み」と「う」は同等になっているから、どちらが「／」を指示する「密教的な語」とするかは決められなくなる。そこで今度は、「密教的な語」をそれとして指示するには、特別な技法が必要となる。たとえば「うみ」を一つの要素と見せ掛けて、それが「密教的な語」を指示すると見せ掛ける工夫が必要になる。これが、密教的な語を指示する「カバン語」に相当する。以上が、パラドックス的な要素を空白の語が指示し、空白の語を密教的な語が指示し、密教的な語をカバン語が指示することの例示である。

難しいのは、意識における反映や反省を、どのように考えるかということである。〈う〉と叫ぶときには、〈う〉と叫ぶことをそれとして意識するということを、どのように発生論に組み込むかということである。これは基本的には、引用符がどのように発生するかという問題である。反省意識とは、叫びや音声に引用符を付すことである。このことが認められるなら、引用符は配列の開始と終了をマークするから、配列に構造を入れて、語や文という言語学的単位を構成すると考えることができる。たとえば、一つの配列があるとする。

……うみみうみうみ……

これに引用符を入れる。

……「「うみ」「みう」「「みう」み」」……

ここで引用符を要素に落としてしまうと、たんなる配列に戻ってしまう。だからこそ引用符を要素に落とすたびに、文字が発生すると考えたほうがよい。したがって引用符をオブジェクト・レベルに落とし切れるとは考え難い。実際、すべての引用符を要素「ね」として配列に落としてみる。

……ねねうみねねみうねねねみうねみねね……

この配列に構造が入っていると、あるいはこの配列が構造を表現していると見ることはできるが、そのときには少なくとも要素〈ね〉について反省意識が働く。要素〈ね〉に別の引用符『 』を付しているのである。ところが『ね』の引用符をも、要素〈よ〉として配列に落としてしまうと、再び〈よ〉についての引用符を用意しなければならない。明らかに切りがない。つまりレベルの差異を消去できないのである。

しかしここでの構造は、三次元構造を一次元に対応させた構造であり、現実的で延長的であって、強度的でも潜在的でもない。しかも引用符は差異をマークするのではなく、言語学的単位同士の対立をマークするにすぎない。実際、ドゥルーズは、延長的な構造と強度的な構造を超えて潜在的な構造を探求していくし、言語学的単位を志向する反省意識をそこで解体していくことになる。

この点でクリュシッポスのパラドックスが教訓的である。「車と口に出すと、車が飛び出す」という文である。ここで〈車〉に引用符を付さないで読めば、まさに車が吐瀉物のように吐き出されると読むしかない。二つの〈車〉に引用符を付して「車」として読めば、言及されているところの文字か音韻が、六波羅蜜寺の空也像のごとく飛び出すと読むしかない。これだけであればパラドックス的にはならない。しかし片方の〈車〉にだけ引用符を付して読むからパラドックス的になる。ここでの教訓は、引用符を付したり外したりする操作を、文字によって書き上げることはできないということである。だから引用符の発生と文字や言語学的単位の発生は同時であると考えざるをえない。オブジェクト・レベルに落とし切れない引用符の発生によって、文字の使用と言及をめぐるパラドックスが生じているからである。

ところで、ここから振り返ると、発生論の冒頭から引用符は介入していたことになる。〈う〉と書くというそのことが、叫びや音声を単位として引用することと等価であるから、発生論の冒頭から文字と言語学的単位は介入していたし、それらの間の対立をマークする差異も介入していたことになる。これは、発生論を始める前から予想された結論にすぎない。むしろここで引き出すべき第一の結論は、一挙に言語が発生するということである。[21] それに必要な単位は、「／」を除けば、〈う〉〈み〉〈⌒〉〈⌐〉の四つだけである。しかも発生論は、〈う〉だけではなく、すべての言語学的単位についても構成することができるから、引き出すべき第二の結論は、最初の言葉は存在しないし、高次の言葉は引用符による言語学的効果にすぎないということである。

言語は一挙に出来上がるから、ここまでの叙述も既成の言語の一部として読み返されることになる。「差異」「パラドックス的な要素」「空白の語」「密教的な語」「カバン語」という一連の言葉自体が、既成の言葉として読まれることになる。しかも既成の言語学的概念に依拠して読まれることになる。たとえば、指示という既成概念に依拠して、「空白の語」はまさに語の空白を指示するべきだが、「空白の語」という語そのものが空白を埋めていると読まれることになる。「沈黙」は沈黙を指示するべきだが、「沈黙」は沈黙を沈黙させないというわけである。ドゥルーズはここから出発して言葉の発生論を構想するのである。最後に記号「╱」について述べておく。これは数学における変数記号「x」と同等である。簡単な表式（expression）を例とする。

$$x+1=2$$

記号xは何を表現しているだろうか。そして表式$x+1=2$は何を表現しているだろうか。このままでは、xに意義（語義・字義）はないし、$x+1$にも意義（文意）はない。xが束縛されていないからである。xが数であるとは規定されていないし、数であるにしても、有理数なのか実数なのか複素数なのかが規定されていないし、実数であるにしても変域が規定されていないからである。したがってこのままでは、xも$x+1=2$も無意義である。しかし無意味なのではない。実際、$x+1=2$を見ると、xは実数なのか、xの変域は何かと考えるように方向付けられている。明らかに$x+1=2$には、意味（方向）がある。もちろんこの方向付けは、与えられた表式を数学的なシーニュとして習得した成果であるとも言えるが、問われるべきは、そのための条件である。

xを実数とすると、表式は一次方程式と見做されて、方程式の解は$x=1$ということになる。だからといって、変項 x が定数1を指示しているわけではないし、変項 x の意義が定数1の意義と同じになるわけでもない。変項 x には任意の実数を代入できるから、それはいかなる特定の実数も指示していないし、いかなる特定の実数とも意義を同じにしていない。変項 x は、実数連続体というエレメントを、方程式内部の一要素に落とす操作を表現すると解さなければならない。そして方程式 $x+1=2$ は、エレメントを要素に落とす操作が、すでに要素として分化している定数1、定数2と、いかなる条件の下で、いかなる出来事を引き起こすかを表現すると解さなければならない。したがって記号 x は、記号「／」と同様に、空白の語に相当するし、パラドックス的な要素を指示する。そして数学はそんな記号で溢れている。無数の変数記号、無数のパラメータ記号、無限記号、微分記号、極限記号などである。まさに言葉と数学の関係を考え直さなければならないのである。

注

1 *Spinoza et le problème de l'expression*（1968）p. 21.

2 ibid. p. 36-37.

3 暗喩については太田静一の一連の仕事を念頭に置いている。そのような仕事に対して如何なる態度をとるかは、実は言語論や文学論の試金石になる。

4 「A, Z, E, R, T」に論究する『フーコー』（*Foucault*〔1986〕p. 85）への道も念頭に置いている。

5 *Proust et les signes*（1964）p. 14.

6 リルケの詩句の想起を促し、多くの論点について思考を促してくれたのは次の論稿である。入不二基義「あらかじめ失われた……」『春秋』（1999, 2. 3）。

7 op. cit. p. 50.

8 ibid. p. 50.

9 ibid. p. 60.

10 もちろんドゥルーズはいつでも楽観的だ。『記号と事件』ではスタイルについてこう語っている。「何のために書くのか。生命を与えるために、生命が監視されているところから生命を解放するために、逃走線を引くためにである。そうするためには、言葉が同質の体系であってはならない。不均衡でいつでも異質な体系でなければならない。スタイルは言葉にポテンシャルの差異をうがち、そこを何かが通過して過ぎ去る。言葉自体から閃光が出現して、語の周囲の暗闇の中にあったものを私たちに見させて思考させる」（*Pourparlers*〔1990〕p. 193）。これを同質の体系に移しても詮ないことである。基本的なところは前田英樹『小林秀雄』（1998）で済んでいる。いまやドゥルーズ自身の言う『意味の論理学』の「大学臭い装置」を楽観的に解釈することが求められる。

11 *Proust et les signes* p. 112-113.

12 *Différence et répétition*（1968）p. 286.

13 『差異と反復』（ibid. p. 34）では「言葉の後」とともに「言葉の前、曙光の言葉」が語られているが、これは「最初の言葉」とは違うものである。

14 *Présentation de Sacher-Masoch*（1967）p. 16.

15 田崎英明「Embodied Politics——暴力の正しい名について」『現代思想』（1997. 12）。脱構築のせいというよりは、刑法学行為論と同類の分析哲学行為論のせいで、近年の論争には制約がかかっている。これを打破するには行為論と正名論を徹底的に批判する必要がある。アンスコムの記述論は、人物と個体に拘泥する点で描写文学と同様の限界をもつ。毒殺計画を描いた有名な箇所を参照せよ。G. E. M. Anscombe, *Intention*（1957）§ 23. これに対してデイヴィドソンと黒田亘はその限界を乗り越えている。D. Davidson, *Essays on Actions & Events*（1980）、黒田亘『知識と行為』（1983）。

16 op. cit. p. 18.

17 ibid. p. 22.

18 L. Wittgenstein, *Philosophische Untersuchungen* §621.

19 陸田真志・池田晶子『死と生きる』（1999）「陸田真志　十二通目の手紙」参照。

20 イロニーとユーモアの評価にも関わるが、それらは法に対する態度であるから、法の局所的な一般性を乗り越える『差異と反復』は、イロニーもユーモアも乗り越えている。なお『差異と反復』（op. cit. p. 250）では、「音韻相互の関連の潜在的体系」が「言語的多様体」であるとされ、これが「言語の現実的な関係や項に受肉する」ところの「メタ言語」と呼ばれている。ドゥルーズは、言語学の対象たる言語（ラング）と言葉（ランガージュ）を区別して論ずるので、メタ言語と高次の言葉を同一視はできない。この点は『消尽したもの』（*L'épuisé*〔1992〕）の解釈にも関連する。

21 ピジン語や手話言語についての報告や研究によって、一撃の発生論の再考を促されたことを記しておく。東京聾唖学校『六十年史』（1935）（米川明彦『手話言語の記述的研究』〔1984〕参照）によれば、当初は「自然的及慣用的手話」を「採用」していたが、「取捨選択の必要」が生じたために、「天爾波を加へ過去現在未来の時を示す語を加へ」た「教授用語」としての「方法的手話」を「馴成」しながら「統一」を意図した。ところが学校側の思惑はあっさりと乗り越えられてしまった。『六十年史』はこう記述している。「生徒の使用する手話は常に変転しまた同一の事物を表示するにも好んで新なる手話を弄し、依りて以て自らの進歩を誇示するあり、特に教育を受けたる聾唖者はその学習せる文字又は智識より新奇な手話を製造して『学問ある者の手話は斯の如し』と鼻をうごめかすがありき」とである。

ドゥルーズにおける意味と表現②
——表面の言葉

1　純粋生成

万物は流れる。万物は流れから生成し、万物は流れへと消滅する。あるいはそのように書くことができる。たとえば鴨長明『方丈記』である。

ゆく河の流れは絶えずして、しかももとの水にあらず。よどみに浮かぶうたかたは、かつ消えかつ結びて、久しくとどまりたるためしなし。世中にある人と栖と、又かくのごとし。（中略）朝に死に、夕に生まるるならひ、ただ水の泡にぞ似たりける。不知、生まれ死ぬる人、いづかたより来たりて、いづかたへか去る。

水泡が河の流れに消えて、別の水泡が河の流れから結ぶ。河も消滅して生成するから、河は別の流れに浮かぶ水泡である。河岸も大地も別の流れに浮かぶ水泡であり、水泡を見る眼も流れを考える脳も別の流れに浮かぶ水泡であり、この文書も別の流れに浮かぶ水泡である。まさに万物は水泡でありシミュラクルである。[1]

万物が浮かぶ流れは、さまざまな名辞で呼ばれてきた。「混沌」「第一質料」「無底」「場所」「エネルギー」などだ。ドゥルーズは「深層」の「純粋生成」と呼ぶ。そこで万物は未分化のまま混在しているだろう。「物体の深層にあるのは混合である。或る物体は別の物体に浸透し、あらゆる部分で共存する。海の中の一滴のワインや鉄の中の火のように」[2] (2-15)。だから言葉で記述することが言葉で分割して区別を入れることであるなら、言葉は必ずや純粋生成を取り逃がすだろう。それでもドゥルーズは純粋生成について書こうとする。何故か。一つには、純粋生成が人間を含む万物の「運命」(2-13) であることについて倫理的に突き詰めて考えられてこなかったからであり、一つには、純粋生成と言葉の関係が理論的に突き詰めて考えられてこなかったからである。そこで、万物の流れを語ったヘラクレイトスについて、ディオゲネス・ラエルティオス『ギリシア哲学者列伝』が伝える逸話を引く。

晩年には、ヘラクレイトスは人間嫌いになって、世間から遠退いて山の中に隠り、草や葉を食糧としながら暮らしていた。しかしまた、そのことの故に、彼は水腫病に罹ったので、町に戻り、そして医者に、洪水を旱魃に変えることができるかどうかと、謎をかけるような形で問いかけた。ところが医者は、その問いの意味を理解できなかったので、ヘラクレイトスは牛舎へ行って牛の糞に身体を埋めて、糞のもつ温もりによって体内の水分が蒸発するのを期待した。しかしそんな風にして何の効き目もないまま、彼は六〇歳で死んだ。

世間から離れて、反芻動物のように植物を食物とする。しかし反芻動物の食物は人間には毒物であり、結局は病気になる。病気は気の問題であり気象の問題であるのに、世間の人には、心模様と空模様が通じ合っていることが分からない。反芻動物の排泄物は、反芻動物の食物からの残存物であるから、人間には薬物になるはずなので、そこに身を預ける。人間には食物である水は毒物となり、人間には毒物である糞は薬物となる。食物と毒物、毒物と薬物、排泄物と食物は混在し始める。人間と動物も混在し始める。こうして万物は混在し始める。そしてヘラクレイトスは死ぬ。万物の流れに回帰するかのように死ぬ。ヘラクレイトスの教説はこう伝えられている。「火は万物の構成要素である。万物は、火の収支であり、火の稀薄化と濃縮化によって生ずる。(中略)万物は対立によって生じ、全体は河のように流れる」。ヘラクレイトスは、火の河の流れから濃縮化して結び、火の河の流れへと稀薄化して消えたということになる。ヘラクレイトスは、同じものから生成して同じものへと消滅したことになる。しかしドゥルーズは、まさにそこで異を唱える。同じものが回帰することはないし、いかにしても差異は取り消されないからだ。

ヘラクレイトスは生きようとしていた。生きるために糞に身体を埋めた。そして暫らくは生きることができた。糞にも確かに効き目はあった。しかも健康に生きているときにも、食物は何程かは毒物であり何程かは排泄物である。ヘラクレイトスの死体にしても、反芻動物には毒物であるが、蛆虫には食物である。人間の眼には食物と毒物の区別は見えなくなるかもしれないが、いたるところで差異は犇めいている。人間が塵芥になっても、高分子濃度の差異、イオン濃度の差異、温度の差異など、強度の差異がいたるところで犇めいている。だからドゥルーズは、ヘラクレイトスや鴨長明を超えて進む。万物の流れは差異を生産する。万物の流れは、水泡が結ぶ以前にも、水泡が消える以後にも、そして水泡が存続する間にも、差異を生産し続ける。だから万物の流れを、均質で一様な同じものとして想像するわけにはいかない。そうではなくて、万物の流れを、差異を生産する審級として思考する必要があるのだ。

ではいかにして純粋生成を言葉で表現すればよいのだろうか。万物は流れると言いたいときには、どうしても「流れ」や「流れる」という言葉を使用せざるをえない。このとき言葉も物の一つだから、すなわち紙上の印字や風の息だから、言葉も流れてしまうと言って済ませられるだろうか。もちろん済ませて構わない。何を書こうと何を語ろうと、人間も言葉も流れる。そんな至極当然のことを殊更に言い立てたところで、俗悪な道徳感情を撒き散らすだけだ。これに対してドゥルーズは、万物の流れを的確に表現するための言葉を探求する。何を書こうと何を語ろうと人間も言葉も流れるという過程についての充全な認識を探求するのだ。

　変化の語り方について、言葉が二種類に分けられることがある（1-10）。「流れ」や「生成」のように「停止や静止を指示する言葉」と、「流れる」や「生成する」のように「運動や生成を表現する言葉」の二種類である。『三冊子』において土芳は、彼の師である芭蕉の言明に対してこう註解を加えている。

> 師の曰「乾坤の変は風雅のたね也」といへり。静かなるものは不変の姿也。動けるものは変なり。時としてとめざれば、とどまらず。止まるといふは見とめ聞きとむる也。飛花落葉の散り乱るるも、その中にして見とめ聞きとめざれば、おさまることなし。その活きたる物だに消えて跡なし。

　土芳が書くように、乾坤の変化については、その中で何ごとかを止めるのでなければ、乾坤の変化の活性を止めることはできないし、乾坤の変化について風雅をもたらすこともできない。ところが運動や生成をそのまま表現するように見える言葉を当てにするわけにはいかない。実際、花は飛び葉は落ちるにしても、「花は飛び、葉は落ちる」と言葉で止める間に、花は落ち葉は砕ける。そして「花は落ち、葉は砕ける」と言葉で止める間に、花は色褪せ葉は腐食する。そして「花は色褪せ、葉は腐食する」と言葉で止める間に、花と葉は微生物に食われる。いかにしても乾坤の変化を言葉で止めることはできない。いかに記述を連ねようと、いかに記述を精細にしようと、いかに記述を加速しようと、乾坤の変化をそのまま言葉にもたらすことなどできない。花や葉の動的な変化を直接的に記述することなどできるはずがない。[3] だからこそ土芳は「時として」止める。土芳は停止や静止を指示する言葉に頼って記述することになる。しかしドゥルーズはそこを超えて、花や葉が静的に無時間的に発生する論理を記述する。「出来事の客観的構造」（1-11/12）を記述することによって、乾坤の変化という審級を表現する。いまや言葉が語るのは純粋生成ではなく「非物体的な出来事」（2-15）であり、純粋生成は出来事として「表面に上昇する」（2-17）。そして新しい言葉によって新しい風雅がもたらされることになろう。

　狂った生成、極限なき生成は、もはや騒音を発する奥底ではない。生成は事物の表面に上昇して平穏（impassible）になる。肝心なのは、もはや奥底に隠れながらいたるところに忍び込むシミュラクルではなく、自らを顕にしてシミュラクルの代わりを演ずる効果である。それは因果的な意味での結果＝効果であるが、音響的な効果、光学的な効果、あるいは言葉の効果である（2-17）。

言葉の効果としての「出来事は生成と同じ広がり（共外延的）になり、生成そのものも言葉と同じ広がりになる」（2-18）。時間を止めて万物の静的な発生論を語ることによって、純粋生成は表面に上昇する。純粋生成は表面の言葉において新しい姿をまとう。

2　風の発生論

「空気の流れ、風、昼間、昼のひととき、小川、場所、戦い、病いには、人称的ではない個体性がある。固有名がある。いわゆる此性（heccéités）である」[4]。もちろんこの人間やあの機械も個体である。ドゥルーズが認識したいことは、風が発生して個体化するのと同じ一つの意味で、人間や機械も発生して個体化するということである。

万物は同じ一つの意味で発生するし、万物は同じ一つの意味で個体化する。これが存在の一義性論の静的な側面である。また万物は同じ一つの意味で流れるし、万物は同じ一つの意味で生成消滅する。これが存在の一義性論の動的な側面である。存在の一義性を普遍的に認識するためには、万物の静的な発生論から始めなければならない。『差異と反復』においてドゥルーズは、個体の発生論を次のように定式化している（DR, 317）。

$$\text{個体化}\frac{\text{微分化}}{\text{差異化}} = \text{indi-différen-}\frac{\text{t}}{\text{c}}\text{-iation}$$

個体化は微分と差異の総合である。微分化とは、微分方程式を問題として立てることである。差異化とは、微分方程式を差分化して差分方程式を立てることである。かくて個体化とは、微分方程式を差分化して数値解を分化する過程の全体を演ずることである。そして『差異と反復』における普遍数学的な発生論を意味論として捉え直すこと、これが『意味の論理学』の課題になる。はじめに普遍数学と言葉の関係について見通しを与えておくために、堀辰雄『風立ちぬ』の冒頭部分と終結部分を引用する。風が立つこと、すなわち風が発生することについての見事な記述である。

そんな日の或る午後、（それはもう秋近い日だつた）私達はお前の描きかけの絵を画架に立てかけたまま、その白樺の木蔭に寝そべつて果物を齧じつてゐた。砂のやうな雲が空をさらさらと流れてゐた。そのとき不意に、何処からともなく風が立つた。私達の頭の上では、木の葉の間からちらつと覗いてゐる藍色が伸びたり縮んだりした。それと殆んど同時に、草むらの中に何かがばつたりと倒れる物音を私達は耳にした。それは私達がそこに置きつぱなしにしてあつた絵が、画架と共に、倒れた音らしかつた。すぐ立ち上つて行かうとするお前を、私は、いまの一瞬の何物をも失ふまいとするかのやうに無理に引き留めて、私のそばから離さないでゐた。お前は私のするがままにさせてゐた。

風立ちぬ、いざ生きめやも。

ふと口を衝いて出て来たそんな詩句を、私は私に靠れてゐるお前の肩に手をかけながら、口の裡で繰り返してゐた。

風が立つと、画架を倒して恋人を引き留める。古い風景描写は倒れ、新しい恋の描写が始まる。と同時に、恋を高揚させて人間を生きさせる。風は何処からともなく立つにしても、木の葉を揺らす風は、伸びたり縮んだりする藍色の空を垣間見させてくれるし、草むらを過ぎる風は、何かを倒すとともに何かを生かしてくれる。

ドゥルーズの用語で言い換える。何処からともなく風が立ってくるその処は、深層の純粋生成、深層の混在、深層の原因である。藍色の空は、微分方程式が表現するところの潜在的で超越論的な場である。藍色の空を垣間見させる風は、微分方程式を差分化する強度的な条件、準原因としての出来事である。草むらの風は、差分方程式の数値解、今ここで吹く現実的で個体的な風である。そしてこのような過程を認識することによって、すなわち潜在的で微分的なものから強度的なものが条件となって現実的で個体的なものが分化する過程を認識すること、しかも人間も同じ一つの意味で分化すると認識することによって、「風立ちぬ、いざ生きめやも」と享受できる。実際、堀辰雄は書いている。「自然が自分のために極めて置いてくれたものを今こそ漸つと見出したと云ふ確信を、だんだんはつきりと自分の意識に上らせはじめてゐた」と。[5] やがて恋人の一人は死に、恋人の一人は生き残る。

終章「死のかげの谷」は、二人の声を混在させながら、こう閉じられている。

丁度この谷と背中合せになつてゐるかと思はれるやうなあたりでもつて、風がしきりにざわめいてゐるのが、非常に遠くからのやうに聞えて来る。それから私はそのままヴエランダに、恰もそんな遠くでしてゐる風の音をわざわざ聞きに出でもしたかのやうに、それに耳を傾けながら立ち続けてゐた。（中略）この人々の謂ふところの幸福の谷（中略）此処だけは、谷の向う側はあんなにも風がざわめいてゐるといふのに、本当に静かだこと。まあ、ときをり私の小屋のすぐ裏の方で何かが小さな音を軋らせてゐるやうだけれど、あれは恐らくそんな遠くからやつと届いた風のために枯れ切つた木の枝と枝とが触れ合つてゐるのだらう。又、どうかするとそんな風の余りらしいものが、私の足もとでも二つ三つの落葉を他の落葉の上にさらさらと弱い音を立てながら移してゐる……。

潜在的で超越論的な場は、非常に遠くに、谷の向こう側にある。強度的な差分化する出来事は、ざわめく風である。現実的で個体的なものは、木の枝を触れ合わす風と落葉を動かす風の余りらしいものである。そしてこのような発生の過程が、木の枝を枯れさせ木の葉を落とす。そしてその過程を認識することが、死のかげの谷が幸福の谷でもあることを、死んだ恋人と生きた恋人が移ろっていくことを教えてくれる。ドゥルーズが認識したいことは、そんなことを教えてくれる言葉の力である。以下、本稿では、『意味の論理学』を解釈しながら、木の葉を揺らす風が藍色の空を垣間見させることと、藍色の空が何処からともない処に通じていることを示すことになる。

3　無限級数、極限、微分

「第四セリー二元性」から「第八セリー構造」においてドゥルーズは、微分方程式論を準備する数学的な諸概念、すなわち無限級数・極限・微分を言葉に見出していくことによって、「言語の潜在的全体性」(8-63) に微分方程式論を適用するための準備作業を行なっている。「第四セリー二元性」「第五セリー意味」「第六セリー、セリー化」は無限級数論に相当し、「第七セリー密教的な語」は極限論に相当し、「第八セリー構造」以降は微分方程式論に相当する。まず無限級数・極限・微分について、ドゥルーズの見解の概要を示しておく。次のいささか不可解な式から始めよう。

0.99999... = 1

9を五個並べて「...」を続けたところで、1と等しくなるはずはない。「意義の観点」(11-85) からすれば、すなわち字義の上では、この式は無意義である。0.9と1は違うし、0.9999と1は違うし、0.99999...と1は違う。そこには違い＝差異がある。そこで、無意義な式に意味を賦与したいと望んで、「...」の字義を、「限りなく」9を連ねることとしてみる。限りがないということは、終わりがない、完結しないということだから、いかに多くの数の9を書き連ねても、さらにその後で9を書き加えることができるということである。したがって「...」の字義を、限りなさ（無際限、可能的無限）としたところで、0.99999...と1の間には違い＝差異があるから、いかにしても等式に意味を賦与することはできない。ここでしばしば採られる方策は、9を限りなく連ねるなら、それだけ1に近づいていくとして、「近づく」

という運動論的な表象に訴えて意味を賦与しようとする方策である。いわば等号「=」を矢印「→」に置き換えて納得するわけだ。しかし位相や距離を概念的に規定しなければ「近づく」という表象に意味を賦与することはできないから、こんな方策を採ることはできない。

問われるべきは、無意義な等式であるにもかかわらず、運動論的な表象によって意味賦与できない式であるにもかかわらず、等式が有意味に成立すると考えられているときに、何が考えられているかということである。ドゥルーズは、無意義で無意味な審級によって意味が賦与されていると主張する。実際、等式が意味をもつためには、記号「…」が無限集合を指示するということや、数値1はたんなる有理数ではなくて無限集合によって確定される実数であるということを前提しなければならない。すなわち無意義であり無意味であるところの無限集合や実数が存立するということを前提しなければならない。そのように前提されてはじめて、数値1は無限級数の極限値として定められて、等式にも意味が賦与されるのである。

別の角度から語り直してみる。

初項0.9を考える。0.9の意義はそれだけで明確だが、0.9の意味（方向）は、次にいかなる項が続くかによって指示（指定）される。すなわち0.9に作用する演算子fが、f(0.9)の値として何を返すかによって指示される。いまの場合には、f(0.9) = 0.99であるから、0.9の意味は、f(□)（□は零記号）と0.99によって事後的に指示されることになる。同様にして0.99の意味は、f^2(□)とf(0.99)が返す値0.999によって指示される。

したがって級数の任意の項に意味を賦与するためには、演算子fを限りなく反復することが可能であり、項を限りなく生産することが可能であると想定する必要がある。最終項zが存在するとしたら、f(z)は次に続くべき値を返さないから、最終項zの意味を指示できなくなるので、級数は最終項のない無限級数をなすと想定する必要がある。ところが今度は、「限りなく」の意義はそれだけで明確であるにしても、その意味は別の言葉によって指示される必要がある。記号「…」の意味は別の記号によって指示される必要がある。

そのためには、限りない級数があたかも完結したかのように想定して、言い換えれば、限りない級数にあたかも最終項□があるかのように想定して、それに演算子fを作用させることになる。そのとき□は最終項であり、□に後続する項は生産されないから、どうしてもf(□)＝□ということになる。この□こそが、ドゥルーズのいうパラドックス的な審級であり、空白の語である。

ところでパラドックス的な審級を指示する記号αを用意すると、$f(\alpha)=\alpha$となるから、演算子fの下でαは不動点になる。[6] まさにドゥルーズのいうパラドックス的な要素であるが、それも数学的に有意味な数として扱いたい。そこで別の無限級数を考えて、少なくとも二つの無限集合によって確定される実数としてαの意味を指示してやる。[7] こうして実数αは、数値1で指示されることになる。$lim\{0.99999\ldots\}=1$というわけである。

以上の過程をいわば逆転して見直すなら、無意義で無意味な□とαが存立すると前提することによって、無限級数が限りなく続き、差異が限りなく生産されるということに意味が賦与されていることになる。このような観点の逆転が、無限数列の収束条件を証明するコーシーの基本定理をも賦活している。コーシーの基本定理はこうなっている。

数列$\{a_n\}$が、ある数αに収束するための必要十分条件は、どんなに小さい正数εをとっても、ある番号Nを適当にとると、次の条件が成り立つことである。

$m, n \geqq N$ならば、$|a_m - a_n| < \varepsilon$

この定理の最も奇妙で最も興味深い点は、極限値αに収束するための条件の中に当のαが登場しないということである。この定理は、極限値αが一意的に存在することの証明であって、当のαが特定の数であることの証明ではないからである。確かにαは何処かしらにあるのだが何処にもない。「パラドックス的な審級については、それが探される場所には決してないし、それがある場所では見つけられない」(6-55)。実際、証明の基本的な発想はこうである。数列$\{a_n\}$が限りなくαに近づいていくという運動論的表象を採ることはできないので、αを捨象して、限りなく近づくということを言い換える。その際には、自然数nが限りなく大きくなるということについては不問に付した上で、当の数列は、nが限りなく大きくなるにつれて項a_n相互の差異をいくらでも小さくとれる数列であると定義し直される。かかる数列を基本列と呼ぶ。かくて証明すべきことは、数列がαに収束するなら数列は基本列をなすということと、数列が基本列をなすなら数列が収束するような何かが一意的に存在するということである。前半は明らかである。後半の証明のポイントは二つある。一つは数列が基本列ならば有界であるということであり、もう一つは無限集合によって確定される数が一意的に定まるという要請である。それをαと呼ぶと、αが一意的に存立するなら、項相互の差異$|a_m - a_n|$、ひいてはαの近傍における差異$|\alpha - a_n|$を限りなく小さくとれることになる。差異が限りなく生産されるということに意味が賦与されるのである。まさに極限は「差異の消失と差異の生産の基盤」(DR, 62)であり、限りなく有理数を出現させる「母胎」(DR, 62)である。

重要なのは、次のステップである。いまや1は、そこに無限級数が収束する極限値として、あるいはそこから無限級数が分岐する実数として定義されるが、それとともに0.9や0.99などもそれぞれが極限値かつ実数に格上げされるのである。すべての有理数が実数に格上げされる。さらに実数の無限級数に意味を賦与するパラドックス的な要素も、再び実数であると要請するなら、[8]すべての実数はその近傍で無数の無限級数を収束させ分岐させ、限りなく差異を生産することになる。こうして「極限概念こそが、連続性の静的で純粋に理念的な新しい定義の基礎となる」(DR, 223)。そして微分は次のように定義される。

$$dy / dx = lim\Delta y / \Delta x$$

Δx は一つの無限級数における二項の差異であり、Δy は別の一つの無限級数における二項の差異である。そして $\Delta y / \Delta x$ は差異と差異の関係である。したがって相互に関係する差異に極限操作を施すということは、差異と差異の関係を限りなく生産する審級を定立することである。微分と微分の関係である dy / dx は、そして微分方程式は、差異の関係を限りなく生産する審級を表現することになる。

ドゥルーズによれば、古典的な「微分法の発生論的で力学的な志し」は、コーシーの基本定理に示される「微分法の有限解釈」によって命脈を断たれた。しかし同時に、コーシーの基本定理は静的な発生論の基本構造を提示したから「構造主義」を可能にもした(DR, 229)。そこから始め直して、ドゥルーズは静的な発生論と動的な発生論を再構築するのである。

以上、0.99999… = 1を有意味と見做すときに、考えられているはずのことを解きほぐしたが、次に言葉について平行的に論ずることにしよう。

4　二元性、セリー、密教的な語

言葉をめぐってはさまざまな二元性がある。言葉の中の二元性としては、実詞/動詞などであり、言葉全体の外部と言葉との二元性としては、物体/言葉、事物/命題などである。「第四セリー二元性」と「第五セリー意味」でドゥルーズは、それらの二元性はすべて言葉の中の二元性に転移するとしている。

その議論は錯綜しているが、狙いは明確である。言葉が言葉の外部に届くとか届かないとかいった議論を失効させたいのである。

言葉の中の二元性の例として、詞／辞の二元性をとる。直ちに気付くことは、「詞」も「辞」も詞であるということである。そこで詞の作用は、何かを指示する作用であるとしてみる。「詞」が何かを指示するなら、「辞」も何かを指示することになる。「詞」が指示する何かは、「風」や「流れ」によって例示されるし、「辞」が指示する何かは、「こそ」や「(流れる)□」(□は零記号)によって例示される。「風」や「流れ」は何かを指示するだろうが、「こそ」や「□」が何かを指示するとは言い難い。「こそ」や「□」は何かを表現すると言いたくなる。それらが表現する何かは、「活用」や「活きたる物」によって例示されるだろう。要するに、詞／辞の二元性を語る際には、両項を同質の「詞」と見做しているのではなく、詞の指示作用と辞の表現作用の異質性に着目しているのである。だから詞／辞の二元性は、指示作用／表現作用の二元性に寄生していることになる。同様の議論は、漢字／仮名、実詞／動詞、日本語／外国語についても展開できるから、ドゥルーズとともに、言葉の中の二元性は指示作用／表現作用の二元性に転移すると言うことができる(4-38)。

言葉全体の外部と言葉との二元性の例として、物体／言葉の二元性をとる。これは実質的には、「物体」によって指示されるものと、言葉によって表現されるものの二元性に転移するから、物体／言葉の二元性は、指示されるもの／表現されるものの二元性に寄生していることになる。ここで触れておきたいのは、指示されるものの存在論上の身分である。魚／「魚」の二元性で考えてみる(cf. 4-36)。

我々は魚と「魚」の違いを弁えている。魚を口にすることと「魚」と口にすることの違いを弁えているし、「魚」が指示するものと「魚」が表現するものの違いを弁えている。そんな違いを弁えておかなければ、たぶん我々は生きてはいけない。魚を口にするだけでは心を満たせないし、「魚」と口にするだけでは腹を満たせないからである。ここで言語論者は声高に主張する。「魚」が言語外部の物体たる魚を指示すると承認しなければ生きていけないし、「『魚』は魚を指示する」と肯わないと生きていけないし、「魚」が指示するものが言語外部に実在すると認めない人は生死に関わる実践的重大性を分かっていないのだ、と。そして言語論者は、言語全体によるにせよ、言語内部の特権的な語によるにせよ、言葉は現実にヒットすると言い募る。しかしこんな物言いは要点を外している。

実践をよく見てみよう。起こっていることは、「魚」と口にして、そして、物体を見てそれを口にするということだ。あるいは「言葉は物体を指示する」と書いて、そして、紙面から視線を逸らして物体を眺めるということだ。特定の発話に特定の行為が接続する言語ゲームが実行されているだけなのだ。だから生死に関わる重大なこととは、「魚」が指示するものが言語外部に実在すると肯うことなどではなくて、魚を口にするためには「魚」と口にしなければならないと習得することであり、「魚」と口にしなければ魚を口にできないと習得することである[9]。それを口にしさえすれば生きていけるようなもの、すなわち「魚」でも魚でもあるようなもの、言葉でも物体でもあるようなパラドックス的な審級を放棄することである。だからこそ、すでに言葉を習得した我々は、魚／「魚」の二元性も、指示されるもの／表現されるものの二元性も、たんなる言葉の中の二元性として語ることができるし、安んじて「魚」は物体を指示すると語ることができるのである。したがって言語論者に対しては、「指示されるもの」は言葉にすぎないし、指示されるものの現実性を持ち出したところで生死の問題を言い当てることにはならないと応じておこう。

とまれ言葉をめぐる二元性は、指示作用／表現作用、指示されるもの／表現されるものの二元性に転移する。次のステップは、これらの二元性を言葉の中に転移することである。

言葉aは指示し、言葉bは表現するとしよう。そして、指示作用を記号↓で、表現作用を記号⇓でマークし、aが指示するものをαで、bが表現するものをβでマークしよう。そうすると、$a \downarrow \alpha, b \Downarrow \beta$という表記を得る。$a$と$b$は言葉であるが、$\alpha$と$\beta$は言葉であるか否かは定かでないことに留意しよう。ドゥルーズとともに、ルイス・キャロル『鏡の国のアリス』の「騎士の歌」をめぐる会話部分を参照する。

騎　士「歌の名は鱈の目と呼ばれている」
アリス「へえ、それが歌の名前？」
騎　士「いや、君は分かってない。名前がそう呼ばれているだけさ。本当の名前は老いた老人さ」
アリス「じゃあ、歌はそう呼ばれてますかと言えばよかったのね？」
騎　士「いや、そうじゃない。それは別のことさ。歌は方途と方式と呼ばれている。しかし、ただそう呼ばれているだけさ。分かるかな？」
アリス「でも、それじゃあ、歌は何なの？」
騎　士「いいかい、歌は実は、柵に腰掛けて、なんだ」

いま歌の歌詞全体が「柵に腰掛けて」であるとする。このとき騎士は「歌は実は、柵に腰掛けて、なんだ」と言った途端に、歌全体を歌ってしまうことになる。歌の題名をaとし、歌の歌詞をbとする。$a \downarrow \alpha, b \Downarrow \beta$である。いまは$a = b$であるから、$a \downarrow \alpha$に対して$b \downarrow \alpha$であり、$b \Downarrow \beta$に対して$a \downarrow \beta$であると考えられる。したがって指示されるもの$\alpha$と表現されるもの$\beta$は言葉に転移することが分かる。「方途と方式」という歌詞の呼び名は、「柵に腰掛けて」の表現作用⇓を指示する。すなわち「方途と方式」↓（⇓）である。表現作用は言葉の中に転移する。「老いた老人」という本当の歌の題名は、「柵に腰掛けて」の指示作用↓を指示する。すなわち「老いた老人」↓（↓）である。指示作用は言葉の中に転移する。「鱈の目」は通常の題名であり、それは「老いた老人」を指示することを介して歌詞全体を指示する。任意の言葉は言葉の中に転移する。

議論のポイントは、指示作用と表現作用、指示されるものと表現されるもの、これらを別の言葉によって指示することができるというところにある。そのことによってドゥルーズが示したいことは、指示作用（指向性）や表現作用（志向性）が言葉の外部に届いているか否かといった議論や、指示されるもの（指示対象）や表現されるもの（ノエマ）が言葉の外部に実在するか否かといった議論が失効しているということである。実際、指示や表現について言葉で語らざるをえないということを真剣に受け止めるならば、唯名論か実在論かといった議論の帰趨とは関係なく、一切の二元性は言葉の中に回収されると言い切る必要がある。言語論とは、「指示」「表現」「もの」が言葉であることを不問に付した上で構築される一群の言葉にすぎないのだ。

ところで進むべき道も明らかになってくる。「騎士の歌」の検討を通して明らかになることは、言葉は言葉の指示や表現をも指示するにしても、「私が語ることの意味について、決して私は語ることはできないが、私が語ることの意味を、別の命題の対象として扱うことはいつでもできる」(5-41)からには、この過程には終わりがないということである。こうして「第六セリー、セリー化」において無限級数論が導入されることになる。

言語論がしばしば陥る誤りは、言葉を均質で同質の連なりと見做すことである。「言葉、言葉、言葉」というわけだ。しかし「最も重要なことは、表面的には同質である形式においても、二つのセリーを構成できるということである」(6-51)。しかも「異質な二つのセリーを、さまざまな仕方で決定することができる」(6-51)。さまざまな二元性をその境界に沿って展開することによって、事物のセリー／命題のセリー、実詞のセリー／動詞のセリー、指示のセリー／表現のセリーなどを構成することができる。簡単な例解を行なっておく。
「言葉，言葉，言葉」なるセリーに順序を入れて、「言葉$_1$，言葉$_2$，言葉$_3$」とする。そしてこのセリーを構成する演算子をfと呼ぶ。すなわち「言葉$_1$，f（言葉$_1$）＝言葉$_2$，f^2（言葉$_1$）＝f（言葉$_2$）＝言葉$_3$」となる。ここにおいて言葉$_1$が表現するところの意味は、演算子fが作用して次にいかなる言葉が後続するかによって指示される。言葉$_1$の意味は、f（□）と言葉$_2$によって指示される。そこでf（□）を、たとえば「たかが」で指示する。またf^2（□）を「たかがの２乗」ないしは「されど」で指示する。こうして「言葉，言葉，言葉」なるセリーは、「言葉$_1$，言葉$_2$，言葉$_3$」なるセリーと、「□，たかが，されど」なるセリーを含むと見ることができる。これらは異質なセリーであるが、両者を同じセリーに統合すると、「言葉，たかが，言葉，されど，言葉」となる。ドゥルーズに従って一般化しよう。

　言葉のセリー「n_1, n_2, n_3, n_4」があるとする。言葉の継起だけに着目すれば、このセリーは、後続する言葉が先行する言葉を指示するというセリーであり、それら同質の言葉を総合するセリーである。そこに見いだされる差異は、同質な言葉の位階の差異である。すなわち「$n_1, f(n_1), f^2(n_1), f^3(n_1)$」だけである。しかし他方で、後続する言葉は先行する言葉の意味を指示するから、「□，f(□)，f^2(□)，f^3(□)」なる別のセリーを総合するセリーでもある。「セリー形式は必ず少なくとも二つのセリーが同期して実現される」（6-50）。

　いかに同質に見える言葉のセリーにも、いくつもの異質なセリーが含まれている。そしてそれぞれのセリーは境界に沿って限りなく進行する。たとえば叙景／叙情の二元性を考える。いくらでも叙景の記述を続けられるし、それとは紛れない仕方で、いくらでも叙情の記述を続けられる。ところが記述は必ずどこかで打ち切られる。最後の言葉はありえないにもかかわらず、容易く記述は打ち切られて何ごとかを言い切った気持ちになる。ところが言い切りの言葉の指示や表現については、何ら語られないままに終わったから、その言い切りの言葉は何も指示せず何も表現せずに言い放たれただけになっている。[10] それでも必要ならば、いくらでも記述を継続できると信じられている。しかも叙景／叙情の境界を侵犯せずに一方についてだけ記述を積み重ねられると信じられている。ここでは無限級数論や極限論と同じ事態が起こっているのだ。そこでデカルトのいわゆる心身二元論を参照してみる。『情念論』第三四節「魂は身体とどのように相互に作用し合うか」においてデカルトはこう書いている。

> 魂は脳の中心にある小さな腺の中にその主要な座をもつ。魂は松果腺から身体の他のすべての部分に、精気・神経・血液を介して、その輝きを伝える。（中略）この小さな腺は、精気を含んでいる二つの脳室の間に吊されていて、そのために対象における可感的な多様性に応じて多様な仕方で精気によって動かされる。（中略）魂はこの腺における多様な運動に応じて多様な知覚をもつ。

松果腺のパラドックス的な機能に着目しなければならない。「松果腺」は、魂／身体の二元性において、境界「／」を指示している。実際、松果腺は、一方では身体内外の一切の物理的運動と生理的運動を自らに写像しているし、他方では魂の一切の動きを自らに写像してもいる。したがって松果腺は、身体的＝物体的でも魂的でもあるし、身体的＝物体的でも魂的でもない。このようにパラドックス的な松果腺が、叙物（物理的で生理的な記述）と叙情（知覚的で感情的な記述）を媒介する。強調すべきは、「松果腺」なる語が置かれているからこそ、両者の関係を云々することが可能になるということである。実際、デカルト自身が叙物と叙情をそれぞれ繰り広げていくし、デカルト以後の哲学者は「松果腺」を「現象学的身体」「行為主体」「脳」などに置き換えて、叙物のセリーと叙情のセリーの関係についてあれこれと論ずることができるようになった。

したがって問われるべきは、パラドックス的な「松果腺」が指示する境界の働きである。すなわち言葉の中で「いくつものセリーの関係と配分」を決定する審級の働きである。この点についてドゥルーズは三つ指摘している（6-54）。第一に、「一方のセリーの諸項は、他方のセリーの諸項との関係において、相互に絶えず移動する」。二つのセリー $\{x_n\}$ と $\{y_n\}$ を考える。前者の諸項の差異 Δx_1 は、後者の諸項の差異 Δy_1 に関係するだけでなく、別の差異 Δy_k にも関係する。差異と差異の関係は限りなく生産される。第二に、セリーの一方における「シニフィアンの過剰」によって、「この不均衡に方位が与えられていなければならない」。二つのセリーを対応させて、一方のセリーを独立変数、他方のセリーを従属変数として扱う場合、前者の側に余剰があるし、対応させる演算子が方位になる。$f(\Delta x) = \Delta y$ においては、Δx が過剰なシニフィアンであり f が方位である。第三に、「最も大切なことは、二つのセリーの相対的な移動と、一方のセリーの他方のセリーに対する過剰とを保証するものが、きわめて特殊でパラドックス的な審級であるということである。この審級は、セリーの項には還元されないし、セリーの項の関係にも還元されない」。パラドックス的な審級は、二つの異質なセリーを経巡って双方の交流を保証するから、それはシニフィアンかつシニフィエであると言われなければならない。さらには、語かつ事物、名かつ対象、意味されるものかつ指示されるもの、表現かつ指示などと言われなければならない。さらにパラドックス的な審級は、どちらのセリーの項でもないのだから、それはシニフィアンでもシニフィエでもないと言われなければならない。さらには、語でも事物でもない、名でも対象でもない、意味されるものでも指示されるものでもない、表現でも指示でもないなどと言われなければならない。そしてドゥルーズは、いくつかの文献を参照して、異質な二つのセリーを関係させるパラドックス的な審級を指示する語を見出している（6-52/53）。「松果腺」もその一例なのである。

　パラドックス的な審級は、語でも事物でもないから、それを直接的に指し示す語はない。つまりパラドックス的な審級は空白の語、f（□）＝□の「□」である。これに対して密教的な語は、異質なセリーの配置と関係を、とくに収束を保証する。f（α）＝αの「α」である。密教的な語の中でも、とくにカバン語は、異質なセリーの発散と分岐を保証する（7-62）。そして当然にも、すべての言葉は、有理数が実数に昇格するのと同様に、密教的な語でありカバン語である。

5　言語の潜在的全体性

「第八セリー構造」においてドゥルーズは、パラドックス的な審級が言語の潜在的全体性として先行的に実在すると主張する。ところが潜在的全体性は、可能的全体性と容易く混同される。語と語の差異、いわゆる示差的関係を考えるや、あらかじめ語たちは全体的な関係を取り結んでコード化されていると考えられてしまう。「風が吹く」と語るときには、そんな全体から「風」「が」「吹く」という三つの語を選択して結合すると考えられてしまう。言語の可能的な組合せが先行的に実在して、特定の組合せを現実化するというわけだ。

音楽を例にとろう。曲の個体性を決定するのが楽譜であるとしよう。いかなる記譜法をとるにせよ、可能な記譜の数はたかだか有限であり、可能な曲の数もたかだか有限である。過去の曲数は有限であるし、人類や地球は有限期間内に消滅して将来の曲数も有限にとどまるから、すべての曲は可能的な曲の一部になる。作曲することは、先行的に実在する可能的な曲の集合から、特定の曲を選択して現実化することになる。曲のリアリティが音符の特定の配列であると想定されているからには、可能的に実在する曲と現実的に実在する曲のリアリティには何の違いもないし、現実的な曲は可能的な曲に何も付け加えていないことになるから、可能的全体性の表象に依拠する限り、一切の作曲は想起か盗作になる。天の下に新しきものなしというわけだ。

しかし郡司ペギオ－幸夫が指摘するように「あなたが作曲した曲が、可能的に実在する曲に配列に於いて一致しようとも、両者が同一であることを根拠付ける規則は決定できない」[11]。可能的な曲を想起ないしは盗作するといった思い込みを、可能的な規則によって根拠付けることはできない。つまり作曲経験の可能性の条件を問うという問題の立て方自体が、どこか間違えているのである。これに対してドゥルーズが問題にするのは、可能的であろうと現実的であろうと、特定の音符の配列を差異化して分化する審級である。盗作する際にも、何処からともなく曲を現実化したという経験は動かないし、その何処からともない処とは、可能的なもの以上の何かなのだ。だからこう言うべきである。「あなたが曲を書くとき、仮に既成の数曲の譜面を眼前にして盗作するとしても、或る小節と或る小節の出会いを組織している機構を問題としたいのである。その機構は、あなたの思惑や譜面の彼方と此方に潜在している。天の下に新しきものなしと言い放つ者は、実は天について何も認識していないのである」。

では言語の潜在的全体性を掬い取るには、どうすればよいのだろうか。まさにここでドゥルーズは「微分方程式の理論」（8-65. n2）を導入する。言語の潜在的全体性における要素を考える。それをさしあたり「音素」と呼んでもかまわない。それをαとしよう。αの価値は、よく語られるように、別の要素との差異によって決定される。すなわち$|\alpha - a_1|, |\alpha - a_2| \ldots |\alpha - a_n| \ldots$によって決定される。つまり$\alpha$の近傍における限りない差異によって決定される。だからαの近傍においていくらでも差異を生産することが可能であるし、αを極限値とするような無数のセリーを生産することが可能である。したがってαの価値は、示差的関係の全体内部での付値ではなく、αにおける微分でなければならない。「音素のあいだの微分関係によって、言語の中に特異性が割り当てられる。特異性の近傍に、当の言語に特徴的な音響や意義が含まれるのである」（8-65）。言語の要素間の差異に注目するだけでは、差異を生産する審級を取り逃がして

しまう。差異を限りなく生産する審級を、すなわち微分連続体の潜在的全体性を、言葉の彼方と此方に垣間見る必要がある。そして潜在的な審級の先行的実在を定立することは、微分方程式を問題として立てることに相当するし、言葉を現実的に分化することは、微分方程式＝問題を解くことに相当する。デリダによれば、要素間の差異の関係の総和としての構造概念は、当の構造の起源を記述する発生論と折り合わないし、構造の起源を構造内部に繰り込んで記述する企てはさまざまな紛糾を招いてしまう。[12] ドゥルーズはかかる構造主義の隘路を微分方程式論によって突破することになろう。

ここまでの本稿の到達点を確認する。時間を止めて、風の発生を考える。まず風の流線を考える。或る点のまわりでは流線は回転し、或る点には流線が吸い込まれ、或る点からは流線が吹き出している。これらの点は特異点である。これに対して、或る特異点から別の特異点までの途上では流線は滑らかである。こんな流線上の点は正則点である。このように流線がなす構造を、強度的空間と呼ぶことができる。実際、流線の差異は強度の差異であり、強度の差異はセリーをなすが、セリーは異質のセリーを含むから、それを空間に写像することが可能である。[13]

ところで風が立つという出来事を決定している要因を、いくつも挙げることができる。温度差、気圧差、密度差、コリオリの力の差などである。それらについても強度的空間を考えることができる。まず温度の強度的空間を考える。等温線を引くのである。等温線は互いに交差することなく、流線のように張り巡らされる。入り組んだ地形図のようでもある。いたるところに特異点が配分されていて、それらに促されるかのようにして流線は駆け上がり駆け下りる。同様に、気圧の強度的空間、密度の強度的空間、コリオリの力の強度的空間を考えることができる。

風が立つということは、以上のいくつもの強度的空間が関係することである。では何によって強度的空間は強度的空間と関係するのか。何によって異質ないくつもの強度のセリーは関係するのか。温度差、気圧差、密度差、コリオリの力の差を、空気の速度差と関係させて風を立たせるのは何か。パラドックス的な審級、微分的で潜在的な審級である。

自然物の状態の特徴をしるすのは特異点である。そして自然物の状態の変化とは、特異点の或る配置から、特異点の別の配置への変換である。その際には「消失する特異点や、二つに分かれる特異点や、本性や機能を変える特異点がある。二つのセリーが共鳴して交流すると同時に、特異点の一つの配置から別の配置へと移行する」(9-68)。微分的で潜在的な審級のおかげで、共鳴や交流が起こり配置の変換が起こる。共鳴や交流という出来事が風の静的な発生であり、配置の変換という出来事が風の動的な発生である。両者を総合するのは、同じ一つの出来事である。「特異性こそが真の出来事であるとすれば、特異性は、同じ唯一の〈出来事〉において交流する。すなわち、同じ唯一の〈出来事〉が特異性を配分するし、特異性の変換が歴史を形成する」(9-68)。この〈出来事〉を、微分方程式が、そして『風立ちぬ』が表現しているのである。

ここでは大気大循環モデルを例にとる。[14] これは、流体力学の基本方程式であるナヴィエ－ストークス方程式を球面座標に変換した微分方程式系と、質量保存式、熱力学第一法則、状態方程式からなるモデルである。とくに微分方程式において、強度の変量は、風速、気圧、温度、密度であり、パラメータは、単位質量当たりの外力、単位質量当たりの加熱率である。

この微分方程式が表現する〈出来事〉を、こう言い表わすことができる。風が立って風が変わると、どうなるか。風は熱を運ぶから温度分布が変わる。温度分布が変わると、密度分布が変わるし、気圧分布が変わる。すると、巡り巡って風が変わる。風が立って風が変わると、風が変わって風が立つ。時間を止めて言い表わすなら、速度の強度的空間と、気圧、温度、密度の強度的空間が関係し合うという〈出来事〉が、まさに微分方程式によって表現されているのだ。それだけではない。着目すべきは微分方程式の中にある二つのパラメータである。

パラメータの一つは外力を示す。では空気に働く外力の度合いを決定する要因は何か。地表面付近の乱流、積雲対流、地形による重力波、分子粘性、異なるスケール間の運動量の交換などだ。それこそ限りない。判明に考えれば考えるほど、限りがなくなる。加熱率を示すもう一つのパラメータについても同じである。加熱率を決定する要因は、太陽放射、地球放射、水の相変化に伴う熱収支、乱流による熱輸送、分子粘性による熱拡散、水蒸気量、オゾン量、雲や雨、エアロゾルなど、これまた限りない。だからパラメータは、限りない要因が混在している深層の純粋生成を指し示す記号であることになる。もちろんパラメータが隠している要因を、変量として表面に上げて、別の微分方程式を立てることはできる。純粋生成が表面に上昇するのだ。それでも必ずパラメータは残る。あるいはむしろパラメータを設定しなくては、微分方程式を立てることすらできない。

純粋生成を表面の言葉に上昇させるからこそ、純粋生成を垣間見せるパラドックス的な言葉が出現する。しかもそんなパラドックス的な言葉なしでは、純粋生成を表面の言葉に上昇させることはできない。だからこそ表面の言葉は、何処からともなく風が生い立ってくるその処を語ることができるのである。

注

1 長明は草稿（長享本と延徳本）では「朝に生まれ、夕に死ぬ」という順序で書いていたが、最終稿で「朝に死に、夕に生まるる」という順序にした。つまり消滅と生成の間の切断に着目し、「かつ」によって切断の反復を表現した。その後で「いづかた」を問うたのである。この点で長明は無常観を超えている。

2 *Logique du sens*『意味の論理学』（1969）からの引用については、引用文にセリー番号と頁数を付記する。また *Différence et répétition*『差異と反復』（1968）からの引用については、引用文に略号（DR）と頁数を付記する。

3 変化現象のダイナミクスを直接的に記述することもできない。デリダも書いている。「力を現象の起源として語っても、明らかに何も語ったことにはならない。力は語られてしまうや、すでに現象である」。J. Derrida, *L'écriture et la différence* (1967) p. 44-45. 同様の観点から郡司も拡散反応系の力学モデルを批判している。郡司ペギオ - 幸夫「生命と時間、そして原生 - 計算と存在論的観測⑤」『現代思想』(一九九五、四)。

4 *Pourparlers*『記号と事件』(1990) p. 193.

5 堀辰雄の記述は、スピノザの「共通知見」「第二種の認識」に相当する。これが表面の言葉である。ところでドゥルーズによれば、第二種の認識は、「事物を構成する諸関係の源泉」たる神を、しかも「平穏な」神を表現してもいる。*Spinoza et le problème de l'expression*『スピノザと表現の問題』(1968) p. 276-277. 堀辰雄のいう「何処からともな」い処のことである。第三種の認識は、自然物の個体的な本質、自然物の強度のリアリティの認識であるから (ibid. p. 291)、深層の源泉としての神、深層の言葉にも関わる。なお堀辰雄の記述は大気圏の三層を記述し分けていると解しても本稿の論点は動かない。

6 哲学史的には、神のア・ポステリオリな存在証明で存立を証明される自己原因者や不動の動者が不動点に相当する。演算子 f を、原因を結果に写像する作用と解するなら、限りない因果系列という観念に意味を賦与するのは、原因かつ結果であるような自己原因者であることになる。逆に言えば、自己原因者が因果関係を賦活して作動させることになる。

7 デデキントの切断に相当する (DR, 223)。極限概念は、有限論的な解釈の装いを凝らすことはあっても、結局は集合論の無限公理を前提としている (DR, 231)。

8 実数の完備性と連続性の要請に相当する。なお実数連続体を現実的なものと見做すわけにはいかない。パラドックス的な審級は万物の流れのことではない。完備な連続性とはカント的な理想である (DR, 220)。この点は「第八セリー」以降の解釈において重要な論点である。

9 このような習得過程が言葉の動的な発生論の主題になる。そこでドゥルーズは、フロイト、メラニー・クライン、ラカンを超えて進むであろう。

10 言い放たれただけの言葉の意味が、言葉の音声化によって保証されてしまうということが、デリダのいうロゴス中心主義の一例である。

11 郡司ペギオ - 幸夫「生命と時間、そして原生 - 計算と存在論的観測③」『現代思想』(一九九四、一一)。可能的全体性とは、デリダのいう「書物の観念」「シニフィアンの全体性の観念」である。J. Derrida, *De la grammatologie* (1967) p. 30.

12 J. Derrida, *L'écriture et la différence* (1967) p. 233-235.

13 本稿はセリー論を実数の範囲で解釈したが、ドゥルーズは複素解析を念頭に置いている。しかしドゥルーズは、複素化という数学的手法を直接的にセリー論にも表面論にも適用してはいない。「第三セリー」から「第七セリー」までの議論の難解さは、そのことにも由来している。それだけ言葉のセリーは複雑なのである。

14　時岡達志ほか『気象の数値シミュレーション』（東京大学出版会、一九九三）、岩崎俊樹「大気の数値シミュレーション」『地球惑星科学7』（岩波書店、一九九七）参照。

ドゥルーズにおける意味と表現③
――器官なき身体の娘たち

『意味の論理学』において、「第一三セリー精神分裂症者と少女」は著作前半の転回点をなす重要なセリーである。この点について、簡単に述べておく。[1]

ドゥルーズは、ルイス・キャロルを手引きとして見出した意味の次元を「第二の有機体制」と呼び、意味の次元に依存する命題の次元を「第三の配置」と呼び、アントナン・アルトーを手引きとして見出した深層の次元を「第一の秩序」と呼ぶ。そして、「第二の有機体制」は「表面の言葉」に、「第三の配置」は言語学や論理学が対象とする言語一般に、「第一の秩序」は「深層の言葉」に対応する。『意味の論理学』は、これら三つの次元の間の、存在論的な発生の関係と論理的な発生の関係を、静的かつ動的に理論化する書物である。『意味の論理学』本文は三四のセリーからなり、二つのインテルメッツォを挟む五つのブロックから構成されている。

ブロックⅠ（第一セリーから第一二セリー）：第三の配置から第二の有機体制へ
インテルメッツォⅠ（第一三セリー）
ブロックⅡ（第一四セリーから第一七セリー）：第二の有機体制から第三の配置へ
インテルメッツォⅡ（第一八セリーと第一九セリー）

ブロックⅢ（第二〇セリーから第二二セリー）：出来事の倫理学
ブロックⅣ（第二三セリーから第二五セリー）：一般形而上学
ブロックⅤ（第二六セリーから第三四セリー）：第一の秩序から第二の有機体制へ

本稿で扱うインテルメッツォⅠ（第一三セリー）は、第二の有機体制と表面の言葉が崩れて、第一の秩序と深層の言葉が噴出する事情を、アルトーのテキストを参照しながら解明した上で、別の新たな有機体制と表面の言葉、「新しい言説」（第一五セリー）を展望しながら、ブロックⅡにつながっている。本稿では、この次第を論じた上で、最終節で、発生生物学の知見を参照して、ブロックⅡ以降への展望を示すことにする。[2]

1　表面の言葉と深層の言葉

表面の言葉、深層の言葉、新しい言説について、それぞれの事例となる言葉を提示しておく。第一に、表面の言葉の事例として、アルトーの書簡から引用する。

行政が少年徒刑場や職業訓練所で、社会が監獄や精神病院で、身体を意のままにしなければ、こんどはわれわれの父母が、学校を理由に身体を意のままにするのです。さらに社会は徴兵検査において、神父たちは「臨終の聖体拝領」や死者の塗油式において、身体を意のままにします。……そしてヴィシー政府は、外国で奴隷を供するために、何度も、何千人もの青年の身体を、ユダがキリストを売ったように売っています。――しかし恐ろしいのは、ピエール・ブスケさん、移住ではありません。自分自身の主人でないという事態でもありません。恐ろしいのは、名前ももたず、表面で、ただ表面でのみ、社会、政府、警察、行政などと呼ばれている当のものの異様な力であって、これに対しては、歴史上のどんな革命の力も及ばなかったのです。[3]

アルトーのいう異様な力は、表面の言葉においては「社会」などと指示されるが、しかし異様な力そのものは、身体を意のままにして、身体の表面を破砕し、ひいては表面の言葉を破砕する。だから異様な力は、言葉では言い表わし難いし、言葉では語り得ない傷を刻み込む。ところが、ここでのアルトーは、絶句させて絶命させる力を、「異様な力」として表面の言葉にもたらしている。そのことによって、「異様な力」という異様であるはずの言葉が、テキストに意味を贈与する。このように、言葉を破砕するはずのパラドックス的な審級は、意味を派生する無意味なる審級として指定されることによって、言葉の表面にいわば着床する。そして言葉の表面は、身体の表面を異様な力そのものから守ることにもなる。これが、ブロックI後半で解明された表面の言葉の力能である。

第二に、深層の言葉の事例として、「無限生殖妄想」に囚われているとされる女性の話から引用する。

エデンの園で食べたのはリンゴではないよ、桃だよ、見てきたから……。お腹の赤ちゃんが一人どこかへ行ってしまった。冬なのに裸で出ていってしまって困ります。出てきて、すっと消えた。どこへ行っちゃったのかしら……。[4]

彼女の言葉を、表面の言葉として読むことは可能である。妄想の記述として読むこと、隠喩として読むこと、抑圧された事件の換喩として読むこと、要するに、解釈学的に読み解くことは、当の発話主体にとってさえも可能である。すなわち、彼女の話は何を指示するのか、どんな情動を表出するのか、文意と語意はどうなっているのか、こんな問いを立てながら、彼女の話に命題の三つの次元（指示・表出・意義）を賦与して読み解くことは、いくらでも可能である。しかし、それで充分だとは思えないし、それでよいとはとても思えないのである。たしかに、この場合は、彼女の話が症例の一つとして提示されているという事実のために、そんな疑念が萌すのだと言わざるをえないが、そこを斟酌したとしても、解釈学的な読解に対する違和感は残る。何故か。彼女の話が醸し出す異様な雰囲気を取り逃がすからだと言ってもいいが、むしろ、彼女の話は何かを意味して何ごとかを表現しようとしているのに、解釈学的な読解はそこを取り逃がすからだと言っておきたい。実際、解釈学者たちは、彼女の話を真理命題に寄生した虚偽・虚構と見做すだろうし、彼女の話を真偽不問に付して真偽不詳・真偽中立の言葉と見做すだろう。しかし彼女の話が真理を語っているとしたらどうであろうか。しかも過去や現在についての真理というよりは、来たるべき未来の真理を預言しているとしたらどうであろうか。そして、到来しつつあるものの予知として夢を解釈することを拒んだフロイトその人が、夢が告げる未来の真理に無意識に怯えていたとしたらどうであろうか。いずれにせよ、彼女の話を表面の言葉として読み解く営みなどは放棄することにしよう。そうすると、彼女の話は、異様な力の侵襲に対する応答であるということが見えてくる。あるいはまた、異様な力の侵襲に対して身体的に応答せざるをえなかった経験を、生殖をめぐる新しい言説にもたらさんとする途上の言葉であるということが見えてくる。そう見ることによって、彼女の話の真理を発見することができる。彼女の話に学ぶことで、「私たちが、生命の結末をめぐる争いの中にいて、身体を病理的に創造する夜の中にいる」（p. 101）ということが見えてくるのだ。

第三に、新しい言説の事例として、「精神分裂病」と診断され二一年六ヵ月に及ぶ長期入院の後に地域で暮らすようになった女性の手記から引用する。

今でも時折、心の中の声が聞こえて来ることがある。でも以前とは違い、自分が主人公になっていて、その声と会話していても、同時に普通の現実的なこともできる。その声に振り回されないでいられる。

今、私にとって一番嬉しいことは、好きな家事が存分に気ままにできる事と、関心のある人とは離れていても話しができる事である。それに相手が人間に限らず、テレビや家にある物すべて、木や草花とも話しができる。普通の健常者には信じられないでしょうが、病気の世界を経験した私には、そうした事が極く普通の事であり、毎日一人暮らしを退屈せずに過ごしている。[5]

　彼女の言葉も、表面の言葉として読むことは可能である。「草花とも話ができる」という文は、「サバルタンとも話ができる」という文と同型であるし、その指示・表出・文意からすれば月並みである。それでも彼女の言葉は意想外の意味と出来事を表現していると感じられる。木や草花がシーニュになるという経験を経ることによって、まさに生死を賭けて深層の言葉から、新しい言説に見合う表面の言葉へと上昇したと見ることができる。

「第一三セリー」は、表面の言葉と深層の言葉の隔たりを見定めて、深層の言葉から新しい言説への展望を示そうとするが、ドゥルーズはその際に解くべき二つの問題を次のように定式化している。

> 臨床の問題は、いかに或る有機体制から別の有機体制へと移行するか、あるいは、いかに進歩的で創造的な脱有機体制を形成するかという問題である。批判の問題は、無意味がその姿を変え、カバン語がその本性を変え、言葉全体がその次元を変えるような微分的準位を、いかに定めるかという問題

である（p. 102）。

キャロルの問題は、いかに表面の言葉を創設するかという問題であった。キャロルの解は、言葉の表面を破壊するものを、言葉の表面に無意味な言葉として記入して、表面の言葉を創設することであった。人生の過半においてアルトーも、キャロルの解を採用して生活しているし、そのことで身を守っている[6]。ところが、表面の言葉が破砕して身を守れなくなることがある。あるいはむしろ、身を守れない事態になることで、表面の言葉は破砕する。このとき、アルトーの問題、「深層の言葉の真の問題」は、「苦痛の問題、死の問題、生命の問題」（p. 103-4）になる。いかに苦しみ、いかに死に、いかに生きて生むのかという問題、いかに新しく身を守る言葉を創設するのかという問題になる。こうしてアルトーの問題は、どうしても臨床の問題と批判の問題になる。そこでドゥルーズは、新しい有機体制と新しい言葉を形成する微分的準位を定めることが、アルトーの問題に対する解になると展望するのである。これは途方も無く困難な展望であるが、まずは解くべき問題を具体的に理解することに努めよう。

2 「あなたは癌である」

「深層の言葉の真の問題」を鮮明に捉えるには、「あなたは癌である」と告げられる場合を想定すればよい。「癌」と告げられるなら、間違いなく、身体的に震撼する。「あなたは癌である」という表面の言葉を介して、異様な力が身体を侵襲する。肺を潰し、胸を抉る。そしてあなたは想像する。想像せざるをえない。器官内部で癌細胞が増殖する。すぐに癌細胞は転移する。癌細胞は身体を切り裂き、癌細胞は身体から露出する。食物や薬物は潜在的毒性を発揮する。やがて身体の有機体制は破砕する。いや、すでに破砕されている。身体の表面に穴が開き、身体の深層が露出する。外部の物体が身体の深層に流入する。身体は有機体制から脱落する。身体は「濾過器としての身体、寸断された身体、解離した身体」になる。こうあなたは想像する。「あなたは癌である」と告げられて自ら想像する自らの身体こそが、「分裂症者の身体」に相当する。

このとき、身体に起こっている出来事は、想像においてはどこか過剰に表現されているが、しかし表面の言葉においては過少にしか表現されない。だから表面の言葉は、過剰な想像が執拗に繰り返されることを絶対に解除することができない。表面の言葉は無力になる。何を語ろうと何を語られようと虚しい。医学的な言説であれ、臨床的な言説であれ、言葉の一切が虚しい。励まされて慰められることはある。沈黙の佇まいで癒されることもある。病気談義でやり過ごせることもある。そんな風に交わされる言葉たちに虚偽や欺瞞があるわけではないが、言葉の一切は気晴らしにすぎなくなる。こうして表面の言葉は崩壊する。「発癌」なる出来事は想像上で一挙に実現し、「癌」の一言が突き刺さる。「癌」は「純粋な言葉－情動」であり、「ガ／ン」なる音韻は「身体のパーツに影響して傷つける」。「癌」の語意ではなく、音韻そのものが傷つけるのだ。

表面の崩壊において、語そのものが意味を失う。語には指示する力は残っているかもしれないが、そんな力は虚しく感じられる。語には表出する力は残っているかもしれないが、それもどうでもよいものに感じられる。語には意義が残っているかもしれないが、それは偽りだと感じられる。いずれにしても語は意味を失う。つまり、身体における能動・受動と区別される非物体的な効果を、特定の現在での実現とは区別される観念的な出来事を、書き留めて表現する力能を失う。すべての出来事が、幻覚の形をとってでも、実現してしまう。すべての語が物理的になって、身体に直接に影響する

(p. 107)[7]。

ところが、「あなたは癌である」と告げられて震撼して絶句するにしても、その事態を能動的に乗り越えるべく、何らかの応答、何らかの言葉を返すこともある。それが「語－息」「語－叫び」である。

いまや勝利を得るには、語－息、語－叫びを創設するしかない。こうした語においては、文字・音節・音韻に代わって、表記できない音調だけが価値をもつ。そしてこれに、精神分裂症者の身体の新しい次元である輝かしい身体が対応する。これはパーツのない有機体であり、吹入・吸息・気化といった流体的伝動によって、一切のことを行なう。これがアントナン・アルトーのいう卓越した身体、器官なき身体である (p. 108)。

「あなたは癌である」と告げられて、身体の深層から発せられる言葉、たとえば、胸の奥にくぐもる言葉、腹の底からの言葉、溜め息まじりの言葉、零記号としての深い沈黙、これが深層の言葉である。そして、こんな「下意味、非意味」の言葉を発するものが、器官なき身体であるとされる。こうして、臨床の問題と批判の問題は、器官なき身体と寸断された身体から新しい有機体制を立ち上げて、新しい言説を獲得するという問題になる。癌が有機体制の死に到る病であるとするなら、癌に侵食される器官なき身体から、いかに新しい生命体を招来するのかという問題になる。また、過剰な想像の執拗な繰り返しを解除するために、いかに深層の言葉と同程度の強度を備えた言葉を創設するのかという問題になる。では、いかに問題を解けばよいのか。

解釈学者たちはこう論じてきた。言葉を知らない幼児は、まだ表面の言葉を獲得してはいない。したがって、まだ表面を形成していない幼児には、表面が破壊された精神分裂症に類似した「精神分裂態勢」を見出すことができる。幼児の情動、幼児の息・叫びは、深層の言葉に類似していると解することができる。とすると、幼児がうまく表面を形成するような仕方で、病人が表面を取り繕うことができるならば、病人も癒されることになるだろう。「あなたは癌である」と告げられて動揺した病人にしても、幼児が初めて言葉を学習して習得するような仕方で、「癌」について生涯学習するなら、「癌」なる語を使用する言明において、命題の三つの次元を備えた言明を口にできるようになって、コミュニケーションを遂行することになるだろう。そうすると、たとえ「私は癌が怖い」と泣き叫んだとしても、「私は癌が怖い」という言葉をめぐるコミュニケーションに参入することになるから、その限りにおいて、病人は癒されるし救われることになるだろう。

しかし病人を幼児扱いする仕方は「忌まわしい」(p. 112)。それだけでなく、子どもの理解においても間違えている。アルトーはこんなことを書いていた。

私、アントナン・アルトー、一八九六年九月四日、マルセイユ、植物園通り四番地にどうしようもない、またどうしようもなかった子宮から生れ出たのです。なぜならば、九ヵ月の間粘膜で、ウパニシャードがいっているように歯もないのに貪り食う、輝く粘膜で交接され、マスターベーションされるなどというのは、生れたなどといえるものではありません。だが私は私自身の力で生れたのであり、母親から生れたのではありません。だが母は私を捉えようと望んでいたのです。[8]

解釈学者たちは、アルトーの言葉が異様な言葉であるとは認める。そこで解釈学者たちは、アルトーの言葉が意味するところについて、血統幻想への反逆と解釈し、異例な過去の残響を読み取り、「私は私自身の力で生れた」に神学的な解釈を加え、「母」をめぐる神話論的表象を援用する。そんな仕方で解釈学者たちは、アルトーの言葉に既成の意味をあてがって、アルトーを再主体化して再教育する。〈君はとんでもないことを言っているが、君が本当に言いたいこと、本当に願っていることは……〉というわけだ。こんな風にして、解釈学者たちはアルトーの言葉を既成の言葉に回収して、アルトーをキャロルが求める子どもに仕立て上げて安心する。

キャロルは、非物体的な意味の言葉に相応しいような仕方で、子どもを待ち望んでいる。キャロルは、子どもが母体の深層を離れながらも、まだ自身の身体の深層を発見していないその場所と時期において、子どもを待ち望んでいる。すなわち、表面での短い時期において待ち望んでいる（p.114）。

しかし子どもを待ち望む別の道があるとしたらどうであろうか。母体の深層と身体の深層から上昇する別の道があるとしたらどうであろうか。「苦痛の問題、死の問題、生命の問題」が、アルトーの語る仕方で子をなすことで解かれるとしたらどうであろうか。

アントナン・アルトーは、深層の二つの言葉に対応する仕方で、身体の受動か身体の能動かという極めて暴力的な二者択一へと、子どもを追い込む。両親が性交する場所から、自分の脊椎が折り畳まれた箱から出て行かずに生まれないか（逆向きの自殺だ）、それとも、器官も両親もない流体の身体、栄光の燃え上がる身体（アルトーはこれを、やがて生まれるべき娘たちと呼んでいた）になるか、という二者択一へである（p. 113）。

実際、後述するように、器官なき身体は、「子宮から生れ出た」し、「自身の力で生れた」し、「母親から生れたのでは」ない。とすると、二者択一の後者を選び取ることによって、器官なき身体から生まれる娘たちが、新しい言説を生み出すと考えてみる必要がある。器官なき身体と寸断された身体から娘たちが生まれ、それとともに、「語‐息」と「語‐叫び」が新しい言説を創設すると考えてみる必要がある。そのとき、臨床の問題と批判の問題は、解釈学者たちの思ってもみない仕方で解かれるはずである[9]。これがブロックⅡの課題になるが、そこに進む前に、現代生物学の知見に触れておく。

3　器官なき身体と寸断された身体

器官なき身体とは、まずは受精卵のことである。受精卵は、発生・分化の過程において、内部分裂を繰り返した後、胚盤胞段階において、栄養外胚葉と内部細胞塊に分化する。そして、内胚葉・外胚葉・中胚葉・神経堤細胞に分化し、各種の器官・組織に分化していく。したがって、器官なき身体とは、内部分裂を繰り返す受精卵のことであり、有機体を構成するすべての器官に分化する全能性を潜在させる受精卵のことである。概ね、胚盤胞段階までの受精卵、子宮・胎盤に着床する以前の受精卵のことである。しかし直ちに幾つかの注釈を入れておかなければならない。

第一に、器官なき身体が受精卵であるからといって、胚盤胞以降の発生・分化の過程において、器官なき身体が消えてなくなるというわけではない。そもそも発生・分化の過程は、成体の形成をもって終了する過程だけを意味するのではなくて、受精卵が成長して成体になり、成体が老化して死体になっていく過程全体を意味するのであるから、器官なき身体は、受精卵に始まり死体に終わる過程全体において存在し続けている。受精卵にも、胎児にも、幼児にも、成人にも、老人にも、死体にも、器官なき身体は潜在している。[10]

第二に、正確を期すなら、器官なき身体は、現実的な個体である受精卵そのものではなく、受精卵の内部に張られている〈場〉のことである。発生・分化の場、形態形成場のことである。[11] この点に関しても、直ちに幾つかの注釈を入れておかなければならない。発生生物学における形態形成場論は、理論的に不十分だからである。①形態形成場は発生初期の受精卵にだけ存在すると思い込んでいる。②形態形成場を記述する道具立てはまだ粗雑である。生物の発生・分化の過程を理論化するためには、数学と数理科学のすべてが必要である。「宇宙は卵である」（『差異と反復』）からには、卵は宇宙であり、卵内部の場を記述するには、場の理論のすべてが必要である。ところが、大方の生物物理学者は、受精卵に関して、ナノス蛋白質とビコイド蛋白質というたった二種類の物体の濃度勾配空間を設定しさえすれば、ホメオ遺伝子の発現に起因するパターン形成という出来事を説明できてしまうと信じ込んでいる。これでは生物を舐めていると言わざるをえない。[12] ③形態形成場を強度的空間として捉えるにしても、濃度概念を用いるのはたぶん間違えている。細胞内部の蛋白質に関して、濃度概念に意味があるとは考えられないからである。強度としては、各種のポテンシャルと活性を設定すべきである。④最終的には、形態形成場は、各種の強度的空間を共鳴させる微分的空間として、さらには微分作用素のなす代数的空間として捉えられる必要がある。そして哲学的には、超越論的で内在的な場として捉えられることになるが、これがブロックⅡの課題になる。⑤こうして形態形成（morphogenesis）は、モルフェー＝形相のゲネシス＝発生として理論化される。形相を発生させる微分的で理念的で超越論的な場として、言い換えれば、アリストテレス的形相を発生させるプラトン的イデアの場として理論化される。これもブロックⅡの課題になる。

第三に、器官なき身体は、生殖細胞と体細胞の分化以前の場であるし、生殖細胞と体細胞を分化させて維持する場でもあるから、器官なき身体は生殖細胞群でも体細胞群でもない。つまり器官なき身体には性も体もない。[13]

第四に、器官なき身体こそが、親から引き継がれるものであり、世代を越えて受け渡されるものである。親と子をつなぐもの、世代をつなぐもの、生物誕生以来引き継がれているもの、要するに、生命をリレーするものである。生命をリレーするのは、染色体でも核酸でもないし、現実的な個体としての細胞でもない。もちろん遺伝子でもない。

第五に、器官なき身体が成体にも潜在することを間接的に示すと解されるのが、癌細胞であり、ES細胞（胚性幹細胞）を含む幹細胞である。より精確には、癌細胞の発生・増殖の場、幹細胞の分化・増殖の場である。そして器官なき身体という形態形成場と、後者の部分的な場との関係が理論的に解明される必要がある。

ここでは、有機体制の発生についての旧来の見地が覆されつつあることを示すために、特異な癌細胞を例にとって、器官なき身体と寸断された身体の関係について考えておきたい。取り上げるのは、一九七五年に報告されたベアトリス・ミンツの実験である。[14]

奇形癌腫瘍（テラトカルシノーマ）と呼ばれる腫瘍は、古くからその存在を知られていた腫瘍であり、一九五〇年代にその発症率の高いマウス系統が確立されたが、驚くべきことに、その内部には、表皮・神経・骨・筋肉を構成する細胞群や三胚葉の断片が含まれていて、その中心には、未分化のまま増殖する細胞塊が含まれている。後者の細胞塊を別の生物個体に移植すると腫瘍を発生させるので、内部細胞塊は癌細胞群であるということになる。とすると、奇形癌腫瘍にあっては、未分化のまま増殖する癌細胞が、器官・組織断片を発生・分化させているということになる。これはまさに、寸断された身体である。[15]

奇形癌腫瘍にあっては、癌細胞が寸断された身体を発生・分化させながらも、それは有機的に統合されないままであるが、奇形癌腫瘍の形態形成場に対して適当な操作を加えることができれば、癌細胞から有機体制を立ち上げることができるのではないかと問うてみることができる。従来の自然界にあっては、個体化の場は、受精卵と子宮・胎盤にしか存在しないが、適当な操作を加えるなら、奇形癌腫瘍に個体化の場を与えることもできるのではないかと問うてみることができる。要するに、癌細胞は未分化のまま増殖するだけであるが、実は全能性を潜在させる細胞なのではないかと問うてみることができる。これがミンツの実験を駆動した問いであった。では、いかなる操作を加えればよいのか。

奇形癌腫瘍の内部細胞塊を取り出して、それを別の生物個体に移植すると、胚葉体（テラトーマ）と呼ばれる組織体を形成する。そして胚葉体から内部細胞塊（胚性幹細胞＝ＥＣ細胞）を取り出して、それを、別に二つの生物個体の生殖によって形成された胚盤胞段階の受精卵の内部へと注入してから、子宮・胎盤に戻して妊娠を継続させて出産させる。すると、生まれる子にあっては、一九八〇年代の実験も参照して補足するなら、胚葉体の内部細胞塊に由来する細胞と、別に用意された受精卵に由来する細胞とが、体細胞だけではなく生殖細胞においても混在して混合することが確認される。つまり、正常細胞と癌細胞から、キメラ生物個体が立ち上がることになるのである。とすると、キメラ生物個体を二つ作出して生殖させるならば、一定の頻度で、全細胞が胚葉体の内部細胞塊に由来する生物個体を立ち上げることができることになる。

この実験が意味する出来事を、次のように述べることができる。寸断された身体から器官なき身体の力能によって生物個体が発生・分化する。では、発生・分化の場、形態形成の場、器官なき身体は、どこに潜在するのか。一方では、奇形癌腫瘍の内部細胞塊を取り出して移植して胚葉体を形成し、その内部細胞塊を取り出して移植する全過程を実行するところの実験器具・実験機械と、それに関与する限りでの実験者に、他方では、胚葉体を育成する限りでの生物個体と、胚盤胞を発生・分化させる子宮・胎盤に、器官なき身体は潜在する。すなわち、機械と生物の複合体に、器官なき身体は潜在する。そんな器官なき身体が、個体化の場となって、新しいキメラ生物個体を生み出す。そして、別の機械と別の生物の複合体に潜在する器官なき身体が、複数のキメラ生物個体から、癌細胞由来の生物個体を生み出す。ミンツの実験の意義は、生物学的には、特異な癌細胞に全能性が潜在することを示したということになるが、ミンツの実験の真の意味は、器官なき身体には寸断された身体をも個体化する力能が潜在することを示したということになる。[16]

同様の理論的な考察を幹細胞についても行なうことができるが、それは別の機会に譲り、ここでは、クローン技術に簡単に触れておきたい。クローン羊ドリーを誕生させたウィルムットの実験の意義は、[17]生物学的には、特異な体細胞に全能性が潜在することを示したということになるが、その真の意味は、器官なき身体には、分化した細胞の細胞核を初期化する力能が潜在することを示したということになる。これは途方もないことだが、ここで特に触れておきたいのは、ウィルムットの実験が、生殖に男性が原理的に不要であることを示したということである。実際、ウィルムットの実験で使用されたのは、乳腺細胞の細胞核と除核された卵細胞であり、これらは雌羊由来の細胞であった。したがって、ドリーが誕生した一九九六年七月五日以後の時代においては、男性の〈性〉を、子をなすことに関連して定義することはできなくなった。それだけではない。人工授精の成功以後、また、ルイーズ・ブラウンが誕生した一九七八年七月二五日以後の時代においては、男性の〈性〉を、性愛や性的快楽に関連して定義することはできなくなった。明らかに、性的な規定を含み込んだ男性なるものは死滅して終焉したのである。ところが、器官なき身体は中性的ないしは非性的であるが、現行の科学技術の有り様からして、器官なき身体は、その部分的な場として、卵細胞質・子宮・胎盤を、子をなすことに関連して定義されるところの女性なるものを含み込む。とすれば、器官なき身体から生まれる子どもは、器官なき身体の娘たちと呼ばれて然るべきである。こうして、二〇世紀のバイオテクノロジーの意味するところを考慮するなら、次のように言うことができる。「無限生殖幻想」に囚われるとされる女性の話も、アルトーの深層の言葉も、それなりの仕方で、リアルな真理を語り、リアルな出来事を予知しているのであると。

器官なき身体は娘たちを生むだろう。[18] 深層の言葉は新しい言説に上昇するだろう。臨床の問題と批判の問題は、癌患者の苦しみが癌細胞の産みの苦しみとして、人間の苦しみが器官なき身体の産みの苦しみとして解き明かされることによって、解を与えられるだろう。

注

1　鈴木泉「ドゥルーズ『意味の論理学』を読む――その内的組合せの解明」『五十周年記念論集』神戸大学文学部（二〇〇〇年三月）参照。「第一三セリー」については、中山元による翻訳がある。中山元編『ポリロゴス2』（冬弓舎、二〇〇〇年）所収。なお「第一三セリー」からの引用に際しては、本文中に原書の頁数を付記する。

2　これまで、「ドゥルーズにおける意味と表現」と、「ドゥルーズにおける意味と表現②――表面の言葉」で、ブロックIを扱った。

3　『ロデーズからの手紙』宇野邦一・鈴木創士訳（白水社、一九九八年）二四三頁。当たり前のことだが、アルトーのテキストのすべてが深層の言葉にあたるわけではない。ここではあえてアルトーのテキストからキャロル的な表面の言葉に近いものを選んだ。

4　森島章仁『アントナン・アルトーと精神分裂病』（関西学院大学出版会、一九九九年）二〇七頁に引用された「ふう子　女性　五十歳」の話。

5　日本社会臨床学会編『「開かれた病」への模索』（影書房、一九九五年）二三三頁に引用された内田富子の手記から。なおドゥルーズのそれも含めて、精神分裂症なる診断名に対しては、批判的な観点を忘れるわけにはいかない。この点では、鈴木創士『アントナン・アルトーの帰還』（河出書房新社、一九九五年）参照。また、真摯な専門家の書物として次のものを挙げておきたい。星野弘『分裂病を耕す』（星和書店、一九九六年）。

6　口唇の二元性を母国語と外国語の二元性に転移させることによって問題を解決しようとした患者について報告する「臨床的なテキスト」（p. 104）の大部分は、キャロル的な表面の言葉を創設しようとする例に相当する。

7　身体の能動・受動とは、身体的に遂行される行為と身体的に被る情念のことであるが、それらの強度は、身体的な変容の度合いによって測られる。たとえば、息が切れるほどに走る、血湧き肉躍るほどに喜ぶ、などである。言葉 - 情動はこの事態と共振する。

8　『タラユマラ』伊東守男訳（ペヨトル工房、一九八一年）六九―七〇頁。

9　デリダ『基底材を猛り狂わせる』松浦寿輝訳（みすず書房、一九九九年）は、アルトーのテキスト群から基底材（subjectile）なる語を拾い集めて、器官なき身体（ヒュポスタシス）と一線を画すためにのみ書かれていると読める。神の子の基体たるヒュポスタシスについては、坂口ふみ『〈個〉の誕生』（岩波書店、一九九六年）参照。デリダは『言葉にのって』林好雄他訳（ちくま学芸文庫、二〇〇一年）において、前代未聞のものが到来しつつあることを認めながら、その内実を語ることを自らに禁ずる。未来について語ることは必ずやファンタジーになるが、それを理由とするのではない。ファンタジーを語ることは、自らの死の否認、自らの死に対する防衛となるが、それを理由とする。たぶんデリダは〈復活〉を語ることを躊躇っているが、未来を語ることは現存世代の死後の生命体を語ることであるからには、〈復活〉の問題圏を現代的に引き受けることにならざるをえない。なおドゥルーズ－ガタリ『アンチ・オイディプス』市倉宏祐訳（河出書房新社、一九八六年）には「創造されない器官なき身体」（二九頁と一五六頁）とあるが、「創造されない」はキリストに帰せられる措辞である。

10　器官なき身体は、基本的には、腑抜けではなく、五臓六腑で充塡されている。この点は器官の再考を促す。なお器官の思想史的考察として、秋吉良人『サドにおける言葉と物』（風間書房、二〇〇一年）第三章第二節「声／代弁者としての〈organe〉」参照。

11　『アンチ・オイディプス』「器官なき身体はまさに卵である。この卵においては、幾つかの軸が貫通し、幾つもの地帯ができ、平坦な領域が局所化され、勾配が計量され、幾つものポテンシャルが走り、幾つもの閾がマークされる。この意味において私たちは分裂症の生化学（薬品の生化学と結びついた生化学）の可能性を信じる。この生化学は、次第に、この卵の本性を決定して領域－勾配－閾の配分を決定できるようになるだろう」（一〇八頁）。発生生物学における形態形成場の概略については、以下を参照。G. R. McGhee, *Theoretical Morphology — the concept and its applications* (Columbia U. P. 1998).

12　ホメオ遺伝子あるいは発生遺伝子を理論的に受け止め始めたものとして、以下のものがある。E. F. Keller, *Refiguring Life* (Columbia U. P. 1995). P. J. Beurton (ed), *The Concept of the Gene in Development and Evolution* (Cambridge U. P. 2000). なおシュレーディンガーは『生命とは何か』岡小天・鎮目恭夫訳（岩波新書、一九五一年）一頁でこう書いていた。「数学を使わなかった理由は、数学なしで説明できるほど問題が簡単だからではなくて、むしろあまりに複雑で、十分数学を使えなかったからです」。

13　『アンチ・オイディプス』「分裂病者は、たんに両性でもなければ、両性の中間でも、両性の混合でもない。そうではなくて、性の横断である。分裂病者は、生死の横断であり、親子の横断である。分裂病者は、二つの対立項を同一項にするのではなく、両者の距離を肯定する」（九八頁）。ドゥルーズは『フランシス・ベイコン』では、器官なき身体の身体を、体（ソーマ）と区別された肉（サルクス）と呼ぶが、ここに肉とは、もちろん〈受肉〉における肉のことである。

14　B. Mintz and K. Illmensee, Normal genetically mosaic mise produced from malignant teratocarcinoma cells, *Proc. Natl. Acad. Sci. USA*, vol. 72, no. 9, pp. 3585-3589 (1975). また、野口武彦・村松喬編『マウスのテラトーマ——ＥＣ細胞による哺乳動物の実験発生学』（理工学社、一九八

七年）参照。

15 奇形癌腫瘍は、器官上皮組織を身体表面に上昇させた図、すなわち、有機体制全体を球面に変換した図に類似している。後者の図は、山科正平『個性的な細胞たち』（羊土社、一九九八年）七九頁参照。したがって、アルトー的な身体が、身体の表面が破砕されて身体の深層が上昇する身体であるとすれば、それは奇形癌腫瘍に類似している。

16 ダナ・ハラウェイが言うように、実験マウスは私たちの身代わりの救い主であると考える必要がある。Donna J. Haraway, *Modest Witness* (Routledge 1997) p. 79.

17 I. Wilmut, et al., Viable offspring derived from fetal and adult mammalian cells, *Nature*, vol. 385, pp. 810-813 (27 feb. 1997). 翻訳は以下に収められている。マーサ・C・ナスバウム他編『クローン、是か非か』中村桂子他訳（産業図書、一九九九年）。

18 『アンチ・オイディプス』は「女性の同性愛は、男性を取引できるアマゾン集団を出現させなかった」ことを女性の自然本性に帰していたが（二〇二頁）、これはいまや誤認である。ラカンはこう語っていた。「一人の女からは無数の存在が生み出される可能性があります。そうなったら生まれた存在は女ばかりでしょう。その上いずれ将来そうなるかもしれません。といいますのは、雑誌で毎日のように、女性だけによる単性生殖が現在途上にあり、女達は間もなく誰の助けも借りずに娘達を産み出すだろう、と言われてますからね」（『精神病』〔下〕小出浩之他訳〔岩波書店、一九八七年〕二八三頁）。とすれば、〈子をなす〉妄想を抱いたシュレーバー症例や、〈私は子をなすことができるか〉という問いに囚われたヒステリー症例をめぐって、フロイトの解釈だけではなく、ラカン自身の解釈でさえも、まさに旧時代の反動として批判されることになるだろう。

出来事（事象）としての人生
――ドゥルーズ『意味の論理学』における

1　単独出来事（事象）の確率

確率の頻度説を創始したことで知られるリヒャルト・フォン・ミーゼスは、一回限りの単独の出来事（事象）に対しては、確率の数値を割り当てることはできないとしていた。単独の出来事についてそれは偶然的に起こるとか蓋然的に起こると語ることはできても、複数回繰り返すことが予定されていない単独の出来事に対しては、確率論において定式化される限りでの確率値を賦与することはできないとしていたのである。

骰子のゲームでは、個別事象（individual event）は箱からの骰子の単独の投擲（single throw）であり、それに帰せられる属性は骰子によって示される点の数の観察である。「表と裏」のゲームでは、コインのそれぞれの投げ上げが個別事象であり、上に来るコインの面がその属性である。生命保険では、単独事象は個人の生命（life of the individual）であり、観察される属性はその個人が死亡する年齢か、あるいはむしろ、保険会社に支払義務が生ずる時期である。われわれが「死の確率」について語るとき、その表現の正確な意義は次のようにだけ定義されうる。われわれは個人について考えてはならない。そうではなくて、全体として一定のクラスについて、例えば、「特定の国の住民で、特定の危険な職業には就いていない、四一歳の被保険者すべて」について考えなければならない。死の確率は、これと似た仕方で定義されうる人間のクラスに対して賦与されるのである。われわれは、ある一人の個人について、どんなに詳細にその生命と健康の状態を知るとしても、個人の死の確率に関して何も言うことはできない。「死の確率」という語句が、単独の人のことを指し示すなら、われわれにとってそこには何の意義もないのである。このことは、確率のわれわれの定義からの最も重要な帰結の一つである。[1]

同じことは病についても言われるだろう。しかし、このことを個人の側から捉え返してみるなら、どこか腑に落ちない感触が生じてくる。いま、特定の病の疫学調査を考えてみる。特定の人間集団を選び出し、各個人を追跡し、各時期の発病頻度を調査して集計する。と同時に、その特定の人間集団の要因曝露状況を調べながら、発病頻度と要因の関係を推定する。そうした過去の経験的な情報は、要約されてしまえば、かくかくしかじかの要因に曝露された人間集団においては、特定の期間に、特定の頻度で発病が起こると語られるであろう。もちろん、実際の疫学調査はもっと周到であるにしても、また、ここにおける人間集団はおよそ数学的集合とは見なし難いにしても、その過去の経験的な情報は未来に投射され、同様の要因に曝露された人間集団においても、何年か後の特定の時期に、同様の頻度で発病が起こると受けとめられるだろう。もちろん、ここでも、実際の帰納的推論はもっと周到になされるにしても、また、確率の頻度説が要求するような数学的条件はおよそ現実には満たされないにしても、過去の情報の未来への投射を通して、われわれは、特定の人間集団が特定の時期に発病したり死亡したりする確率をその頻度は指し示していると受けとめるだろう。そして、ここが重要なステップになるが、その確率のようなものは、他ならぬ個人にも賦与される数値であると受けとめられるだろう。われわれは、頻度の情報を通して、ミーゼスの教えるところに反して、病や死の確率を各個人に賦与するであろう。それが科学的に正しいか否かは別として、現に、われわれは、そうしているはずである。

本稿で考えてみたいことは、そのとき、われわれは、いかなる態度をとっていることになるのかということである。そのために、ジル・ドゥルーズ『意味の論理学』において出来事の論理と意味の論理が統合されていく過程を素材として検討してみる。[2]

2　出来事を意志すること

ドゥルーズによるなら、「ストア派のモラルとは、出来事をそのまま意志すること、言いかえるなら、到来するものを到来するがままに意志することである」(20:168/249)。ドゥルーズにあって、出来事とは、わけても「病」や「死」のことであるので(15:131/196)、ストア派のモラルとは、病や死をそのまま意志すること、病や死が到来するがままに意志することであるということになる。そしてドゥルーズは、そんなモラルを体現した人物として、ジョー・ブスケの言葉を引いてもいる。「私の傷は私よりも前に実在した。私は傷を受肉するために生まれた」(21:174/258)。まるで、傷を意志することとは、傷を負うことが生まれる前から定められた運命であるかのごとくに受けとめることであるというのである。ドゥルーズは、『意味の論理学』の第20セリーから第25セリーにかけての議論を通して、このストア派のモラルを分析していく。その次第をたどってみよう。

出来事を意志するモラルは、病や死が到来するのをただ待ち受けるということではない。何の行動も起こさずに諦観して静観するということでもない。そのモラルにあっては、病や死を避けるための振る舞い、予防や治療といった振る舞いが否定されているわけではない。「善き意志(善意)、有徳な行動、真なる表象、正しい同意」といった振る舞いが否定されているわけでもない。ただし、指摘されなければならないのは、それらさまざまな振る舞いは、「物体」「身体」に属するということである。例えば、病の早期発見・早期治療のために検査を受けるとして、その検査は身体のミクロなレベルに影響を与えることを通してそこを観察して情報を得ることであるが、検査を受けるという営みそのものは、身体のミクロな変化を引き起こすことである。あるいはまた、死を避けるために居場所を移すとして、その移動は、身体とそれを取り巻く物体との関係の変化を引き起こすことである。あるいはまた、観察し情報を得ることにしても、身体の一部である脳のミクロな変化を引き起こすことである。そして、病や死の到来に対抗する営みは、それを待ち受ける営みでさえも、身体と物体の「深層」におけるミクロな変化を引き起こすことである。病や死の到来に対していかなる態度や行動をとるにせよ、われわれが日常的に営むことはといえば、それが意図的であれ非意図的であれ、物体や身体のミクロなレベルでの変化として「混在」していくことになる。

そこで、問われることとは、そうした物体や身体の変化の混在が、いかなる結果＝効果を生み出すことになるのかということ、とりわけ死は何時か必ず到来するが、物体や身体の変化の混在が、死の到来を遅らせる結果＝効果を生み出すのかどうかということである。しかも、単独のこの身体への到来を遅らせられるかどうかということである。「純粋な（まだ実現されていない）出来事と、物体の深層、出来事が由来する物体的な能動や受動との関係」(20:168/250)、「本性的に理念的な出来事と事物の状態の中での空間的－時間的実現」、約言するなら、「出来事と事故」(9:68/106) の区別と関係が問われるのである。とすると、「ここでモラルを設立するのは占いである」(20:168/250)。「占い」、すなわち、予期・予測・予言、帰納的推論・統計的推論である。そして、この占いには、「二つの極」がある。[3]

一方で、物理的な原因に由来する出来事の占いを引き出すためには、深層で全物理的原因を相互に結び付け宇宙的な現在の統一性へもたらす神のヴィジョンに、可能な限り参与することが肝要となるであろう。しかし、他方では、その代わりに、どんな出来事であっても、解釈を加えることなく、「表象の使用」によって、出来事を意志することが肝要である。……前の場合、宇宙的な現在からまだ実現されていない出来事へ進む。後の場合、純粋な出来事から最も限られた現在での出来事の実現へ進む。（20:169/251）

前者は経験的でア・ポステリオリな道であり、後者は何ほどか超越的でア・プリオリな道であると言えようが、ドゥルーズは「第一の極は不十分である」と判定する。それは、われわれが深層の全物理的原因を把握する「神のヴィジョン」を手に入れることができないからであるが、それだけが理由なのではない。「神のヴィジョン」に多少なりとも参与して占われる限りでの病とは、身体の深層の変化として経験される限りでの病、すなわち、臓器の生理や機能の変化、感覚や体調の変化として経験される限りでの病であって、そのような実現された病と、純粋な出来事としての病（発病）とは「本性的に異なる」からである。第二の極において占われる限りでの病（発病）とは、ある日、ある時に、臓器の腫瘍が一定の大きさになることや激痛が走ることなどのことではなく、端的に発病するということである。第二の極において帰納的・統計的に推論されるような発病という出来事は、第一の極において身体的に現に経験される病の状態とは区別される。ここにおいて、両者は区別されるはずなのに両者が否応なしに関係づけられてしまうその仕方が問題になってくる。その前に、「純粋な出来事」を予期することは病や死の経験を予想することではないので、われわれが何時か必ず病んだり死んだりすると知っているその知の内実を分析する必要がある。

われわれが死ぬと知ることは、必当然的な知であるが、空虚で抽象的な知である。現に次々と死者が出たところで、死ぬことが常に開かれた問題構造（何処で、何時）を備えた非人称的な出来事として理解されない限り、その空虚な知が充全に充実されるには不十分である。（20:171/253）

われわれが何時か必ず死ぬという知は、空虚な知である。誰かが「次々」と死ぬのを見たり聞いたりしたところで、その知は空虚なままである。われわれが死の予兆を身体的に感覚したところで、その知は依然として空虚なままである。もちろん、その知が空虚なままであっても一向にかまわないのであるが、仮にその知を充実させたいというのであれば、言いかえるなら、死ぬということを直観したいというのであれば、死ぬことを何時か何処かで「次々」と実現されるべき「非人称的な出来事」として理解しなければならない。個々の人間が「次々」と死んでいくことを観察したり集計したりするのではなく、個々の人間が「次々」と実現していくその死のことを思考するのでなければならない。ドゥルーズによるなら、その非人称的な出来事は、「次々」の実現とは本性的に区別される別の論理、別の法則にしたがっている。個々の人間の死の状態は、個々の人間のそれまでの物理的原因の総体によって決定されているであろうが、非人称的な出来事の死は「準-原因」によって決定されているというのである。そして、ドゥルーズによるなら、その準-原因のポジションに立つことが、出来事を意志するモラルの核心であるということになる。

ストア派の賢者は、準-原因に「自己同一化」する。……賢者は、受肉を意志する。すなわち、非物体的な出来事が、事物の状態と自己自身の状態において実現すること、自己自身の肉体において実現することを意志する。賢者は、準-原因に自己同一化して、準-原因の非物体的効果を「身体化すること」を意志する。(20:171/255)

非人称的な出来事は「次々」と到来し実現していく。その非人称的な出来事の準-原因となることが、出来事を意志することであるというのである。それはいかなることであるのか。意図的に発病を早めることや、ひたすら発病を待つことや、可能な限り発病を避けながらも覚悟を決めることではあるまい。病を意志するということがいかなることであれ、そもそも「病が身体の奥底で準備されているのでなければ、賢者にそんなことができるだろうか」。そうでなければ、賢者の意志こそが空虚なままにとどまるのではないのか。疑念は尽きない。

そこで、すこし別の角度から事態を捉え返してみる。われわれは、過去の経験からして、おのれに病や死が到来することを予期している。われわれは、過去の経験的な事例を集計して未来の病や死の実現について推論している。現にわれわれは、そのことにおいて何ほどか賢者のように振る舞っていると捉え返してみるのである。そのとき、われわれは、何を為していることになるのであろうか。以下、『意味の論理学』における出来事の論理の数学化の議論と演劇化の議論については扱わずに、出来事の論理と意味の論理が統合されるその次第をたどってみる。

3　出来事の交流

ある個人には、さまざまな出来事が到来する。F・S・フィッツジェラルドの場合、「戦争、株価暴落、老化、抑鬱、病気、才気の枯渇」(22:180/269)が次々と到来した。では、それらの出来事は何処から到来するのか、そして、何処に到来するのか。何処から到来するのかは定かではないが、何処に到来するのかといえば、もちろん、ある個人の人生に、である。そして、フィッツジェラルドの場合には、「余りに大きな戦闘から目覚めてみると、身体は割れ、筋肉は捻挫し、魂は死んでいる」(22:180/268)。ところで、別のある個人の人生には、同じさまざまな出来事が別の順序で到来したり、別のさまざまな出来事がある順序で到来したりする。それぞれの人生において、到来する一連の出来事としての運命は異なっている。では、それら出来事の間の関係はどうなっているのだろうか。[4]

出来事の間においては、共立可能性と共立不可能性という無音の外在的関係、連結と分離という外在的関係が形成されるが、この関係を見定めるのは極めて困難である。何の効力のおかげで、ある出来事は別の出来事と共立可能であったり共立不可能であったりするのだろうか。(24:199/295)

この困難な問いに答えていくために、ドゥルーズは、蝶の変異という出来事について論じている。「例えば、蝶には、同時に灰色で強靭な種はありえないと言われている。蝶の典型は、灰色で虚弱か、頑健で暗色か、というわけである」(24:199/296)。つまり、種としての蝶にあっては、灰色化するという出来事と強靭化するという出来事は共立不可能(排反的)であり、灰色化するという出来事と虚弱化するという出来事は共立可能で、暗色化するという出来事と強靭化するという出来事は共立可能であるということになっている。ところで、このような共立不可能性や共立可能性は論理的な不可能性や可能性ではなく、物理的で生物的な不可能性や可能性であるので、それを説明する「物理的原因の機構」を、すなわち、ミクロな機構、遺伝子レベルの機構を探求して指定することはできる。例えば、翅の色合と体力の程度を決定するような形態形成を統御する遺伝子群を指定することができるなら、その発現機構をもって幾つかの形質の共立不可能性と共立可能性を生物化学的に説明することができるだろう。そして、そのような遺伝子群の歴史的な形成に関しては、集団遺伝学的に説明することができるだろう。ところで、この説明方式は、一見したところ、物体的混在から出発して形質の発現と形質間の関係を説明するア・ポステリオリな道をたどっているように見えるが、それらの形質を経験的に知覚するのは何ものかという問いを立てるや、それほど簡単に割り切れなくなってくる。

四つの形質とそれらの関係を知覚するのは、われわれ人間である。そして、おそらく蝶とその捕食者もそれぞれの仕方で知覚しているはずである。とすると、そんな「われわれ」の認識の順序からするなら、あらかじめ灰色－虚弱／暗色－強靭が知覚された後になって、その物理的原因の探求が始まっている。言いかえるなら、「われわれ」にとっての生物的で環境的な世界があらかじめ成立し、そんな世界の内部でのみ幾つかのマクロな形質がリアルなものとして成立していて、その後で、「われわれ」とその世界を構成するパースペクティヴの下でミクロな諸原因が見出されていく。とするなら、灰色－虚弱／暗色－強靭の本来的な説明は、「われわれ」とその世界の説明をも含み込むべきであるということになる。このような論点については、『意味の論理学』に限っても、さまざまな論脈をたどるべきところであるが、いまは論証抜きに、「出来事の先行性と始原性」（24:200-201/298）を押し立てる道が有望であると受けとめて、そこから派生する論脈の一つをたどっておくだけにする。

ドゥルーズによるなら、さまざまな形質の知覚から「われわれが純粋な出来事を引き出すなら」、「先ず出来事の一次的な共立不可能性の関係がある。この関係が、物理的原因性によって二次的に身体の深層に登録されるだけであり、次いで、概念内容における論理的矛盾に翻訳される」（24:200/297）次第となっている。では、出来事の間の先行的で始原的で一次的な関係、共立不可能性と共立可能性という「対応性」は、何によって定められているのであろうか。

> われわれは、この肯定的な総合的分離の方式がいかなるものかを見てきた。すなわち、パラドックス的審級、不揃いの二つの顔を持つ無作為抽出点を立ち上げる方式であって、その審級は、発散するセリーをそのまま駆け巡り、隔たりによって隔たりの中で共鳴させる。（24:204/303）

灰色化－虚弱化というセリーと暗色化－強靭化というセリーは、相互に発散＝分岐している。それらとは別に、それらとは遠く隔たって、戦争－株価暴落－老化－抑鬱－病気－才気の枯渇というセリーがあり、これはこれで、別のセリーと交差したり離反したりしている。こうしたわれわれの世界の理念的な出来事のセリーを総合するものがパラドックス的な審級になっているということについては、言語学や数学を用いることによって理論化されており、そのポジションを占める「パラドックス的な要素」は、「セリーを駆け巡り共鳴させ交流させ分岐させて、全再開と全変換と全再配分を命令する」。それは「そこですべての出来事が交流して配分される〈出来事〉」であり、「他のすべての出来事がその断片と破片である〈唯一無比の出来事〉」であるとされる（9:72/110-111）[5]。しかし、いまは、理論というよりモラルが問われている。

> 問題は、いかにして個体が、個体の形質を越えて、また、一つの世界との統辞論的結合を越えて、出来事の普遍的交流へ、言いかえるなら、論理学的矛盾の彼方においてだけではなく、非論理的共立不可能性の彼方においても、分離の総合の肯定へ到達できるのかを知るということになる。（25:208/10）

ドゥルーズの解答は、こうである。

そのためには、個体が自己自身を出来事として把握する必要があるだろう。また、個体が、自己において実現される出来事を、自己に接ぎ木される別の個体として把握する必要があるだろう。その場合、当の出来事を個体が理解し意志し表象するなら、別のすべての出来事を個体として理解し意志せざるをえないし、別のすべての個体を出来事として表象せざるをえなくなるだろう。各個体は、諸特異性を凝縮する鏡のようなものになるだろうし、各世界は、鏡の中の隔たりになるだろう。これこそが反‐実現の究極の意味である。（25:208-209/10）

第一に、個体が自己自身を出来事として把握すること、表象することである。これは、個体のことを存在するという出来事として表象することである。存在の一義性からするなら、人間個体が存在することと人間個体が生きることは存在論的には同じ一つの意味で語られる出来事であるからには、ある人生を一つの出来事として表象することである。生まれて生きて死ぬことは三つの出来事のセリーではあるが、出生と死去という境界によって区切られている限りでの生きることに定位して、人生を出来事として表象することである。そして、この人生に一連の出来事のセリーが到来するのである。「「意志的直観」による出来事の純粋な把握」、「出来事が兵士に作り出す意志による出来事の純粋な把握」（15:122-123/184）は、ここにきて、ある一つの人生が、無‐意味や無作為抽出点として介入して準‐原因として操作するパラドックス的な要素（14:116/174）であることとして分析されるのである。[6] 第二に、その人生に実現する出来事を自己に接ぎ木される別の個体として把握することである。これは、おのれの人生に到来する一連の出来事を、別の人生に到来する一連の出来事として把握するということである。いままでの人生の歩みとはまるで共立不可能であるかのように見えていた「戦争‐株価暴落‐老化‐抑鬱‐病気‐才気の枯渇」がこれから到来するのであるとするなら、いままでの人生に例えばフィッツジェラルドに体現された人生が接ぎ木されると把握することである。このとき、すべての人間個体の人生は出来事として表象され、それぞれの人生に到来する出来事のセリーの共立不可能性を越えて、それらを駆け巡ることになる。こうして第三に、個体はおのれを人生という出来事として把握することを通して、出来事の普遍的交流へ、分離の肯定へ到達する。その個体は、諸特異性としての諸出来事を凝縮する鏡となり、各出来事の隔たりを、ひいては各世界の隔たりを表象することになる。ちょうど、灰色で虚弱な蝶が、暗色で強靭な蝶との隔たりを、ひいては蝶の別の品種の世界との隔たり、蝶以外の生物の世界との隔たりを把握しているように、である。

> 灰色の蝶は、隠れることという出来事をよく理解している。灰色の蝶は、樹木の幹に張り付き同じ場所に留まりながらも、暗色を強めることとの隔たりを駆け巡っては、個体としての別の出来事を反響させ、しかも、出来事としての、偶発的場合としての自己自身の個体の中で反響させている。私の愛は、隔たりの探検、長い行程である。私の愛が長い行程を駆け巡ることで、友に対する私の憎しみは別の世界の中での別の個体において肯定され、分岐し細分化するセリーは相互に反響することになる。(25:210/12)

人生は一回限りであるが、人生を一回限りの出来事として把握することを通して、別のすべての人生が駆け巡られていることになる。個体の人生を出来事として把握することが、あらゆる人生を反響し共鳴させ凝縮させることになる。[7] 存在の「一義性は、存在を存在者から引き離し、存在を存在者に一回だけ関係させ、あらゆる回のために（代わって）存在を存在者へ向かわせる」(25:211/14)。いまや、存在の一義性からして、生きることが存在することであると、生物が存在者であると把握されている。そして、一回限りの生＝存在が生物＝存在者から引き離され、一回限りの生＝存在が何度となく別の生物＝存在者で繰り返されることが、存在するという出来事の普遍的交流として把握されている。要するに、出来事を意志するとは、個体の生を唯一無比の出来事として把握し、一回限りの生においてあらゆる回の生を把握することなのである。そして、一回限りの人生が、こう言いかえられていく。[8]

一回限りの偶然の肯定、あらゆる指し手のための唯一の投擲、あらゆる形態と回数のための〈唯一の存在〉、あらゆる実在するもののための唯一の存立、あらゆる生き物のための唯一の亡霊、海の咆哮と飛沫のすべてのための唯一の声。(25:211/14)

こうして、一回限りの人生は、出来事の準－原因というパラドックス的審級のポジションを占めていることが明らかになる。いままで予想もしていなかった一連の出来事が到来してくるのは、これまでの人生にあたかも別の人生が接ぎ木されるかのようであるのは、その一回限りの人生が唯一の骰子の投擲としてすでに振り出されているからなのである。[9]

4　人間学的・人類学的円環

われわれは、『意味の論理学』が探求する「出来事とその実現についての（科）学的言葉」(9:72/110)を人生論的に解釈してきたことになる。人生は根本的に偶然的な出来事である。ある一つの人生は、すべての人生の集合から、一回限りの骰子投擲でもって、無作為に抽出された点のようにして、物体と身体において実現する唯一無比の出来事である。だからこそ、一回限りの人生を、パラドックス的な準－原因として全人生の集合を、ひいては人生に到来する全事象集合を駆け巡るものとして表象し意志することができる。そして、そのとき、人生の時を方向付ける意味、生まれて死ぬことへと向かう方角決定が定まることによって、まさに一回限りで終わる人生においてこそ、出来事の論理と意味の論理が統合されることになる。[10] このように、われわれは、出来事の論理と意味の論理を人生論的に、少し広げて言いかえるなら、生物的に解釈したのである。すなわち、『意味の論理学』は基本的に人間学的・人類学的円環の内部で、パラドックス的な審級が総合し統合する円環の内部で書かれている書物であると解したのである。そして、一般にドゥルーズ哲学をめぐる毀誉褒貶は、暗黙のうちにであれ、以上のような解釈をベースにして繰り出されてきたと見ることができる。ここでは、アラン・バディウによる論評を取り上げてみる。[11]

バディウによるなら、ドゥルーズは、「多」を統合する超越的な「一」を設定するプラトニズムの転倒を目論んでおきながら、相互に共立不可能でもある多なるセリーを駆け巡って総合するパラドックス的な審級をプラトニズム的な一なるものとして設定する羽目に陥っている。本稿の文脈に即して、その批判を言いかえておくなら、ドゥルーズのいう唯一無比にして一回限りの骰子の投擲にしても存在するという出来事にしても、根源的に偶然なることとして、しかも世界のいたるところに偶然性を吹き込みながらそれを肯定することとして設定されているが、それはすべての回の回帰を統合する超越的な一なるもののポジションを占めているし、同時に、一回限りの骰子の投擲と存在するという出来事が世界で実現されるやそれは偶然性を消されて必然性の様相を帯びてしまうのであるから、およそ偶然性を肯定するどころではなくなっている。このバディウの論評はドゥルーズ解釈としては不正確な面も多いしそれ自体として不分明な点も多いが、ドゥルーズがある種の回帰・円環・循環を総合する一なるものを設定しているという指摘は間違っていないだろう。ただし、プラトニズム的な世界観がドゥルーズに見出されるということだけをもって難詰するようでは、およそ批判になるとは言えないだろう。そして、バディウの論評でわけても注目すべきは、それが確率の頻度説や統計力学のエルゴード性論を前提として差し出されているということである。

同じものの回帰は、確率計算におけるように、偶然を統御するアルゴリズム、一種の統計的な規則性であると考えることができる。短いセリーをとるなら、そこには恣意性や分散（divergence）の外観があるのかもしれない。例えば、ある一つの事例、ある一つの出来事が、多数回生じてくるのが見られるだろう。また例えば、別の事例、別の出来事が、比較可能な確率で生じてきたり、一度として生じてこなかったり、ほとんど生じてこなかったりするのが見られるだろう。裏か表かのゲームにおいて、「裏」が十回続くような場合である。ところが、セリーが十分に長くされるなら、こうした分散はぼかされて、同一の確率の諸出来事の間に、徐々に〈同じもの〉の法則が設立されるのが確認されるのである。というのも、一万回ゲームをするなら、「裏」が出る数は、「表」が出る数に近づくからである。「裏」の数と「表」の数のそれぞれと五千回との隔たりは、出来事の全数（一万）に比べると僅かであるという意味においてである。ここに五千回という数は、〈同じもの〉の理念的な実現であり、二つの出来事のそれぞれが精確に五千回出るということである。そして、もし無限回ゲームをするなら、「同じもの」の正確な回帰があるだろうし、「裏」が出ることと「表」が出ることの間の差はゼロに向かうだろう。このようにして、「同じもの」の回帰は、世界の無限の力能にしたがって、偶然を廃棄するところのものであろう。

バディウは、確率論の前提となる全事象集合を、等確率の事象の集合として表象している。それは無限回の試行のセリーの極限として、言いかえるなら、永遠回帰において回帰してくる同じものとして想定される理念的な集合であり、そこから事象が投擲されて実現するという描像をとっている。そして、ドゥルーズのいう一回限りの投擲は、そんな全事象集合から選出されるような投擲であるということになる。つまり、次の回の投擲で何が投げられるかは偶然的であるにしても、出る目の数が偶然的に何であれ実現する事象の確率は特定の同じ一つの数値に必然的に定まっているというのである。

このバディウの議論に対しては、さまざまな水準においてさまざまな論評を加えることが可能であるが、ここでは全事象集合の水準に絞って考えておこう。そもそもドゥルーズのいう唯一無比の骰子の投擲、唯一無比の存在するという出来事は、それが由来する全事象集合として等確率の事象集合などを想定しようがない。また、本稿の人間学的・人類学的解釈によるなら、それぞれが一回きりの人生の集合をいわば全事象集合として想定し、人生という出来事の破片や断片を出来事として捉え返すなら、後者の全事象集合を前者のすべての部分集合の集合として想定することになるので、仮に人生の数が無限であるとするなら、出来事の集合は非可算集合になり、そのことをもってしてだけでもバディウの論評が的はずれになってくる。それだけではない。仮にバディウの設定を受け入れるとしても、次の一回の投擲の蓋然性＝確率の理解には問題が残っている。というのも、次の一回の投擲そのものに、あるいは次の一回の投擲の結果として出る目に、特定の同じ一つの確率をあてがうことに意味があるかどうかはまったく定かではないからである。いまから、骰子を一回振るとせよ。そのとき、どんな仕方であれ骰子を振るという出来事の全事象集合から、結果として特定の目を出す事象の部分集合を取り出し、その部分集合に対して特定の確率を数値としてあてがうという過程の全体が必要になるしいわば反復されるわけであるが、それにしても、つまり頻度説をとるにしても、次の投擲で特定の目が出る確率の数値を語ることは何の意味も意義もないと反論することができるのである。これに対して、次の投擲でどんな目が出るかについて第三者が賭けを行なうなら、次の投擲の結果に特定の確率の数値をあてがうことに意味はあるとする解釈をとることができるかもしれないが、いまはそんな第三者はどこにも存在しない。要するに、バディウが理解していないのは、一回限りの投擲がすべての回の投擲の代わりになるというそのことである[12]。もちろん、それがプラトニズム的であろうとなかろうと、その理論的な理解に困難があるのは認められるが、そのことの人間学的・人類学的な解釈、もっと言うなら、人生論的な解釈は、現にわれわれが賢者のモラルを統計的で確率的な知として体現している限りにおいて妥当しているのであると、お望みなら、偽なる幻影として妥当しているのであると言うことができる。要するに、バディウはそんな人生の機微を取り逃がしているのである。

本稿での問題はこうであった。この私が数年後に特定の病に罹ったり特定の仕方で死んだりすることについて占いをすることはできるか、占いができるとして、そのことにおいて知られていることは何か、その知においてこの私はいかなるポジションに位置していることになるのかといったことであった。そして、本稿では、病や死といった出来事を意志するとは、この私の人生においてあらゆる人生が共鳴し凝縮しているという理念的で幻影的な水準において、病や死といった出来事を表象し意志し把握していることであると解釈した。そして、そのことは、この私が経験的にさまざまな営みを繰り広げながら被っていく人生の歩みからは本性的に区別されるべきことである。本稿は、ドゥルーズにしたがって、そんな区分を入れてみただけである。とはいえ、この私が人生を唯一無比の出来事として、一回限りの投擲として意志するということ、その限りで、人生に到来する一連の出来事を意志するという理念‐幻影には確かに何らかのリアリティがあるのではないだろうか。そのことは、この私が、死を選ばない限りで暫くの間は非人称的で集団的な死の到来を待ち受けるということでもあり、耐え難くもあり恥辱でもあるこの世界から去らない限りでそれを待ち受けていることでもあると言いかえることができるかもしれない[13]。このあたりの機微について、フランソワ・ズーラビクヴィリは、もう少し進めて書いていた。

出来事に応答しなければならない。「人間にとっての唯一のチャンスは革命的になることである。そのことだけが、恥辱を払いのけ耐え難いものに応答することができるのである」。この命令に、意志的なものはない。存在するべきであるということから発して存在することに妥協することが肝要なのではないし、外在的で超越的でもはや恣意的で無力でしかない判断に対して現実を服させることが肝要なのではない。もはや意志は出来事に先行しないのだ。そして、この世界と別の世界の間に不和があるのではなく、この世界の内部に不和があるのだ……。人は出来事に応答することしかできない。人はもはや耐えられない世界の中では、人がそれに耐えられない限りでは、生きてはいけないからだ。まさにそこに、特別な責任がある。統治の責任や主要な主体の責任とは異質の責任である。本来的に革命的な責任である。(Zourabichvili, 1998, p. 347)

そして言うまでもなく、この耐え難い世界で生きのびていく人間がいる。そんな人生と交流し共鳴する準－原因になること、それを革命的と形容してよいかどうかは定かではないが、少なくとも未来の占いの次元において、おのれがこの世界で生き続けている限りでは、それは出来事に責任をとる道の一つではあるように思われる。

注

1　von Mises, 1981, p. 11. この主張は次のようにも言いかえられる。確率は、一連の事象の集合(collective)を前提として、その集合の部分集合を定める属性が確定して初めてその部分集合に賦与されるのであるから、繰り返しを容れない単独の事象、とりわけ一回限りの人生の一回限りの死に対して確率を賦与することはできない。*Ibid.*, p. 12. これとは逆に、ミーゼスによるなら、個人の死の確率を本来的用法としていたのがクリースである。Cf. *ibid.*, pp. 18-19. 単独事象確率をめぐる議論については、Cf. Gillies, 2000, pp. 114-124. なお、頻度説のコレクティヴ概念については、ミーゼスがそれを最初に定式化した一九二八年から論争があった。コレクティヴは、そこから事象がいわばランダムに投擲されるということ、その意味では、そこに含まれる事象が等確率であることが要請されており、その要請は、任意の事象のセリーの極限をとることによって保証されていると見なされていることをめぐっての論争である Cf. Jean Cavaillès (1940)。

2　Deleuze（1969）からの引用については、本文中にセリー番号と、それに続けて、原書頁数と訳書頁数を記載する。なお、訳書の上下巻の区別は記載しない。訳書上巻は第24セリーまで、訳書下巻は第25セリーから第34セリーまでである。

3　ドゥルーズ『ニーチェと哲学』を、統計的なアポロンと賭け事的なディオニュソスの対比として解釈するものとして、Conway（1997）を参照。『ニーチェと哲学』は、「存在の仕方、実存の様式」「われわれの存在の様式、あるいは、われわれの生のスタイル」を一貫してテーマとしていた（Deleuze, 1977, pp. 1-2）。つまり、人生論的なのであり、人生における統計的なものと賭け事的なものの区別と関係がテーマとなっていた。

4　出来事の個別性・同一性については膨大な研究があるが、ドゥルーズの出来事の論理においては、出来事が始原的なカテゴリーとして位置づけられ、そこから通例の出来事に相当する実現に降りていくので、出来事の個別性・同一性の論点は二次的になって表立たないことになる。そして、始原的には出来事の差異と関係だけが主題化する。

5　ここの議論を単純化させれば、ある一つの出来事がさまざまな仕方で実現される仕方、すなわち、そのさまざまな場合は相互に共立不可能（排反的）であるが、それらを総合するのは当初のある一つの出来事であるということである。そのさい、ただ一回の投擲で特定の場合が実現しても、残りの場合は廃棄されないと解するのである。

6　解釈上論ずべきことは多いが、次のものに委ねる（Zourabichvili, 1994, p. 108）。

7　全事象集合の水準とある一つの集合の水準の関係は、『意味の論理学』に即しても解釈上の問題が残るが、いまは措く。なお、「一回限り」ということは、「常に既に」という言説――それはしばしばコンフォーミズムの言説に転化する――に対抗するものとして見ることができる（Cf. Massumi, 1998）。

8　ドゥルーズの最後の論考《L'immanence: une vie...》*Philosophie* n°47, 1995 に Homo tantum の語が見えるように、ドゥルーズにあって生とは何よりも人間の生、人生である。非有機的な生や動物的な生や機械的な生は、その人生を解き明かすことを通して見出されていくのである。それを人間中心主義と評して片づけるのは愚かなことであって、むしろ人間の条件として解しておくべきであろう。この論点では次のものが優れている（Schérer, 1998）。

9　なお、『意味の論理学』のセリー概念は、その時間論・区間論・点論などを考慮するなら、ブラウアーの選列（choice sequence）からも着想を得ていると推測できそうである。解釈上の問題は困難であり広範であるが、さしあたりEvans, 2006; Van Atten et al., 2002; Dummett, 2000を参照。

10　意味＝方向は、少なくとも異質な二つのセリーの間で発生する。それらセリーを関係させるのが無‐意味である。そして、それはドゥルーズ『ニーチェと哲学』における意志、実存＝人生のことでもあった（Cf. Zourabichvili, 1996）。出来事と意味をハイフンで繋ぐことがどうして可能になっているのかという問いをきちんと提出し、われわれに近い解釈を提示しているものとしては、Buchanan, 2000, pp. 78-79を参照。それは、与えられたものの中で、いかにして与えられたものを越える主観が形成されるのかというドゥルーズのヒューム論の問いに答えるものでもある。

11 Badiou, 1997, pp. 108-109. ドゥルーズとバディウの論争の歴史については、Beaulieu, 2011, pp. 71-73を参照。なお、バディウは、ある一つの生を出来事として捉えている（Badiou, 2006, p. 405）。

12 次のものは、論点がsingle eventに関わっていることを理解している（Brassier, 2000）。

13 「私」という語の使用については、「発散するセリーを駆け巡る無作為抽出点は、反‐自我（un contre-moi）を形成し、もはや自我を形成しない」（24:206/305-306）における「反‐自我」を典拠としてあげておく。『意味の論理学』におけるcontre-には、市田良彦が『革命論――マルチチュードの政治哲学序説』で訳したように「対抗」の意味がある。すなわち、反‐実現は、非実現ではなく、対抗しての実現であるということである。同じことは、反‐自我、反‐私についても言える。ただし、その実現は、あらゆる回の実現を理念的な出来事の水準において一回で実現するようなことである。この私の人生での実現にも対抗し反しているのである。

〔文献〕

Badiou, Alain（1997）*Deleuze: « La clameur de l'Être »*, Hachette.
Badiou, Alain（2006）*Logiques des Mondes*, Seuil.
Beaulieu, Alain（2012）*Gilles Deleuze et ses contemporains*, Harmattan.
Buchanan, Ian（2000）*Deleuzism: A Metacommentary*, Duke University Press.
Brassier, Ray（2000）"Stellar Void or Cosmic Animal?: Badiou and Deleuze on the Dice-Throw," *Pli* 10.
Cavaillès, Jean（1940）"Du collectif au pari," dans *Œuvres Complètes de Philosophie des Sciences*（Hermann, 1994）.
Conway, Daniel W.（1997）"Tumbling Dice: Gilles Deleuze and the Economy of *Répétition*," in Keith Ansell Pearson ed., *Deleuze and Philosophy: the Difference Engineer*, Routledge.
Deleuze, Gilles（1969）*Logique du sens*, Minuit.（邦訳、『意味の論理学』上下、小泉義之訳、河出文庫、二〇〇七）。
Deleuze, Gilles（1977）*Nietzsche et la philosophie*, PUF: Quadrige（1er éd.: 1962）.
Dummett, Michael（2000）"Is Time a Continuum of Instants?" *Philosophy*, 75.
Evans, Aden（2006）"The surd," in Simon Duffy ed., *Virtual Mathematics: The Logic of Difference*, Clinamen Press.
Gillies, Donald（2000）*Philosophical Theories of Probability*, Routledge.
市田良彦（二〇一二）『革命論――マルチチュードの政治哲学序説』平凡社。

Massumi, Brian (1998) "L'économie politique de l'appartenance et la logique de la relation," dans Pierre Verstraeten et Isabelle Stengers eds., *Gilles Deleuze*, Vrin.

Schérer, René (1998) "*Homo tantum*. L'impersonnel: une politique", dans Eric Alliez dir., *Gilles Deleuze: Une Vie Philosophique*, Institut Synthélabo.

Van Atten, Mark et al., (2002) "Brouwer and Weyl: The Phenomenology and Mathematics of the Intuitive Continuum," *Philosophia Mathematica*, (3), vol. 10.

von Mises, Richard (1981) *Probability, Statistics and Truth*, Dover (originally pub. in 1957).

Zourabichvili, François (1994) *Deleuze: une philosophie de l'événement*, PUF.

Zourabichvili, François (1996) "Six Notes on the Percept (On the Relation between the Critical and the Clinical)," in Paul Patton ed., *Deleuze: A Critical Reader*, Blackwell.

Zourabichvili, François (1998) "Deleuze et le possible (de l'involontarisme en politique)," dans Eric Alliez dir., *Gilles Deleuze. Une Vie Philosophique*, Institut Synthélabo.

Ⅱ　政治／倫理

ドゥルーズ／ガタリにおける政治と哲学

1　現代思想における国家の不在と現前

　現代思想において、国家は通例は不在であるが例外的に現前する。一方で、マイノリティ政治・文化政治・デモクラシー論では、国家は理論的にも不在のまま済ませられるが、他方で、生政治・生権力・人権論では、国家は政治生活も市民生活も奪い取られた剝き出しの生に対する例外的で法外な主権として現前するものとして捉えられている。このように、現代思想は、国家内部においては、国家の不在と現前の二相の間で展開されてきた思潮である。ところが、現代思想が国際的な政治を視野に入れるようになると、例外的で法外な主権としての国家はそのままで対外的な主権国家として現前するものとして捉えられる。そのために、現代思想は、国家の対外的な相については、通例の国際政治学や国際正義論と変わりのない思潮にとどまっており、とりわけ一九八九年以降の変動に対して別の新たな政治理論を提起することもできなくなっている。本稿はこの点でのドゥルーズ／ガタリの理論の意義を検討していくが、その前に、現代思想のこのような限界を確認しておく必要がある。ここでは、エルネスト・ラクラウ『ポピュリズム的理性』とジョン・ロールズ『万民の法』を取り上げてみる[1]。

　ラクラウは「集合的アイデンティティ形成の本性と論理」をその主題としながら、国民にも国家にも明示的に言及することがない。あたかも、国家とは別に、国家から離れて、一定の集合的アイデンティティを形成することができるかのように議論を進めていく。ところが、ラクラウのデモクラシー論やポピュリズム論を見直すなら、国家の統合機能を代理し補塡するような審級を指標する語句が溢れていることに気づかされる。その類の語句に強調点を付して、序文から引用してみる。

> 集団の統一性は、私の見解では、要求の分節化の成果である。しかしながら、この分節化は、統一された全体として把握されうるような安定的で実定的な布置に対応しているわけではない。反対に、要求はその本性からして特定の確立した秩序に対して請求を向けるものであるから、その要求は、当の秩序の内部と外部にあることになり、その秩序に対し特別な関係に立つことになる。この秩序は要求をすっかり満たすことはできないので、秩序は整合的全体性として自己を構成することはできない。しかしながら、要求が「システム」内部の請求として登録されうるようなものへと結晶化しようとするものであるなら、その要求は何らかの全体化を要請していることになる。この両義的で相反的な運動のすべては、差異の論理と等価性の論理の双方のさまざまな分節化の形式へと落着する〔come down〕[2]。

ラクラウが言うごとく、要求と請求の運動は、対秩序・対システムの関係において両義的で相反的である。そのことは、労働組合運動についてであれ、社会運動についてであれ、患者運動についてであれ、誰もが承知していることである。また、ラクラウがいささか過大な期待を掛けて言うごとく、各々の運動はその要求を通して〈一点突破の全面展開〉と称されてきたような「全体化」の要請を兼ね備えていると言えるかもしれない。そこはともあれ、ここで問いたいのは、このような本性と論理を有するところの運動が、一体全体、いかなる場所で繰り広げられているのかということである。ラクラウは、さまざまな運動が要請するかもしれない全体化の場所を、「社会のセメント」による「社会の紐帯」と名づけていく。もちろん、ラクラウは、ある種の現代思想の図式にしたがって、その類のセメントによる紐帯は決して完結せず結合の失敗を繰り返すものであるとしてその論述を進めていく。その類の紐帯は、閉じた全体性も閉じた秩序も構成できず、開かれた場を構成するというわけである。ところが、そもそも各種の運動は、既存の統一された全体や秩序に向けられるはずのものであった。ラクラウの理論構成の端緒には、閉じた全体性や閉じた秩序が前提とされていた。それもまた本当は開かれた場であったと言い繕うとするなら、どういうことになるのか。運動は両義的で相反的である。運動は一定の秩序の内部と外部に同時に存在する。しかし、その秩序は閉じた全体性をなしてはいない。どこにも内部と外部を明確に区分する境界線は引かれていない。このとき、要求運動相互の差異の論理と等価性の論理の多様な分節化が、あくまで局所的に時間的に継起して起こるということに徹するのであれば理論的には問題がなくなると言えるが、ところが、ラクラウはそこで落着させたくはないようなのである。集団の統一性を再定義したいという欲望のせいであるのか、あるいは、運動の全体化の力能に期待を掛けているためであるのか、そこは判然とはしないが、特定の安定性と実定性を備えるところの統一性と全体性に拘泥しているのである。いや、事情は逆であろう。ラクラウの論述は、特定の統一性と全体性のもとで、失敗や不発を繰り返してもある種の安心立命が成立する次第に拘泥しているのである。しかし、それこそが、国家に服することによって成立している事態ではないのか。一部の国家においてだけ享受されている事態にすぎないのではないか。だからこそ、理論的に国家を不在にしても、あるいは、国家を代替する審級を導入することをもって国家を不可視化しても、理論家としても安心立命を得ているのではないか。ラクラウを代表とするラディカル・デモクラシー論に見られる「政治的なものの存在論的構成」の論述も見直してみよう。[3]

「最初に」、「純粋な差異の集まり」がある。それぞれの差異には、それぞれの「意義」があるので、それら意義の「条件」をなすところの「全体性」がある。シニフィアン連鎖に相当するその全体性を「概念的」に捉えるには、その「限界（limits）」を捉えなければならない。あるいは、その限界を、全体性の「他」として捉えなければならない。この他も別の差異ではあるから、その意義を考量するなら、それは当初の全体性の「外部」として捉えられてくる。しかも、それは「排除」されていたはずの外部であるから、当初の全体性は当該の他＝差異＝外部を排除することによって自己を構成していることになる。内部は内的に構成されて統合されるのではなく、それが排除する外部を介して構成され統合されるというわけである。ここまではラクラウの「構成的外部」論の基本設定であるが、引き続いてラクラウは「政治的な事例」をあげていく。例えば、「社会」の内部の「住民」の「一部（section）」が、「共通の憎悪」の対象となって「悪魔」のごとく扱われることがあるが、この場合、その排除される他＝差異＝外部との関係において、「われわれ」が自覚させられるのは、当初の「住民」なるものが「失敗した全体性」であるということなのであるが、そうであればなおさらのこと、ラクラウによるなら、その全体性は「不可能」であるにしても「必要」になってくるというのである。「いかに不安定で（precarious）あってもなんらかの閉域があるのでなければ、そこにはなんの意義もアイデンティティもないからである」。例えば、悪魔視される一部住民に然るべき声を与え、それを要求化して請求までもたらしてやるには、シニフィアン連鎖をそこまで押し広げてやらなければならないので、そのような連鎖によって統合される全体性を信じてみせなければならないというのである。排除／包摂論のバージョンとしてはそれなりに通用する主張であろうが、その理論的な構成は曖昧で混乱しているし、政治的にいつでも成り立つ主張でもあるまい。そのせいでもあろうが、ラクラウはこう進めていく。排除された外部を内部に包摂することによって構成されるような不安定な閉じた全体性、これを表象＝代理するものは定義からして根本的に欠如している。しかし、そうであるからこそ、特定の任意の差異を指標するシニフィアンが、不可能にして必要な全体性を象徴する機能をヘゲモニー的に執ることが可能になる。差異と等価性が混在するこの全体性にあっては、当初のシニフィアン連鎖の全体性を担保していたと目される「空虚なシニフィアン」の代わりとなって、任意のアイデンティティがヘゲモニーを執ることが可能になり、そのようにして「人民〔people〕」は構成され住民一般が統合されるというのである。しかし、どうして、国家の統合機能の代替であるとしか見えない人民なるものを構成したがるのか。どうして、体制概念としてのデモクラシーと区別して、社会を統合する基礎概念としてのデモクラシーを護持したがるのか。いまは、ポピュリズムをもデモクラシーに繰り込もうとするラクラウの政治的態度を問題にしているのではない。国家の代理となる空虚なシニフィアン、これの代理となるところのヘゲモニー的な空虚な名が、例えば「日本」という名でもありうることを政治的に認めておこうとするその態度を問題にしているのでもない。そうではなくて、そのような政治的なヘゲモニー闘争が準安定的に成立すると安心することができてしまう場所、それを設定し保証している国家の存在、例えば日本国の存在がまったく理論から脱落していることを問題にしているのである。ラクラウによる「福祉国家」への言及を取り上げてみよう。

福祉国家をおのれの究極的地平として要請するような社会は、差異の論理だけを社会的なものを構成する正統な方式として受け入れるであろう社会である。連続的に広がっているシステムと見なされているこの社会では、いかなる社会的なニードも差異化されて異なる仕方で満たされるべきであることになる。そして、そこには、内部に境界を創造するための基礎はないことになる。その社会は、自己を他から区分できなくなっているから、自己を全体化できないし「人民」を創造できないであろう。現実に起こっていることは、その社会を確立するに際しての障害として同定されるもの――私企業の貪欲、因習化した利害など――を通して、〔福祉国家・福祉社会の〕支持者がその敵を同定して、等価性の論理に基づき社会的分割の閉域を再導入せざるをえなくなるということである。そのような仕方で、福祉国家の防衛をめぐって構築された集合的主体が出現することができているのである。[4]

もちろん、「現実に起こっていること」は、このように記述されてきたし記述されうるであろう。そのことは、問題ではない。問題は、「福祉」国家なるヘゲモニー的な名をもって「敵」を分節化しながらも、その闘争が「人民」を構成して準安定的に丸くおさまると安心できることを保証する審級を名指す名は「福祉国家」であるはずがないということである。ラクラウの叙述にも窺われるように、福祉国家は秘かに福祉社会と同一視され、社会化された運動のロジックが、いつの間にか国家のロジックに代替されていく。そのようにして、国家そのものが理論的に蒸発していくのだ。ラクラウは、「人民（populus）」は、同時にその外部に排除される「庶民（plebs）」も意味しているからこそ、「人民」の名が任意の対立線や分裂線を「縫合」できると展望しているわけであるし、その「人民」の名が例えば「日本人」であるとしても、それはそれで「現実に起こっていること」ではあるだろうが、そのことを保証する審級が完全に見逃されているのである。要するに、ラクラウをはじめとする各種のデモクラシー論者は、一部国家の「良き秩序の社会」の内部で理論的に微睡んでいるのである。そのことは、ラクラウが、いわゆる国際関係をほとんど顧慮していないことにも明らかである。そこで、現代思想の国内政治理論に対しその国際版の双対と見ることができるロールズ『万民の法』を検討しておこう。

ロールズは、『万民の法』を書くにあたり、意図的に、「国民（nation）」でも「国家（state）」でもなく「人民（people）」という用語を選んだとしている。ロールズのいう万民法とは、諸国民の法でも諸国家の法でもなく諸人民の法であるというのである。とすると、ロールズは万民法のレベルで国家を消去しようとしているように見えてくるが、しかしそういうことではない。また、ロールズはその万民法を国際的な法と慣習に適用されるべき上位の政治構想として差し出すがゆえに国家の次元を消去しているように見えてくるが、しかしこれもそういうことではない。むしろ、ロールズは、その万民法に従う人民の単位を「人民の社会」とのみ呼称しており、それを統合する次元については、あくまで「内部政府（internal government）」と呼称し、[5]「国民」や「国家」を一貫して消去している。しかし、国民国家が前景化してくる場面が一つだけある。戦争の場面である。その手始めに、ロールズは、世界に存在する社会を五種類に分類している。

私は五つの内部〔domestic〕社会を考えてみることを提案する。第一に、道理に適うリベラルな人民。第二に品性ある〔decent〕人民……（リベラルな人民と品性ある人民を合わせて「良き秩序の人民」と呼ぶ）。第三に、法外の国家〔outlaw state〕、第四に、不利な条件を重荷とする社会がある。最後に、第五に、われわれには、慈善絶対主義の社団がある。[6]

ロールズは、人民ないし社会には伝統的な意味での主権（sovereignty）は帰属していないと念を押す。「主権の権力には、国家政策を追求して戦争に到る権利が含まれている」し、「主権の権力には、その人民を扱うにあたり一定の自律性を賦与される」のであるが、「私の観点からするなら、この自律性は間違っている〔wrong〕」というのである。[7]というのは、ロールズによるなら、リベラルな人民社会と品性ある人民社会にあっては、戦争の必要性は合理的に考量しても存在せず戦争は起こらなくなっているからである。また、良き秩序の人民社会にあっては、内部的には内戦の可能性も無くなっており警察力だけで片が付き軍隊は必要なくなっているからである。このように、ロールズは、国家主権の本質的機能を戦争に限定するという極めて偏狭な観点をとることによって理論的に国家を消去できると説明してみせるわけであるが、ところが、こと法外の国家との関係においてはまったく話が変わってしまうのである。まさにその場合にだけ、良き秩序の諸人民社会は、主権国家群として立ち現われるし、それが当然であるとするのである。

万民法の最初から五番目の平等原理によって、良き秩序の人民には自衛の戦争の権利が与えられるが、主権の伝統的説明におけるような、国家の合理的利益の合理的追求のための戦争の権利は与えられない。それは十分な理由ではない。リベラルな良き秩序の人民、品性ある良き秩序の人民が相互に戦争を始めることはない。これらの人民が、法外の国家の拡張主義政策によって自己の安全とその保障が深刻に危険に晒されていると、誠実に、かつ、道理に適う仕方で信ずるときにだけ、これらの人民は戦争へと進むのである。[8]

国家主権は、良き秩序にあっては不在である。しかし、国家主権は、万民法の外にある国家状態や非国家状態に対しては現前する。その外部から戦争を仕掛けられるや、良き秩序の内で微睡んでいた人民は一挙に覚醒して有志連合を組んで戦争を行使するようになる。そのとき万民法は一挙に戦争法へと変貌する。[9]ところで、戦争は外部から到来するというこの観点は、ドゥルーズ／ガタリが『千のプラトー』で提出していたものでもあった。では、ドゥルーズ／ガタリにおいて、国内政治と国際政治はどのように捉えられていたのであろうか。『千のプラトー』を読み直してみなければならない。

2　国家と戦争

ここでは、『千のプラトー』の第一二章にあたる「遊牧論——戦争機械」から、国家と戦争の関係について、二つの含意を引き出しておきたい。第一に、戦争は国家の外部性をなしているということ、にもかかわらず、戦争と国家は必ず混在するということである。「良き秩序の社会」と「法外の国家」は、ロールズのいう「現実主義的ユートピア」の願望に反し、決して収斂することはなく共存し混在する。したがって、現実の場所を得ていない非‐場所としてのユートピアを語るにしても、別の仕方でそれを構想することが課題となる。第二に、ピエール・クラストルのいう「国家に抗する社会」に対する評価である。クラストルの議論では、「国家に抗する社会」はそれが遂行する戦争によって国家を祓い除けるとされるが、とするなら、既存の国家の外部で起こる戦争が、国家の外部の社会を国家なき社会のままにしているということにもなる。とりわけ、「法外の国家」による戦争だけでなく、「良き秩序の社会」が「法外の国家」に対して主権国家的・自衛的・予防的に行使する戦争こそが、各所で内戦状態を惹き起こすことによって「不利な条件を重荷とする社会」を維持している現状を考慮するなら、「国家に抗する社会」というユートピア的な構想を現実化するにしても別の道を探求することが課題となる。ここにあげた二つの課題は、『千のプラトー』の後で、『哲学とは何か』において果たされることになろう。

さて、「遊牧論――戦争機械」は、こう始まっている。「公理一――戦争機械は国家装置の外部にある。命題一――この外部性は、まず神話・叙事詩・ドラマ・ゲームによって確証される」とである。それらのうち、神話による確証についてだけ検討しておく。

ジョルジュ・デュメジルは、インド・ヨーロッパ神話の決定的な分析において、政治主権ないし支配には二つの頭があることを示した。すなわち、王‐魔術師の頭と司祭‐法学者の頭である。レークスとフラーメン、ラーイとブラフマン、ロムルスとヌーマ、ヴァルナとミトラ、専制者と立法者、束縛者と組織者。そして、これら二極は、暗黒と光明、暴力と静穏、迅速と荘重、恐怖と規制、「束縛」

と「契約」などのように相互に対立するだろう。しかし、この対立は相対的でしかない。両極は一対となり交代して機能し、まるで両極は〈一なるもの〉の分割を表現したり両極そのもので主権の統一性を構成したりするかのようである。[10]

（MP 434-435／下一三）

〈一なるもの〉としての主権国家には、大きく分けて二つの装置がある。それらは複数の二極へと転移しながら国内の領域を構成する。例えば、王－魔術師と司祭－法学者は、警察と裁判所の二極へ転移したり行政機関と議会の二極へ転移したりする。この運動によって国内秩序が構成されるが、そのとき、良き秩序の社会からは戦争の影すら消されていく。

戦争が、国家装置に取り入れられていないことが気づかれるであろう。一方で、国家は暴力を備えているが、これは戦争を経るわけではない。国家は戦士よりは警吏と獄吏を雇用し、武器を保持しないし必要ともしない。国家は即時的で魔術的な捕獲を行使し、戦闘を妨害しながら「拘束」し「束縛」する。一方で、国家は軍隊を装備するが、これは戦争の法律的統合と軍事機能の組織化を前提としている。

（MP 435／下一四）

国家が国内的に発動する暴力は、秘密裏に行使され決して公然の暴力として現われることはない。まして、人民に向けられる戦争と見なされることはない。裏から言うなら、国内で行使される各種の暴力は、それが個人的であれ集団的であれ、騒乱や反乱としてのみ処理され、決して戦争とも内戦とも見なされない。

国内の敵対性、ラクラウのいう差異と等価性の論理は、決して戦争の論理へ転化しない。国内には戦争が定義からして存在しないから、自動的に、国内の安全は保障され治安は維持され国内は平和であるということになる。そこでは、デモクラシーをラディカル化しても危険はないということになる。こうして、リベラルで民主的な文明社会にとって、戦争は、国家の外部の法外な無秩序を指標する事件や災害のようなものとして出現する。

戦争機械そのものは、国家装置には還元不可能であり、国家の主権の外部にあり、国家の法に先行するように見える。戦争機械は他所からやって来る。（MP 435／下一四）

戦争機械は、「純粋で尺度なき多様体、群れ、束の間の出現、変身の力能」であり、「契約を破ると同時に拘束を解き」、「尺度には激怒を、重厚には迅速を、公共には秘密を、主権には力能を、主権には機械を優先させる」。戦争機械は、国家の国内的なポリスに対して、法外の法であるノモスを、すなわち、「別の正義」「理解不可能な残酷」「未知の憐憫」を示しもする。戦争機械が遂行する戦争において、戦場は「開かれた空間」となり、戦争は「いかなる地点にも」出現する。開かれた戦場に引かれる戦線には始点も終点もないので、その戦争には目的地も軍事目標もなく、どこかを占拠したり征服したりして決着がつくこともない。これに対し、国家装置は、戦争機械が「平滑空間」として構成する戦場を「条理空間」として再構成しようとするが、あるいは、そのような素振りを見せようとするが、戦争機械による戦争は国家の条理化された内部にも出現する。ドゥルーズ／ガタリは、その出現の様子を、フランツ・カフカの記述を借りてこう表現している。

「運命のように彼らはやって来る。原因も理由もなく、遠慮会釈も口実もなく……。」「いかにして彼らが首都にまで侵入して来たのかはわからない。だが、彼らはここにいる。朝が来るたびにその数は増えていくように思われる……。」〔……〕専制的・魔術的国家と、軍事制度を包含する法的国家との「あいだ」で、戦争機械が稲妻のごとく外〔dehors〕から到来するかのようである。[11]

（MP 437／下一七）

一部の国家群がそのポリスでもって世界を法化し条理化しようとするからこそ、その国家群の観点に立つとき、そのときにのみ、戦争機械は外から突然に国内外に出現するように見えてくる。万民法にも品性にも理性にも道理にも反するものとして、一言でいうなら、人類共通の敵として出現するように見えてくる。

国家の観点からは、戦争の人間〔homme de guerre〕の独自性・奇矯性は、必然的に否定的形態の下に現われる――愚劣、奇形、狂気、非合法、簒奪、罪……。デュメジルはインド・ヨーロッパ語族の伝統における戦士〔guerrier〕の三つの「罪」を分析している。すなわち、王と、司祭と、国家に由来する法に反する罪である（例えば、男と女の割振りを危うくする性的侵犯、さらに、国家によって制度化された戦争法を裏切る罪）。戦士は、軍務も含めすべてを裏切る状況にあり、あるいは、何も理解しない状況にある。ブルジョワ的であれソヴィエト派であれ、歴史家は、この否定的伝統に従い、チンギス・ハーンは何も理解していないものとして説明しようとする。彼は国家現象を「理解しない」、彼は都市現象を「理解しない」というわけだ。言うは易し。国家装置に対する戦争機械の外部性はいたるところで露呈するにもかかわらず、それを思考するのは難しいのだ。

（MP 437-438／下一七－一八）

ドゥルーズ／ガタリは、国家の観点からこの人類共通の敵を裁断することはしない。そして、国家の観点に立つことなく、戦争機械そのものを、それだけを思考することによって、国家の「外部性の純粋な形態」を思考することを課題として立てていく。しかし、誤認してはならないが、ドゥルーズ／ガタリは、「外部性の純粋な形態」を思考するだけでは不十分であると論じてもいる。ドゥルーズ／ガタリは、国家の立場から戦争機械を完璧に封ずることを展望するようなロールズ的なユートピアを採らないのはもちろんであるが、しかし、純粋な戦争機械を想定してその立場から国家の廃絶を展望するような立場を採るのでもない。ドゥルーズ／ガタリは、明確にこう書いている。

> 事態が複雑になるのは、戦争機械の外部的力能は、一定の情勢の下では、国家装置の二つの頭のいずれかと混在するからである。戦争機械の外部的力能は、あるときは国家の魔術的暴力性と、あるときは国家の軍事制度と混在する。
>
> （MP 438／下一八）

国家の外部性は、国家の二極のいずれかと混在する。国家論の観点からするなら、国家はその外部性を内部に取り込んでその力能を強化している。いくらでもその現代的な事例をあげることはできよう。良き秩序の社会群は、法外の国家に対する自衛戦争を行使することにおいて、おのれを万民法の外の法に従わせる。例外状態は常態化する。良き秩序の社会群は、「愚劣、奇形、狂気、非合法、簒奪、罪」に向かって進んでいく。そして、良き秩序の社会群は、重荷を背負った社会に対する保護責任を負うことにおいて、そこを国家なき社会として、例外状態の収容空間として維持し続ける。国家装置と戦争機械は必ずや共存し混在するのである。[12] したがって、国家概念と戦争概念を別の仕方で組み直して、新たな世界地図を作成することが課題となる。

「遊牧論——戦争機械」のもう一つの含意を確認しておこう。ドゥルーズ／ガタリは、ピエール・クラストルとともに、国家の廃絶を究極的目的として掲げる革命が現実には国家を強化してしまう事態について考え直すために、最初の問題をこう立てている。「問題一——国家装置（あるいは、集団におけるその等価物）の形成を祓い除ける〔conjurer〕手段はありうるのか」（MP 441／下一三）とである。

クラストル以前には、一般に、「原始社会」は、「国家なき社会（sociétés sans État）」と見なされてきた。国家に服する社会は、組織分化と機能分化が進んでいるために相互に対立する利害の調停者としての国家を必要とするが、そのような分化の程度が低い分節社会においては国家の必要性そのものが存在せず、それゆえに原始社会は国家なき社会のままで存続することになるといった進化論的説明が流布していた。しかし、クラストルによるなら、原始社会は、国家が端的に存在しない社会、国家の必要と存在を思ってもみない遅れた社会なのではなく、国家という「怪物を祓除し予防する潜在的な配慮」に溢れた社会なのである。

> 国家装置の形成を祓除すること、その形成を不可能にすることが、たとえそのことは明晰に意識されていないとしても、原始社会の一定数のメカニズムの対象であるのではないか。（MP 441／下一四）

では、そのメカニズムはどのようなものであるか。一つは、首長（chefs）が、社会体から区別される恒常的な地位を保全するのを妨げ、その個人的な権威だけで支配を遂行するようにするメカニズムである。もう一つが、戦争である。国家の外部で遂行される戦争は、国家に抗するような戦争、国家形成や国家建設を予め阻止するような戦争なのである。

クラストルは、国家形成に対抗する最も確かなメカニズムとして、原始社会における戦争を指定している。というのも、戦争は諸集団の分散性と分画性を維持するからであり、戦士は戦功を蓄積する過程に引きずり込まれて、孤独へと、威厳あるものの無力な死へと導かれるからである。

（MP 442／下一二五）

戦争は、国家を形成しない。戦争が形成するものは「同盟」にとどまる。このとき、国家を形成しても不思議ではないのに国家を建設することのないさまざまな集団が、戦争機械を内包する社会として捉え直されることにもなる。しかし、強調しなければならないが、ドゥルーズ／ガタリは、このクラストルの見方を全面的に受け入れるわけではない。「このテーゼはわれわれを完全には満足させないのだ」（MP 443／下一二七）。では、どこに満足していないのか[13]。

クラストルは、依然として原始社会から国家段階への移行を想定しており、原始社会に対してはミクロ・メカニズムによって可能とされる「自足性」を割り当て、国家に対しては「怪物的で奇蹟的な出現」を割り当てている。本来は、国家に抗する社会だけが存在していたのに、ある日、突然に、戦争ないし征服にもよらず、政治経済的な進化にもよらずに、国家が出現したと想像している。ところが、その想像は、一方で君主の萌芽を首長に割り振り、他方で奇蹟的な出現を帝国に割り振る、古くからの神話的な政治論を再版しているにすぎない。これに対し、ドゥルーズ／ガタリは、クラストルの構図を一変させる。国家は、国家に抗する社会のリミットに潜在的にあるというのではなく、国家に抗する社会に先んじて存在するというのである。その含意は、こうなる。国家に抗する社会において国家を予期し祓除するメカニズムである戦争機械は、その存在する国家との関係において理解されなければならない。

> 次のように言うべきである。国家は常にあった、しかも完全に形成された状態で常にあったのだ、と。考古学者の発見が増えるにつれ、ますます多くの帝国が発見されつつある。原国家〔Urstaat〕の仮説は実証されたように思われる。
>
> （MP 445／下二〇）

したがって、原国家の側からするなら、国家に抗する社会は、外部や辺境の「うまくコントロールできないゾーン」として立ち現われるにしても、それは、当初からコントロールされているゾーンでもあるのだ。ここにきて注目すべきは、ドゥルーズ／ガタリが「外（dehors）」と「外部（extérieur）」を使い分けようとすることである。

> 国家そのものは常に外と関係してきたのであり、この関係を抜きにして国家を考えることはできない。国家の法則は、全か無か（国家に服する社会あるいは国家に抗する社会）の法則ではなく、内部と外部の法則である。国家とは、主権である。しかし、主権が支配するのは、主権が内部化することができるもの、局所的に領有することができるものだけである。普遍国家はないだけでなく、諸国家の外〔le dehors des États〕は、「外部政治（外交政策）」に、言いかえるなら国家間関係の総体に還元されはしないのである。

（MP 445／下三〇）

国家は内部と外部を区分しその内部領域を支配しながら、その外部領域を国家間の関係である「外部政治」として構成する。しかし、ドゥルーズ／ガタリは、そのような外部とは区別して、国家の外をさらに設定しようとしている。問われるべきは、この外の位置である。まさにそのとき、ドゥルーズ／ガタリは「思考」に向かっていく。ドゥルーズ／ガタリは、「遊牧論――戦争機械」で「戦争機械の外部性」を「確証する」ところのさまざまな事例を列挙していくが、それだけでは国家の観点を免れることにはならないとして、国家形態と共犯関係に立つ思考に対し、国家の外を思考する「私的思考者」による「対抗‐思考（contre-pensées）」を対置していく。そして、私的思考者は本質的に「孤独」であるが、そこにこそ「来たるべき民衆（peuple à venir）」が関係すると主張していく。

この対抗‐思考が絶対的孤独を証言しているにしても、その孤独は、砂漠自体のごとく、過激な仕方で民衆が住まうような孤独であり、来たるべき民衆と既に繋がり、来たるべき民衆を祈願し待望し、まだその力が欠けているにしても、来たるべき民衆を介してのみ存在する孤独である。「われわれには最後の力が欠けている。われわれを支える民衆がいないから。われわれは民衆の支えを探している……[14]」。

（MP 467／下六二）

こうして、国家と戦争の外での思考の意味と方位を定めることが課題となってくるが、それを検討する前に、ドゥルーズ／ガタリの資本主義論を経由しておかなければならない。

三　資本の力学系から公理系へ

『千のプラトー』の第一三章にあたる「捕獲装置」では、予期し祓除するメカニズムがより広範囲に使われていくが、世界資本主義論におけるその使われ方を検討しておかなければならない。ドゥルーズ／ガタリは、原始社会は国家を予期し祓除するだけでなく都市をも予期し祓除するものであるとした後で、今度は、都市は資本主義を予期しながらも祓除するものであるとしていく。ドゥルーズ／ガタリにあって、都市は資本主義に抗するものである。資本主義は都市から発生するのではなく国家を介して発生する。

最終的に、資本主義が勝利するのは、都市－形態によってではなく国家－形態によってであろう。すなわち、西欧国家が、脱コード化した流れの公理系に対する実現モデルとなり、その資格でもって都市を再び服従させるときである。

（MP 541／下一七四）

資本主義が勝利してもそれが国家の形態を脱ぎ捨てることはない。また、西欧型の国家が都市－形態を脱ぎ捨てることもない。したがって、西欧型の資本主義のもとでは、必ずや国家と都市は共存し混在する。そのことを踏まえながらドゥルーズ／ガタリは「社会のトポロジー」を作成し、社会ごとに、そこで作動するメカニズムを列記している。すなわち、国家に抗する社会においては予期－祓除のメカニズム、国家に服する社会においては捕獲の装置、都市社会においては分極化機構、ノマド社会においては戦争機械、国際組織においては異質な社会の包括機構である。これらの社会は、各メカニズムを作動させながら空間的・地理的に共存し混在するわけである。では、このトポロジーにおいて、世界資本主義はどう位置づけられるのであろうか。

一般に、資本主義は、諸国家と諸社会を等質化する傾向を有すると捉えられている。ロールズのいう現実主義的ユートピア、有志連合国による民主化革命の輸出など、資本主義による等質化傾向を前提として打ち出されている政治構想の数は実に多い。しかし、ドゥルーズ／ガタリからするなら、そのような政治構想は幻想にすぎない。そもそも資本主義に等質化傾向など存在してはいないからである。資本主義は純粋化するが必ずや不純なものにとどまる。資本主義は脱領土化していくが絶対的な脱領土化には決して到らず必ずや相対的な脱領土化にとどまる。資本主義は旧経済制度を駆逐しようとするが必ずやそれと共存し混在する。資本主義は野蛮なものや未開なものを文明化していくが必ずやそれらを再版し続ける。したがって、世界の諸国家と諸社会の収斂を目指すような世界革命論や世界正義論といった政治構想は何であれ裏切られるし実現不可能である。この事情を資本主義の側から捉え返すために導入されるのが、公理系の実現モデルという概念である。

ドゥルーズ／ガタリによるなら、資本主義は一つの公理系を構成し、諸国家と諸社会はその公理系をそれぞれの仕方で実現する。それらはその限りで相互に同型（isomorphes）になるものの、現実には相互に異質な存在者にとどまる（MP 544／下一七七）。裏から言えば、資本主義が公理系として構成されるための条件は二つある。第一に、資本主義は、諸国家と諸社会の現実的な異質性を存続させるようになっていなければならない。第二に、国家内部の市場は国外へと発展し拡大する普遍化の傾向性を備えているのでなければならない。こうした条件において資本主義は公理系として構成されるわけだが、そのとき、資本主義の側から見るなら、例えば、中心と周縁が分かれるというだけではなく、資本主義的な社会に並んで、前－資本主義的な社会や外－資本主義的な社会、さらに超－近代的な生産部門が共存することになる。それらは空間的にも地理的にも並存する。しかも、各社会は、何ものかを予期しながら祓除するメカニズムを内蔵し、そのことでもって相互の連結と切断を調整している。そして、当たり前のことであるが、それらの社会は、同じ一つの大地＝地球〔terre〕の表面上に散在している。精確には、脱領土化した平面上に共存し混在している。この平面を構成しているものが、資本主義ないし資本と呼ばれているのである。このとき、次のような問いが湧き上がってくる。資本主義には、予期と祓除のメカニズムは内蔵されていないのだろうか。資本主義は無限定な平面であるという意味において脱領土化するとしても、資本主義には、予期して祓除するべき何ものかは存在しないのであろうか。『千のプラトー』によるなら、存在しないのである。資本主義は、「おのれの境界〔limites〕を追い祓い押し遣る」メカニズムだけを、平面を押し広げるメカニズムだけを内蔵しているのである。だから、資本主義が地球を一周するやそれは地球外空間へ進出しようとするであろう。とするなら、資本主義の外についての思考は、否応なく資本を自己の大地とせざるをえなくなりそうである。あるいはまた、哲学は、否応なく資本主義の友となって資本に再領土化せざるをえなくなりそうである。しかし、資本主義の相対的な脱領土化と絶対的な外や絶対的な脱領土化とはあくまで区別されているのである。この事情については、すこし立ち止まって検討しておく必要がある。

『アンチ・オイディプス』の関連箇所を振り返っておく。

『アンチ・オイディプス』では、利潤率低下の法則をめぐる初等代数学的な論争を念頭に置きながら、資本主義の傾向性が再考されていた。その際には、資本は単なる量ではなく微分的関係であると宣言され、資本の動向を表示する微分方程式系が資本主義固有の内在的社会野を表現するものとして規定されていた[15]（AO 271／下二八）。そして、資本主義の傾向性を表示する当の微分方程式系は、力学系理論における相空間を参照して捉え直され、予期－祓除のメカニズムを内蔵しないようなシステムとして描き出されていた。

総生産高の観点から生産のフローの変化の極限を見るなら、微分商は計算可能であるが、生産のフローと剰余価値を決める労働のフローを見るなら、微分商は計算不可能である。〔両者を〕本性の差異として構成する関係において差異は消去されないのである。このとき、「傾向性」には終わり〔terme〕はなく、「傾向性」が到達したり漸近したりするような外部の極限〔limite extérieure〕もない。傾向性には内部の〔interne〕極限しかなく、それは絶えず越えられ移され、すなわち再構成され再発見される。

（AO 273／下二二）

資本主義には、予期し祓除すべき外部極限はない。むしろ、内部極限が絶えず変換される。そのため、資本主義においては、中心と周縁、先進国と低開発国などが必ず分極化し「世界資本主義の本質的な部品を構成する」。ここで注意すべきは、この資本のシステムが、外部の極限を予期せずに済ませるためのメカニズムが国家に付託されていることである。ドゥルーズ／ガタリによるなら、国家は、抽象的なものにとどまるはずの剰余価値を現実化して吸収する「反‐生産の装置」を、例えば、広告・行政・警察・軍隊などの機構を制度化することによって、システムの内部極限を現実化している。いわば、国家の装置・機関・制度が現実的な相空間内の特異点となることによって、システムが自己の終焉を印す外部極限へ向かいかねない動向を制御しているのである。ところが、『アンチ・オイディプス』では、その一方で、資本主義には外部極限があるとされていた。

資本主義はあらゆる社会の相対的な極限である切断である。〔……〕反対に、分裂病は絶対的な極限であり、フローを自由な状態で脱社会化した器官なき身体へと移す。したがって、分裂病は資本主義そのものの外部極限、資本主義の最深の傾向性の終わりであると言うことができる。しかし、資本主義は、この傾向性を抑止し、この極限を拒み移して、自らの内在的な相対的極限でもって代えるという条件の下でのみ機能するのである。

（AO 292／下六一－六二）

仮に分裂病が資本主義にとっての絶対的な外部の極限を指標するものであるなら、資本主義は全力をあげて分裂病を予期し祓除するためにそれを内部化して相対的な極限へ変換しなければならない。分裂病の欲望のフローを何としてでも国家の反－生産の装置へ転送しなければならない。ところが、この変換や転送の操作を、力学系理論に内的な仕方で厳密に定式化することは困難である。そこで、『アンチ・オイディプス』は、資本主義の微分方程式系は「抽象量の公理系としても機能する」（AO 270／下三〇）と宣言して、資本主義を公理系へと持ち上げていった。そして、資本主義のシステムの外部極限は、資本主義の既存の公理系に新たに付加される公理として捉え直されていった。実際、外部極限を指標するはずの狂気は、狂気をめぐる公理が立てられることによって資本主義と国家に回収されていく。「狂人〔fou〕の言説については、病院、管理、精神医学の公理の枠内でこれに耳を傾けることが常に可能である」（AO 293／下六三）。

このように、資本主義が絶えず脱領土化する自己を維持するには、脱領土化のその先の外が存在するとしても、それを絶えず内部に繰り込まなければならない。その自己維持のメカニズムは資本主義そのものに内蔵されているのではなく、資本主義の公理系を実現するモデルに内蔵されている。とするなら、資本の脱領土化を肯定して加速したところで資本からの脱出の道が開けてくるわけではない。むしろ、世界資本主義と諸国家と諸社会が織り成す総体をその外から思考することが課題となってくる。こうして、資本主義の外部の指標としての分裂病の特権性は失われ、分裂病は狂気一般の一例へと、さらに狂気一般は概念化されて思考そのものへと持ち上げられていく。ドゥルーズ／ガタリの最後の共著である『哲学とは何か』から象徴的な一節を引用しておく。

〈白痴〉は、自分で思考することを欲する者であり、声を変えて別の意味を探ることのできる人物である。しかしまた、〈狂人〉、ある種の狂人、強硬症の思考者、「ミイラ」は、思考の中で思考できないという無力を見出す。あるいはむしろ、大いなる偏執者、妄想者は、思考に先立つもの、〈既に－そこに〉を、思考そのものの只中に探し求める。〔……〕人はしばしば哲学と分裂病を関連付けてきた。しかし、分裂病者は、ある場合には、思考者の中で激しく生き、思考者に思考を強いる概念的人物であり、別の場合には、生ける者を抑圧し、生ける者から思考を盗む社会心理的タイプである。[16]

（QP 72／一二四）

いまや、資本主義の外を印すものは、思考と生なのである。[17] ドゥルーズ／ガタリの最後の思考と最後の生を検討しなければならない。

四　哲学の政治化へ

『哲学とは何か』は、一九九一年に書かれている。これは、一九八九年からの社会主義圏の崩壊、自由－民主主義の上昇、革命の展望の喪失、変動の歴史の終焉といった動向を受けて書かれたものである。そこでは、哲学の使命が概念の創造と内在平面の創建（instauration）として打ち出され、「地理哲学」と題された章では、内在平面をその絶対的な大地とする哲学の再領土化が新たな政治哲学として打ち出されている。ドゥルーズ／ガタリによるなら、概念は、有限個の構成要素からなる一つの多様体である。その構成要素は別の概念である場合もあれば、科学の対象である関数の要素（fonctifs）である場合もあるが（QP 117／一九九）、概念における各構成要素の間で「内的‐共立性（endo-consistence）」が成立するなら、多様体としての概念は平面の一定の領域を構成する。そのような概念と概念が、同じ抽象的な平面の上で相互に関係するには、「相互に接続し裁断し、それぞれの等高線を調整する」必要があるが（QP 24／三四）、ある概念の構成要素は別の概念の構成要素と部分的に重なり合うことがあって、そこが「近傍のゾーン」「不可識別性の閾」を構成しており、そこを媒介として両者の概念をいわば滑らかに接続する必要がある。それがうまく進むなら、諸概念の「外的‐共立性（exo-consistence）」（QP 27／四一）が成立して共立平面を構成することができる。では、諸概念の外的‐共立性をどのように構成すればよいのであろうか。例えば、国家という概念と革命という概念の外的‐共立性を、一九八九年以後の時代状況にあって、どのように構成できて、どのように構成できないのであろうか。ところで、概念は命題ではないので、概念の内包的論理と命題の外延的論理を当座は区別せざるをえず、諸概念の共立性を論理学の整合性でもって代替することはできない。そこで、当座は、次のように諸概念の関係性が記述されることになる。

概念は、それぞれが、また、相互に、振動の中心である。それゆえに、すべて概念は、整列したり対応したりする代わりに共鳴するのである。諸概念が整列するなどという根拠はまったくない。断片的全体性としての概念は、パズルのピースにはならない。その不規則な輪郭は対応しないからである。諸概念はたしかに一つの壁を形成するが、それは乾燥した石積みの壁であり、全体を集まりとして捉えられるとしても、分岐する諸経路を辿ることによってである。

（QP 28-29／四三）

諸概念が共立する平面を構成することは容易ではないのである。例えば、国家概念と戦争概念は一方が他方を論理的に含意するような仕方で整列することはない。かつての政治哲学に見られるように、国家（戦争）概念から戦争（国家）概念を無批判に引き出すことはできないし、昨今の政治哲学に見られるように、正義概念でもって単純素朴に国家概念を制約したり、人権概念と戦争概念を安直に結合したりすることはできない。たしかに、国家概念、戦争概念、正義概念、人権概念は、概念である限りは、それぞれが振動の中心となって、相互に強弱の差はありながらも共鳴していると言えるが、例えば、戦争概念と人権概念を結合する経路たるや、別の諸概念を意想外な仕方で経由したり多くの間隙を縫ったりするものであらざるをえず、およそ外的に共立するどころではなくなっている。ここにおいて、哲学は、その使命からして、諸概念が外的に共立する平面を新たに創建し、それを「哲学の絶対的な土地、哲学の大地や哲学の脱領土化、哲学の基盤」として構成していくわけだが（QP 45／七五－七六）、この抽象的で理念的な水準においては、哲学は政治的なものに対して徹底的に中立的であると言える。国家概念と革命概念を結合する平面を新たに創建することも、戦争概念と人権概念を結合する別の平面を創建することも、ともに哲学的には等価であると言えるからである。ただし、ドゥルーズ／ガタリは、諸概念を選定しそれらを結合して平面を構成する方式を通して、哲学の政治化の道を開いていく。

概念は一定の領域をなすので、複数の概念が共立する内在平面を構成するには、各領域を貼り合わせるような演算子が必要になる。ドゥルーズ／ガタリはこの演算子の機能を果たすものを「概念的人物」と呼称する。そのとき、いかなる方式で平面を創建するのかという問題は、いかなる概念的人物を構成するのかという問題へと転移される。

ドゥルーズ／ガタリによるなら、ゲオルク・ジンメルやアーヴィング・ゴッフマンは「外国人、除け者、移民、通行人、原住民、帰国者」を「社会心理的タイプ」として研究していたが、「われわれ」は、それらを通して、「領土の形成、脱領土化のベクトル、再領土化のプロセス」をそれとして知覚することができるようになる（QP 69／一一八–一一九）。「われわれ」は、「社会心理的タイプ」を概念的人物へと持ち上げることを通して、それを媒介として、「思考の絶対的な領土・脱領土化・再領土化」を示すことができるようになる。概念の領域は無数にあって、それぞれが可変的な曲率を有しているが、概念的人物に即して思考することによって、それらを取り集めたり切り離したりする演算子を構成して新たな共立平面を創建することができるようになる（QP 77／一三三）。どうしてであろうか。いまは簡単に、政治的なものは概念が現実化して存在者化したものであると捉えておくなら、例えば、国家なる存在者は、国家概念が別の複数の概念と結合して内在する局所的平面が、歴史的諸条件のうちで現実化したものであると捉えられることになる。そのとき、現実的国家を抜け出す現実的な人物を概念へと持ち上げていくことは、国家概念が内在する局所的平面から別の概念へと脱け出していく経路を思考し、国家概念をして別の局所的平面へと接続する操作を思考することにもなり、そのようにして、国家概念をめぐる脱領土化の方向を思考することになる。そして、そのような思考を経て初めて、「われわれ」は、国家概念の別の現実化・存在者化・再領土化を展望することができることになる。ドゥルーズ／ガタリにとって、哲学は、概念の共立平面を再領土化することによって、すなわち、概念に外延・指示対象を与えて新たな地図を作成することによって政治化するのである。

以上のことは、思考とは何かという問い、思考の意味＝方位をいかにして定めるかという問いを通しても確認することができる。この問いは、一九八九年を経て、ますます切実なものとなってきたことが想起されなければならない。その政治的立場がどうであれ、例えば、東／西といった方位で物事を思考するわけにはいかなくなった。それだけではなく、南／北といった方位で物事を思考するにしても従来のような仕方では立ち行かなくなった。また、国民国家の内／外といった区分だけで物事を思考するわけにもいかなくなった。実際、国民国家の脱領土化についての政治的な判断は混乱したままである。ある者は、資本のグローバルな移動を礼賛する一方で、外国人労働者の自国内への移動に制限をかけようとしている。ある者は、貿易の全面的自由化に反対する一方で、移民への全面的開放化を夢みている。そして、人々は、国民国家の境界、欧州連合の境界、中東地域の境界に対し二重基準どころか多重基準を使い回して異なる判断を下し、国内の都市地区や地方共同体や各種施設についても、開放／閉鎖、包摂／排除、定着／移住に関し恣意的な判断を下し続けている。これは必ずしも悪いことではないが、政治的思考の方位は著しく混乱したままなのである。一九八九年以降、その政治的立場を問わず、政治的な思考はその旧式の方位を喪失しており、新式の方位を必要としていることは確かであり、新たな地図作成が必要になっている。この状況を哲学的にも真剣に受け止めるなら、例えば、その思考の方向が一つにしか定められていない旧来の主観・客観の図式、志向性・相関性の構図をとることはできない。相互主観性の図式、コミュニケイションの構図にしても、複数の線分が織り成す特定の平面に思考を束縛するものでしかなく、それも打ち棄てなければならない。

超越性や普遍的なものを再構成したり、権利の担い手たる反省の主体を再構成したり、コミュニケイションの相互主観性を創設したりすることは、哲学的な大発明などではない。人々は「コンセンサス」を基礎づけたがっているが、コンセンサスはオピニオンの理念的規制であって哲学とは何の関係もない。[18]

これに対して、哲学的には、思考をあらゆる方向へと解き放たなければならない。そのとき、思考は、概念をあらゆる方向に無限速度で俯瞰する絶対的な脱領土化に達し、概念の内在平面が思考の絶対的領土となる。その後で、その後になって初めて、思考の特定の方位を定めるべく「領土と大地の関係」が問われてくる。哲学の大地、哲学の再領土化が問われてくるのである。そして、ドゥルーズ／ガタリによるなら、これまで歴史的に、哲学は二回ほど再領土化してきた。一回目は古代ギリシアの都市に再領土化し、二回目は近代国民国家と近代民主主義に再領土化した。また、ドゥルーズ／ガタリによるなら、革命概念は二回ほど再領土化してきた。一つはアメリカ革命、もう一つはロシア革命である。そして、アメリカのプラグマティズムとロシアの社会主義は、それぞれが哲学の大地として機能してきた。この二回の再領土化と二つの革命の地盤こそが、一九八九年をもって崩壊したのである。とするなら、哲学は、三回目の再領土化を目指すべきであるということになる。そのとき、革命概念がユートピア的なものとして再浮上してくる。

権威的あるいは超越的なユートピアと、解放的・革命的・内在的なユートピアを区別しなければならない。しかし、正確には、革命そのものは内在性のユートピアであると語ることは、革命は夢であると、何か実現されないもの、あるいは、実現されても必ず裏切られるものであると語ることではない。反対に、革命が内在性のユートピアであると語ることは、革命を内在平面・無限運動・絶対的俯瞰として定立することである。ただし、それは、これら三つの特性が、資本主義に対する闘争における、いまここのリアルなものと連結し、それらの特性が、先行する闘争が裏切られるたびに新たな闘争を再開する限りにおいてである。したがって、ユートピアという語は、哲学や概念と現在の環境との接続を、すなわち、政治哲学を指示している（しかしながら、オピニオンによって与えられた歪んだ意味のせいで、「ユートピア」は最良の語ではなかろう）。

（QP 101／一七二―一七三）

第一に、革命は概念化されなければならない。第二に、革命概念は内的‐共立性を構成するところまで概念分析されなければならない。そのとき、革命概念は、別の概念と不可識別ゾーンを媒介として一定の平面の一領域を構成する。第三に、適当な演算子をもって、言いかえるなら、社会心理的タイプを抽象化した概念的人物を構成することによって、その平面を別の平面と連結したり切断したりしなければならない。そして、第四に、革命概念を含む諸平面と諸演算子を「現在の環境」に接続して、新たな平面とそこに配置される存在者として現実化しなければならない。そのときにだけ、哲学は政治的になるのである。[19] そして概念と演算子を再領土化しなければならない。新しい大地と新しい民衆として現実化して、近代国民国家の枠内で微睡んでいる民主主義、自己の外部に対して戦争の主権を行使する民主主義を哲学の大地とすることはもはや許されない。[20]

さまざまな民主主義と共存する強大な警察と軍隊を措いて、ほかの何が、悲惨を、スラム街の脱領土化‐再領土化を維持し管理することができようか。悲惨がその領土やゲットーから出てくるとき、いかなる社会民主主義が、発砲命令を下さなかったであろうか。民主主義国家の上で再領土化される哲学も人間も、権利によって救われはしない。人間の権利の名をもって、われわれが資本主義を賛美することはない。

（QP 108-109／一八五）

資本主義において、唯一つの普遍的なものは市場である。普遍的な国家がないのは、まさに普遍的な市場があるからであって、国家はその市場の焦点・取引所である。ところで、市場は普遍化することも均質化することもせず、富と悲惨を幻想として作り出す。人権は積極的に資本主義に参与しているからには、人権ということでもってリベラルな資本主義の「喜び」をわれわれが讃えるわけにはいかない。あらゆる民主主義国家は人間の悲惨を作り出すほどに芯まで損なわれている。[21]

民主主義は、資本主義における一部国民国家だけで実現される体制である。「世界資本主義の広大な相対的脱領土化は、近代国民国家の上で再領土化されるのを必要とする。そして、近代国民国家の帰結の一つが、民主主義、新たな「兄弟」社会、友たちの社会の資本主義版である」（QP 99／一六九）。近代哲学による概念の創造と内在平面の創建は、国民国家内の民主主義・兄弟社会・友愛社会を自己の領土としてきたからこそ、近代哲学は国民国家の内部で微睡むものにとどまり、一部国民国家にだけ通用する万民法の外部を思考することもできなくなっている。そして、現代思想の政治理論もその枠内にとどまってきたのである。

とはいえ、哲学を新たに政治化する展望はいまだに開かれてはいない。そもそも、政治的諸概念に限っての内在平面の構成さえいまだに達成されていない。「われわれ」は、「諸概念をどこに置けばよいのかほとんどわかっていない」（QP 102／一七五）。「われわれには真の平面が欠けている」（QP 102-103／一七五）。「われわれ現代人は、概念は持っていても、内在平面を見失っている」（QP 105／一七九）。それでも、哲学の政治化の方向、思考の方位は明らかになっている。「概念創造は、新たな大地と、いまだ存在しない民衆に呼びかける」（QP 109-110／一八六）。「哲学は、三回、再領土化される。一回は過去にギリシア人の上で、もう一回は民主主義の上で、もう一回は未来に新たな民衆と新たな大地の上で」（QP 112／一九〇）。われわれは、その三回目を始めているのである。

注

1　Ernesto Laclau, *On Populist Reason*, Verso, 2005; John Rawls, *The Law of Peoples*, Harvard University Press, 1999／ジョン・ロールズ『万民の法』中山竜一訳、岩波書店、二〇〇六年。なお、「万」民という訳語には問題がある。字義通りには「諸」人民である。ただし、「諸」人民が「万」民を僭称するという意味では許される訳語であろう。

2　Ernesto Laclau, *ibid.*, ix-x.

3　*Ibid.*, pp. 69-71.

4　*Ibid.*, pp. 78-79.

5　通例は「国内」と訳されて然るべき internal/domestic について、「国」なる語を避けておきたいので、「内部」とだけ訳しておく。

6　John Rawls, *op. cit.*, p. 4.／四頁。

7　*Ibid.*, pp. 25-26.／三四頁。

8　*Ibid.*, p. 90／一三三頁。第五の平等原理とは、「各国人民は自衛権を有しているが、自衛以外の理由のために戦争を開始するいかなる権利も有するものではない」（*ibid.*, p. 37／四九頁）。

9　ロールズなどに見られるこの国際政治、「人道的介入」と「保護責任」をセットとする政治は、文明と野蛮・未開を区分したかつての国際法・戦争法の再版である。あるいはまた、「人類共通の敵に対する」戦争観の再版である。*Cf.* Makau Mutua, "Savages, Victims, and Saviors: the Metaphor of Human Rights," *Harvard International Law Journal*, Vol. 42, 2001, 許淑娟『領域権原論――領域支配の実効性と正当性』東京大学出版会、二〇一二年、四八－四九頁。そして、ドゥルーズ／ガタリは『アンチ・オイディプス』において野蛮・未開・文明の区分を再編成していた。

10　Gilles Deleuze et Félix Guattari, *Mille Plateaux*, Minuit, 1980／ジル・ドゥルーズ＋フェリックス・ガタリ『千のプラトー』宇野邦一他訳、河出文庫、二〇一〇年）からの引用については、引用箇所の後に、略号 MP・原著頁数・訳本頁数を記す。

11　このカフカの記述は、『アンチ・オイディプス』（AO 230-231／上三六八－三六九頁）では、「原国家」「帝国」が「原始社会」に到来する記述に使用されていた。

12　近代国家形成期の状況については、*Cf.* Charles Tilly, "War Making and State Making as Organized Crime," in Peter B. Evans et al. eds., *Bringing the State Back In*, Cambridge University Press, 1985.

13　ある社会集団において、その意識にも上らず、理解されてもいないもの（国家）を、いわば無意識に予期し追放するような、そのようなミクロ・メカニズムが作動しているとするテーゼ、あるいは、それに類するテーゼは、結局のところは、その社会集団を、オイディプス化に抗して発病したり退行したりする子どものごとく扱っている。

14 「民衆が欠けている」から民衆を探し求めなければならないとする提言は、パウル・クレーの講義（一九二四年）に由来するが、その点については次のものが精確である。James Phillips, "Arendt and Deleuze on Totalitarianism and the Revolutionary Event: Among the Peoples of the Fall of the Berlin Wall," *Deleuze Studies*, Vol. 9, No. 1, 2015.

15 Gilles Deleuze et Félix Guattari, *L'Anti-Œdipe*, Minuit 1972／ジル・ドゥルーズ＋フェリックス・ガタリ『アンチ・オイディプス』宇野邦一訳、河出文庫・上下、二〇〇六年からの引用については、引用箇所の後に略号AO・原著頁数・訳本頁数を記す。

16 Gilles Deleuze et Félix Guattari, *Qu'est-ceque la philosophie?* Minuit, 1991, ré-édité en 2005／ジル・ドゥルーズ＋フェリックス・ガタリ『哲学とは何か』財津理訳、河出文庫、二〇一二年、からの引用については、引用箇所の後に略号QP・原著頁数・訳本頁数を記す。

17 次のものは、テロリズムと対テロ戦争をともに脱領土化・分裂病化と捉えているが、ドゥルーズ／ガタリ解釈としても、あまりに素朴である。Manola Antoniol, *Géophilosophie de Deleuze et Guattari*, L'Harmattan, 2003, pp. 46-47.

18 Gilles Deleuze, *Pourparlers 1972-1990*, Minuit, 1990/2003, p. 208／ジル・ドゥルーズ『記号と事件――１９７２－１９９０年の対話』宮林寛訳、河出文庫、二〇〇七年、三〇八頁。

19 この点を精確に摑んでいるものとして、次のものがある。Yves Charles Zarka, « Éditorial : Deleuze et la philosophie », *Cités : philosophie, politique, histoire*, n° 40, 2009.

20 ドゥルーズ／ガタリのデモクラシー論とユートピア論についていくつかの研究はあるが、それらは『哲学とは何か』「地理哲学」の断片のみを捉えて論をなしているだけである。それらを通覧する総説として次のものをあげておくにとどめる。Jeremy Gilbert, "Deleuzian Politics? A Survey and Some Suggestions," *New Formations*, Issue 68, 2009.

21 Gilles Deleuze, *Pourparlers 1972-1990*, Minuit, 1990/2003, pp. 233-234／ジル・ドゥルーズ『記号と事件――１９７２－１９９０年の対話』宮林寛訳、河出文庫、二〇〇七年、三四六頁。

フーコーのディシプリン
——『言葉と物』と『監獄の誕生』における生産と労働

1　富の分析における交換のシステム

フーコー『言葉と物』[1]によるなら、古典主義時代における「経験性の空間」を構成するのは、秩序の一般科学、表象を分析するシーニュの理論、同一性と差異性を配分する図表であり、経済的なものの経験性の空間を構成するのはシーニュの理論である（97/86）。

いま、観念ないし表象をａ、ｂ、ｃとし、表象するという関係を↓とする。ａ↓ｂのとき、ａがシニフィアンで、ｂがシニフィエである。ｂ↓ｃのときには、ｂがシニフィアンで、ｃがシニフィエである。とすると、同じｂが、あるときはシニフィアン、あるときはシニフィエであることになる。この意味で、ｂは「二重化された表象」であると言うことはできる。そして、表象するという関係が連鎖して円環をなすとするなら、ｂ以外のａ、ｃもそれぞれが「二重化された表象」であると言うことはできる。ところで、この二重性は、私ないし主観がｂにおいて想像しているだけのことであるようにも見える。というのは、私ないし主観が、印字列↓ｂを見るときにはｂをシニフィエと呼び、印字列ｂ↓を見るときにはｂをシニフィアンと呼んでおいて、印字列↓ｂ↓を想定しｂだけに傾注することをもって、ｂはシニフィアンかつシニフィエとして二重化された表象であるとしているだけのようにも見えるからである。しかし、そうであるとしても、二重化された表象は、「自己の内にシニフィカシオン〔意義〕を含む」シーニュであるともされる。すなわち、観念ないし表象は、自己の内で何かが何かを表象するが故に内的な意義を有するシーニュであるとされるのである。

これに関連して、フーコーはこう書いている。「ある観念が別の観念のシーニュになりうるのは、両者の間に表象の結び付きが確立されうるからばかりではなく、この表象が、表象するほうの観念の内部で常に表象されうるからである」(90/79)。こう解しておく。私ないし主観は、任意の表象について観念を持つとする。また、私ないし主観は、任意の観念を表象化することができるとする。すなわち、私ないし主観の機能は、表象を観念へ写像することと、観念を表象が占めるべき位置へ投射することに尽きるとしておく。このとき、私ないし主観は、表象bの観念と表象↓の観念に加えて、複合表象b↓の観念を持つことになるので、表象化と投射の機能によって、(b↓)↓(b↓)やb↓(b↓)といった複合表象についての観念を持つことになる。この意味において、「表象するほうの観念」の内部で「表象の結び付き」の表象が表象されうることになり、観念ないし表象は内的な意義を有するシーニュであると言うことができる。

別の筋立ての分析も可能であるが、分析上の要点は、表象と私ないし主観を構成する観念とが存在論的に同質で同位であるということ、また、私ないし主観の機能は写像や投射を含めた表象する機能に限られるがために、私ないし主観は観念＝表象の場でしかないということである。このことが認められるなら、表象の理論は、私ないし主観に対して特段の特権性を認めることなく、自らを普遍理論と称することができるようになる。「あらゆる表象がシーニュとして結び付けられる。すべての表象は巨大な網目〔réseau〕のようなものを形成する」(91/80)と言い切ることができるようになる。そして、フーコーによるなら、古典主義時代の富の分析においては、この網目が範型となって交換のシステムが構成されるのである。

構成の出発点は、物に価格（prix）が賦与されるという経験的な事実である。ある物に価格が賦与されるとは、一定量の金属が一定量の物を一定の富として表象するということである。ところで、表象の理論からするなら、金属そのものは、表象される物や富と同じ身分のものであるのでなければならない。[2]「金属は、それ自体が富である限りにおいてだけ、シーニュとして、富を計量するシーニュとして現われる」（189/180）。富が貴重で稀少で有用で望ましいものと規定されるなら、富を計量する金属もまた貴重で稀少で有用で望ましいものでなければならない。また、富が商品と等置されるなら、商品を称量する金属貨幣もまた商品でなければならないし、商品として価格を持たなければならない。こうして、「等価性の原基（étalon）そのものが交換のシステムの中に捉われるし、貨幣の購買力は金属の商品価値の分だけということになる」（192/183）。このことは貨幣の身分に関して種々の理論的紛糾を招くことになるが、それらは、交換に入り込むものを等しく二重化された表象として取り扱う表象の理論から派生する限りでの、それ故に、表象の理論によって可能にされ制約される限りでの紛糾にすぎない（cf. 200–204/190–195）。ここで重要なのは、派生的紛糾に拘泥することではなく、表象の網目としての交換のシステムからその含意を引き出すことである。[3]

さて、同一の貨幣単位は、流通しながら多くの物を表象する力を獲得する。同一の貨幣単位は、持ち手を変えるとき、あるときは業者の品物への支払いであり、あるときは職人の給料への支払いであり、そしてまた、商人の売物への支払い、農民の生産物への支払い、地主の地代への支払いである。一つの金属の塊が、時の経過とともに、それを受け取る個人に応じて、多くの等価物（品物、労働、一枡の麦、収入の一部）を表象することができるのである（206/197）。

交換のシステムに入って来るものは、貨幣によって表象され購買される。逆に言うなら、貨幣によって表象され購買されるものが、交換のシステムに入って来る。したがって、交換が成立しさえするなら、貨幣は愛を購買する力を持つことにもなる。また、人間そのものを購買する力を持つことにもなる。ここで重要なことは、それらは貨幣によって表象されるだけであるということである。たしかに愛や人間は売買されるにしても、物化され商品化され売買されるだけである。表象の網目、交換のシステムにおいては、それ以上のことは経済的には決して起こらない。問われるべきは、どうしてそれ以上のことが起こらないのかということである。

富の総量は有限である。貨幣の量も有限である。とするなら、貨幣の流通は循環であるのでなければならない。では、その流通＝循環の起点をどこに設定するのがよいであろうか。ただちに浮かぶ答えは、農業の収穫時を起点にとることである。農業には「絶対的に確実な一年ごとのサイクルがあるからである」(206-207/198)。このとき、富の分析が考慮すべきマクロ変数は以下のようになる。

収穫の年収量(annuité)が流通＝循環のサイクルを支配する。それ故に、収穫の年収量から出発して、国内に居住する個人の数を勘案して、貨幣がすべての人の手を通過し、そのときに貨幣が少なくとも各人の生活の糧(subsistance de chacun)を表象するようになるための、必要かつ十分な貨幣量を定めることが可能になる(207/198)。

富の分析は、貨幣の量目や品位をめぐって理論的紛糾を招きはするが、その紛糾を通して目指されていることは、交換のシステムに参入する全員が生活の糧を獲得するようにすること、あるいはむしろ、交換のシステムに参入する全員がどうしたわけか生活の糧を獲得しているという事実を分析することである。

愛が売買されるとき一定の愛と一定量の貨幣が等価交換され、人間がまるごと売買されるとき人間の何ものかが一定量の貨幣と等価交換されるが、この貨幣の購買力でもって交換当事者は幾ばくかの生活の糧を手にすることになる。強調しておいてよいことは、交換のシステムに参入しない者、交換のシステムから排除される者は、貨幣によって表象されることがないから、富の分析の関心外に置かれて放置されるということである。交換のシステムの外部の者の生活の糧は、富の分析においては経済の課題にはならない。交換のシステムは、外部の人間の生死に関しては全く無関心である。このことは富の余剰の分析に暗に効くことになるが、その事情も含めて、交換のシステムがそれだけで、人間を生かしたり死なせたりすることはない。交換のシステムは、人間の生死を貨幣と交換することはあっても人間の生死を律することはない。交換のシステムは、貨幣の受け渡しを通して、農業生産物の一部を生活の糧として撒き散らしていくだけである。ところで、フーコーによるなら、富の分析は、重農主義を規定していただけではなく、「思想史家」によって重農主義と対決するものと見なされてきた他の「価値の理論」をも規定していた。

ある物が交換において別の物を表象しうるためには、それら二つの物はすでに価値を帯びて実在するのでなければならない。しかしながら、価値は、(現実の、あるいは可能な)表象の内部、すなわち、交換あるいは交換可能性の内部にしか実在しない。そこから同時に二つの読み方が可能になる。一つは、価値を交換行為そのものにおいて、与えられるものと受け取られるものの交点において分析する。もう一つは、価値を交換に先行するものとして、交換が起こるための初期条件として分析する(212/203)。

前者は価値を効用ないし有用性と読み、後者は価値を自然の豊穣と読む。後者の重農主義からするなら、交換において有用価値が形成されるにしても、その価値形成のためには費用がかかることが見過ごされてはならない。運搬費、保存費、加工費、販売費などである。これら費用は、財の減少をもたらす。にもかかわらず、交換のシステムの流通＝循環を通して、財が費消されながらも財の余剰が富として形成されるのだとするなら、それがどこから由来するのかと問わなければならない。人間は有用性を享受し生活の糧を獲得するために絶えず労力の支出を強いられながら交換のシステムを回しているが、そのサイクルから富が出現するのだとするなら、「報酬（rétribution）を必要としない、見えない生産者がいる」（216/208）と考えなければならない。重農主義においては、この見えない生産者は、自然物として、「一粒の種」や「家畜」や「土地」として指定される。交換のシステムの起点に位置する農民は、自然物との間で「不均衡で根源的で原初的な交換」を執り行ない、その際に自然物から贈与される余剰こそが、交換のシステム全体を維持しながら生活の糧として撒き散らされるのである。

前者の効用主義によるなら、価値は交換において形成される。よく言われるように、飢えた人間にとってダイヤモンドに有用価値はないが、ある種の人間にとっては有用価値がある。飢えた人間が、有用価値を有する食物との交換に供するための何ものかを所有しているのであれば、食物は交換価値を帯びることになる。価値は、交換ないし交換可能性において形成されるわけである。ここから引き出されるべきことは二つである。第一に、効用主義においては、ダイヤモンドと食物に価値論上の違いはないということである。「富の観点からするなら、必要、便益、快適の間に差異はない」（220/212）。奢侈もニーズも同等である。第二に、交換は価値を増加させないということである（cf. 221/212）。飢えた人間にとって食物の有用価値や交換価値が増加するときは、同時に、ダイヤモンドの有用価値や交換価値は減少するのである。ところが、にもかかわらず、交換のシステムのサイクルから有用価値や交換価値の余剰が出現するように見える。では、この価値の余剰はどこからやって来るのか。交換のシステムの外部からやって来ると考えざるをえない。とするなら、飢えた人間が交換のシステムに入り込んで何ものかと食物を交換することができているのは、交換のシステム全体を維持する「報酬を必要としない、見えない生産者がいる」おかげである。

富の分析は、交換のシステムのサイクルの効果として出現する余剰の起源を、交換のシステムの外部に求めざるをえなくなっている。というより、富の分析は、富の源泉を交換のシステムに巻き込まないという慎ましさを有しているのである。言いかえるなら、経済が仕切る範囲を慎ましく限定し、経済を支える審級を経済外の何かに委ねるのである。ところが、一八世紀から一九世紀にかけて、政治経済学が登場する。フーコーによるなら、そのとき古典主義時代と近代を分かつ「断絶（rupture）」（269/262）が刻まれる。それ以降、経済的なものは富の源泉を取り仕切っていく。絞って言うなら、経済的なものは、富の源泉たる種子や家畜や土地の位置に人間を据えていく。あるいは、富の源泉として表象能力以外の人間の諸能力を指定していく。こうして、資本主義と資本主義の精神が誕生する。

2　ホモ・エコノミクスは生きて労働して死ぬ

フーコーによるなら、近代の知は、一方で対象の彼方に「準‐超越論的なもの」を構成し、他方で主観性において「超越論的な場」を構成する。そのことを通して、近代の知は、経験的‐超越論的な二重体としての人間を創設する。[4] 準‐超越論的なものは、表象の空間の内部で諸表象に分解することが不可能なものとして、表象空間の深層において構成される。準‐超越論的なものは表象不可能な諸力であるとされ、それらに対して「起源、原因性、歴史」といった役割があてがわれる。そして、フーコーによるなら、この準‐超越論的なものとは、生命と労働と言葉である。言いかえるなら、生命と労働と言葉が、表象不可能な諸力として構成されるときから、近代の知が始まるのである。本稿では労働だけを取り上げることにする。検討すべきは、いわゆる労働価値説である。

富の分析と違って、政治経済学は、価値の形成を論ずる際に、もはや「物々交換という理念的で原始的な状況」を利用しなくなる。政治経済学は、交換のシステムから出発して価値形成を論ずるのではなく、生産を基準にして価値形成ないし価値生産を論ずるようになる。政治経済学は、交換のシステムの深層において一切の価値を生産する審級を設定しておいてから、そこに労働力などを見出していくのである。その上で、政治経済学は、資本や生産性や生産関係といった諸概念を作り上げたり手繰り寄せたりしながら、交換のシステムへと接続していく。そのようにして政治経済学は、実定的な認識方式となっていくわけだが、知の考古学の課題は、そもそも生産が、とりわけ生産的労働がいかなる仕方で知の空間に入り込んできたのかを解明することである。検討すべきは、スミスとリカードの差異である。

スミスは、労働を物の価値の「恒常的尺度」と見なすだけでなく、物の交換の「等価性」を定める量と見なしてもいる。つまり、スミスは、労働に対して貨幣の二重の機能を負わせるのである。ところで、労働が二重の機能を果たすためには、「ある物を生産するのに不可欠な労働量は、交換過程においてその物が購買しうる労働量と等しいということを仮定しなければならなかった」し、「生産活動としての労働と、販売されたり購入されたりできる商品としての労働との同化」が起こっていなければならなかったはずである。交換のシステムの論理からして、商品を計量するところの労働もまた商品でなければならなかったはずである。ところが、労働に二重の機能を負わせてしまうなら、商品としての労働はその価値と価格を他の商品と同じく変動させるはずであるから、いかにしても物の価値の恒常的尺度にはなりえない。こうして労働は貨幣をめぐる紛糾のすべてを背負い込むことになるが、このことが殊更に表立たなかったのは、様々な副次的論点が絡み合っているものの、基本的には、依然としてスミスが表象の理論に従っていたからである。「人間の活動と物の価値は、表象という透明なエレメントの内で通じ合っていたのである」

（272/265）。端的に言うなら、人間もその活動も、販売されたり購入されたりするだけのものに留まっていたのである。

ここにリカードが介入する。リカードは、二重化された表象としての労働という不安定な統一性を解体してしまう。つまり、物の交換価値の起源と目される労働活動と、賃金を支払われて売買される労働者の力・苦労・時間とを区別するのである。そして、前者の労働活動が、「あらゆる価値の源泉」たる深層の力として遇されることになる。こうして、政治経済学において、価値は深層の人間の諸力によって形成され生産されるものとなってしまう。「価値はシーニュであることを止めて生産物となる」（273/266）。重要なのは、ここから引き出される「三つの帰結」（273/267）である。

①価値を生産する労働は、表象の空間の深層に位置する力であるとされて、そこに原因性と歴史性が導入される。労働の力に因果的・歴史的な次元が導入されることを通して、政治経済的なものは歴史的なものにまでその範囲を広げることになる。こうして、経済の歴史、個別的に言うなら、生産様式の変化、分業の変化、技術の歴史などが政治経済的なものに繰り込まれていく。

②稀少性の意義が全く変わってしまう。富の分析において、稀少性は欲求との関係で規定されていた。稀少性は欲求が増加するにつれて増加し、欲求が鎮まれば解消されると見なされていた。ところが、生産的労働が経済史の起源の位置を占めるや、稀少性は労働の生産物との関係だけで規定されてしまう。起源の自然状態においては、人間が自然のままに増殖していくなら必ずや人間の数は自然の恵みに比して多くなり過ぎてしまい、労働しなければ余剰の人間が死んでしまうことになるがために、労働が始まったし労働せざるをえなかったと思いなされるようになる。「人類史の一刻一刻、人類は死の脅威の下で労働するしかない。いかなる住民集団であれ、新たな資源を見つけなければ消滅するように運命づけられている」というわけである。富の分析において経済を駆動するのは交換の欲求と表象であったが、政治経済学にお

いて経済を駆動するのは生産と労働であり、その生産と労働を駆動するのは死の脅威である。

> 経済を可能にし経済を必要にしているのは、稀少性という永続的で基本的な状況である。つまり、それ自体は不活発で、ごく一部を除き不毛である自然に直面して、人間は生命の危険に曝されている。経済の原理が見出されるのは、もはや表象のゲームにおいてではなく、生命が死に直面するこの危うい領域の側のゲームにおいてである。……経済の実定性は、この人間学的＝人類学的な窪み（creux）の中に住まっている。ホモ・エコノミクスは、自らの欲求を表象しそれを満たす対象を表象する者のことではない。そうではなくて、死の切迫を免れて、その生命をやり過ごし使い果たして失っていく者のことである。ホモ・エコノミクスは有限の存在者である（276/269）。

政治経済学が創設するホモ・エコノミクスは、（限定）合理的な人間のことではない。生きて労働して死んでいく人間のことである。政治経済学や経済学は、その基盤たる人間学的＝人類学的な窪みの中で、人間の生と死を経済的なものに取り込んでいく。言いかえるなら、生と死と労働という準‐超越論的なものによって構成される（限定）合理的な人間を経験的で実定的な対象として創設することを通して、生と死と労働を取り仕切っていくことになる。

③経済に歴史が導入されることで、経済の未来が描き出されるようになる。しかし、その未来予想図は奇怪である。政治経済学は、経済の歴史の深層の原因性を数え上げる。人口増減、地代増減、賃金増減、利潤増減などの諸要因であるが、それらの相互作用の行き着く先を、何らかの安定状態や均衡状態として想定せざるをえない。あるいはまた、何らかの危機的状態として想定するにしてもその先の状態については同様に想定せざるをえない。いずれにしても「歴史は最後には停止する」としか想定できないのである。

とするなら、政治経済学においては、歴史の終焉以降の未来は、経済的なものが人間の生と死と労働の全体を取り仕切るものとなるであろう。死の脅威たる稀少性を免れるべく労働が生産する過渡期を通り抜けた状態、言いかえるなら、余剰の生も余剰の死も余剰の労働もなくなる状態、言いかえるなら、余剰のホモ・エコノミクスが二度と出現しないようにさせられている持続可能な状態が理念とされるであろう。

政治経済学は、近代の思考を拘束する「知の配置」を切り開いた。フーコーによるなら、ニーチェはこれを焼き払って「現代の思考の空間」を切り開いたのであるが（282/275）、依然として現代はその「知の配置」によって拘束されている。それを『監獄の誕生』を通して確かめておく。[6]

3　ディシプリンの現在：誕生から墓場まで

フーコーによるなら、かつて乞食は放浪の故をもって牢獄に閉じ込められた。放浪は罪とされ、監禁が罰とされた。しかし、これはうまくいかない。監禁から解き放たれて自由になるや乞食は再び放浪を始めるし、そもそも乞食は一向に減少する気配を見せないからである。そこで、人が乞食になって放浪することの原因として怠惰が指定される。人は怠惰に陥ると、労働を忌避して放浪しながら乞食業で糊口をしのぐというのである。こうして乞食は収監されて労働を強いられるが、この方式が乞食以外の受刑者にも適用されることによって「利益の経済と情念の力学」（112/127）が再編成される。すなわち、受刑者を「万人に奉仕する奴隷」（113/129）として労働させるプロジェクト、とりわけ公共土木事業のプロジェクトが始められるのである。

この変化は、近代の労働が誕生する上で決定的に重要な出来事である。第一に、万人に奉仕する労働、公共の利益に寄与する労働なるものが成立する。労働は、特定の商品を生産して限定された利益を生み出すだけではなく、公共物といった価値物に加えて、公共の安寧や秩序といった価値をも形成すると見なされる。第二に、受刑者の身体は社会化される。交換のシステムにおいては労働者がその労働を通して社会化されていると見なされるためには、労働者は売れる物を生産してその社会性を立証せざるをえない。ところが、受刑者の労働は、万人の利益に適うものを直接的に生産することをもって直ちにその社会性を証せられる。受刑者は、交換のシステムを介することなく、交換のシステムの外部で、社会的な利益を直接的に生み出す有用なものと見なされる。第三に、人間の労働が余剰を生産する力であると知覚される。労働者たる受刑者の価値はほとんど零である。たかだか、受刑者の最低限の生存を保証する限りでの生活の糧の価値程度である。ところが、受刑者が生産するものは、特定の商品の交換価値や有用価値を越え出る公共的で社会的な価値である。貧惨な人間が万人に奉仕するというその局面だけを見るなら、労働者の労働力は、労働者の価値を越え出る公共的で社会的な価値の余剰を生産するように見えてくる。

要するに、近代の労働価値説は、自由人を収容して労働させせんとする一連の施設において誕生した知なのである。フーコーはそれら施設＝制度のアーキテクチャをディシプリンとして抽出していくが、本稿に必要な限りでその特質を列挙しておく。

第一に、刑務所では、受刑者に労働の義務が課されその労働が組織化されるだけでなく、受刑者自身の矯正が企てられる。矯正の目標は、政治教育や公民教育を施すことによって受刑者を「法的主体」へと再生することではなく、道徳教育や宗教教育で魂に働きかけることによって受刑者を「従順な主体」へと形成することである。刑務所は、従順に労働するホモ・エコノミクスを生産する装置である（131/152）。刑務所こそが、資本主義の精神、二重の意味で自由な労働者を誕生させるのである。第二に、監獄で試され済みのディシプリン（規律・訓練）は、各種の施設へと応用されて広まっていく。監獄で誕生したという記憶が忘却されながら、また、監獄に付き物の強制性と暴力性が脱色されながら、ディシプリンは社会全体へと広まっていく。その過程で、ディシプリンには「大きな効用」があると認められる。ディシプリンは、人間の労働力にとどまらず、人間の素質を開花させ人間の諸能力を開発し、それを社会化することで公共に寄与する価値の余剰を生み出すと見なされる。ディシプリンは「活動的な身体へ及ぶ無限小の権力」であるがために瑣事に拘泥する陰湿な権力であるが、それは人間を教育し育成する人道的な権力でもあると見なされる（142-143/160-161）。ディシプリンこそが、「近代ヒューマニズムにおける人間」を誕生させるのである（147/166）。第三に、ディシプリンは個人化の技術でもある。ディシプリンによって、人間の身体の頑健性・迅速性・熟練度などの諸変数が設定され観察可能にされ計量可能にされる。同じことは人間の心理についても行なわれる。こうして、「労働の力は個人単位で分析が可能になる」（150/170-171）し、人間の「経済表」が可能になる（153/174）。生産力や生産物に対する個人の寄与分なるものが観察可能で計量可能になると思いなされる。ディシプリンこそが、労働力を所有する労働者や、労働生産物の取り分を論議する人間を誕生させるのである。第四に、ディシプリンは、空間だけでなく時間をも取り仕切ることによって、労働時間を成立させる。同時に、余暇時間を成立させる。ディシプリンは、労働者の労働力と人間の諸能力を個人化し計数化するだけでなく、個人の人生の時を計数化し、それを加算可能で蓄積可能なものとして取り扱う。ディシプリンは、労働力と諸能力と時間を「資本化」可能なものとして取り扱う。ディシプリンこそが、本源的蓄積を可能にしたのである。[7] そして、『監獄の誕生』が示すところでは、ディシプリンが「施設＝制度の中で最も悪意のないものにまで普及する」過程を通してこそ、「誕生から墓場まで」を取り仕切る「大いなる監禁連続体」（297/348）が誕生するのである。

　ここまで概観してきたように、『言葉と物』と『監獄の誕生』は資本主義の起源を探るという点で一貫している。『言葉と物』が示すところでは、近代初頭に、富の分析における交換のシステムの深層に、人間の生産力や労働力が据え置かれる。富の分析において家畜などが占めていた位置に人間が据え置かれて、人間の生と死が経済的なものの範囲に繰り込まれる。『監獄の誕生』の示すところでは、近代初頭に、人間の生産力や労働力や諸能力が開発され育成され個人化され組織化される。人間の人生全体が経済的なものと経済外的なものによって取り仕切られると同時に、経済外的なものは絶えず経済的なものに繰り入れられる。[8] そのようにして、資本主義は社会を植民地化しながら生権力化していく。言うまでもないことだが、この状況は現在でも変わっていない。むしろ強化されている。だからこそ、『言葉と物』と『監獄の誕生』は現在においても重要な書物なのである。とはいえ、このように『言葉と物』と『監獄の誕生』を概観するなら、両者の関係を再検討する必要が生じてくる。[9] 本稿では、二つの論文を取り上げながら概略的な議論をしておきたい。

リチャード・マーズデン（Richard Marsden）[10] は、生産的労働論に関してフーコーとマルクスは相互に対立するというよりは補完的であると捉える。とくに、フーコーのディシプリン論は、マルクスが主題的に論じていた労働力の編成様式に対応しこれを補完すると捉えている。この見立ては正当だろう。ところで、その限りでも問題とされるべきは、生産的労働の「社会性」の捉え方である。マーズデンによるなら、マルクスにあって資本主義の主要矛盾とは、生産力ないし労働力が本来的かつ可能的には「社会的」であるにもかかわらず、私的所有制度の下に編成されている生産諸関係の故に、生産力ないし労働力が生産するところの価値物が私的に領有かつ所有されてしまうというところに存している。これがために、一方では、生産された価値物が私的に搾取ないし収奪されるだけではなく、他方では、当該の私的所有物にその源泉での「社会性」を再現させるためには、それを商品化して交換のシステムを介して販売しなければならなくなる。生産力や労働力の本来的「社会性」を再現させるには、搾取や収奪の過程と商品化や市場化の過程を迂回しなければならず、しかもその迂回の道は必ずや狭隘なものにとどまるだけでなく時に途絶えざるをえないということ、ここに資本主義の矛盾と限界が存している。したがって、資本主義批判が採るべきは、生産諸関係と交換諸関係によって抑圧されている深層の生産力や労働力を、迂回の道を経ることなく直接的に「社会化」する方途であるということになる。例えば、家事労働や介護労働の社会化は、まさしくマルクス的な方途であるということになろう。

マーズデンは、フーコーのディシプリン論をこのマルクス的な方途を補完するものとして捉えるわけである。ディシプリンは、人間の諸能力を開発して編成する。人間の労働力だけではなく、種々の諸能力を開発して労働として編成しようとする。とするなら、ディシプリンが私的装置ではなく社会的装置である限りにおいては、ディシプリンの下にある諸能力は現実的あるいは可能的には社会化されていることになる。もちろん、これら社会化された諸能力は、多くの場合、資本の下に直接的に包摂されているわけではない。ところで、ディシプリンの下では、人間の社会化された諸能力は個人化されている。この個人化こそが、資本主義的な生産諸関係や交換諸関係における私的所有観念に対する歴史的ア・プリオリとなっているわけだが、そうであるからには、仮に諸能力の社会化が目指されるべき方途であるとするなら、ディシプリンの下での個人化を否認して、諸能力の「共同化」や「共有化」を目指すべきであるということになる。例えば、ケア能力やコミュニケーション能力やリテラシー能力のコモン（ズ）化は、フーコー的な抵抗の方途であるということになろう。このようなマーズデンの見解は、マルクスやフーコーの名が引き合いに出されずとも、その類例をいたるところに見出すことができるが、果たしてそれを信ずることができるであろうか。

ステファン・ルグラン（Stéphan Legrand）は、[11] ディシプリンはそれ自体としては「価値論的に中立的」であると捉える。そして、ルグランは、ディシプリン概念を権力関係の分析に用いるには、それを生産関係の分析と関連させて使用する必要があると捉える。つまり、価値論的権力関係論のフーコーと生産関係論のマルクスが補完的であると捉えるのである。裏から言うなら、ルグランは、ディシプリン概念は資本主義的生産関係の分析に直接的には役立つものではないと批判するのである。その際にルグランが不動の前提と見なしていることとは、ディシプリンが開発する諸能力は基本的には不生産的労働力としてしか編成されないということ、それがために、資本主義の本体たる生産的労働編成の批判的分析には直接的に寄与しないということである。これはルグランに限らないが、今日の労働論の認識的台座をなす前提である。そこを銘記して、ルグランの議論を二つほど抜き出しておく。

第一に、フーコーは、刑務所・学校・兵営・病院・工場など異なる施設において諸能力を開発して個人化する諸技法について、それを同じ一つのディシプリンとして取り出しているが、当の共通性については何の論証もしてはいない。例えば、学校での学力試験、病院でのQOL調査、工場での人事考課は、たしかに同じく能力を測定し管理し育成し個人化しているにしても、それらの技法が権力関係的に、あるいは政治経済的に同一であるとは何ら論証していない。フーコーは、単なる類似や類比に頼って、あたかも同一の権力技法が種々の施設＝制度を共通に取り仕切っているかのように言い張っているだけである。第二に、フーコーの生産装置概念も、類似や類比に頼って作り上げられたものでしかない。フーコーの言う生産装置が、資本主義的生産過程に随伴するだけのものであるとするなら、仮にその随伴が歴史必然的であるとしても、また、仮にディシプリン的生産装置が歴史的ア・プリオリとして論理的・歴史的に先行するにしても、ディシプリン権力論は、高々労働力商品の再生産論や社会的なものの再生産論として、資本の下への実質的包摂論を補完するものにしかならない。にもかかわらず、フーコーは、その生産装置概念を工場以外の施設＝制度にひとしなみに適用しようとするのである。

これら二つの議論を通してルグランが指摘したいのは、フーコーが生産概念を濫用的に拡張しているということである。そもそも、学校のディシプリンや病院のディシプリンは何を生産しているというのか。いかなる諸能力を開発して商品化して販売しながら搾取しているというのか。何がどのように私有化されているというのか。ルグランからするなら、仮に知の「生産」や治療の「生産」を語るとしてもそれだけでは比喩にしかならない。また、仮に識字能力や歩行能力の開発・育成・個人化を指摘しながらそこに権力関係を検出できるとしてもそれだけでは資本主義批判や近代批判にはほど遠いか無関係である。ルグランからするなら、教育労働や医療労働はおしなべて不生産的労働であり、生徒の学習「労働」や患者の治療協力「労働」は比喩にすぎない。そうであればこそ、それらに関する権力関係批判は資本主義批判に直接的には寄与しない。裏から言うなら、だからこそ、それら権力関係は、資本主義の主要な敵対性を免れた相対的に無垢で人道的な力関係であることになる。実際、ルグランを含む多くの人は、不生産的と目される「労働」の多くは、交換のシステムの深層において現に社会的なものを「生産」することにおいて現に社会的になっており、そのことを「社会的」に、望むらくは経済的にも認可・承認・価値評定・人事考課してやることこそが、資本主義の生産関係をすり抜けながら権力関係を和らげて、諸能力を開花させる解放への方途であるかのように述べている。[12]果たしてそれを信ずることができるであろうか。

こうして、フーコーのディシプリン論は、まさに現在的な争点の核心に位置していることが見えてくる。近年、各種の法において「自立支援」が強調されてきた。ところで、フーコーが幾度も指摘していたように、法は法だけで実効性を発揮することはできない。法は各種の装置や技法を装塡されるのでなければ、法の支配が実効化することはない。そして、少なくとも自立支援の法を実効化する制度＝施設に関してなら、それをディシプリンと総称することができる。

さて、ディシプリンは「価値中立的」に被支援者の諸能力を開発し計量し育成する。被支援者は、その過程において、もちろん服従を強いられはするが、同時に自立した主体にもなっていく。そこに作動しているのは、もちろん非対称的でもある権力関係であるが、そこでは同時に、被支援者の力と能力がそれなりに発現されていく。ところで、この事情は、社会的なものを生産し再生産する過程として見なすこともできる。その限りとその程度において、支援労働の社会的価値生産性が評価され、賃金などの労働条件が再検討されてもいる。同時に、この動向は、教育資本論や人的資本論の系譜と同じく、労働（生産性）強化に繋がりもしている。この状況を念頭に置きながら、最後に幾つか指摘しておきたい。

①能力の開発と育成は多くの場合、失敗する。少なくとも、ある種の被支援者に関しては必ず失敗する。とするなら、その失敗にもかかわらず、どうして自立支援というディシプリンが普及しているのかを考えてみなければならない。ディシプリンは、失敗を当て込みながら成功を遂げていると考えてみなければならない。すぐに指摘できることは、ディシプリンが、自立に失敗する者を、失敗を自己責任として引き受ける者を、言いかえるなら、自分の人生の行く末について「約束する動物」[13]を生産し再生産している点で成功していると捉えることである。しかし、この捉え方には、どこか的を射抜いていない感触がある。

②ディシプリンの対象を陰に陽に被支援者とだけ見なしてしまう傾向がある。ディシプリン権力の対象としては、例えば、日常生活動作能力を開発される老人、車椅子でもって移動能力を開発される障害者などが想定された上で、そこに作動する権力関係や専門家支配を批判していく構えだけをとってしまいがちである。この構えは依然として重要であるが、それだけでは明らかに足りない。ディシプリンの主要対象は、被支援者であるというよりは、支援者であると捉える必要がある。要介護程度や要支援程度や障害程度やQOLを測定される側がディシプリン権力の主対象であるというよりは、それらを使用する側こそがディシプリン権力の主対象であると捉える必要がある。[14]

③このとき、『言葉と物』の諸概念を適用すべき場所が定まる。（準）専門家や支援労働者や志望者こそが、人間論的円環に好んで囚われながら、被支援者を素材として、経験的‐超越論的二重体としての人間を作り出しているのである。その認識的台座こそが、学問としてのディシプリンである。フーコーは、そんなディシプリンとして解剖学や統計学や政治経済学をあげていたわけだが、現在におけるディシプリン

の名称については列挙するまでもなかろう。ともかく、仮にディシプリン権力に対する抵抗の方途を採りたいのであれば、また、仮にディシプリンによる諸能力の計数化や個人化に異を唱えたいのであれば、変わるべきは（準）専門家たち、統治の心性を好んで発揮する人たちである。そこに照準をあてないフーコー論は的外れである。

④被支援者の側に関しては、別の方途が探られるべきである。フーコーは『狂気の歴史』初版の序文で、狂気のことを「営み＝作品の不在」として捉えていた。私は、様々な経緯はあるにしても、その見地はフーコーに一貫していたと考えている。そのフーコー的な方途を想起するなら、資本主義的生産関係に対してもディシプリン権力関係に対しても、営みにならぬ営みこそが、作品を生産しない労働こそが、労働にならない営みこそが、力や能力として把捉されない営みこそが、生産関係＝権力関係の外への道を現に開いていることが見えてくるはずである。そして、フーコー的な方途を採るなら、生産関係や権力関係に対する抵抗（力）を、経済的なものの深層に位置する力や能力と捉えるべきではない。その抵抗（力）とは、例えば「ピック病」のために安売りと見るや七〇個ものジャガイモを買い込んでタクシーで運んでしまうような老人の振る舞いのことである。間違えてはならないが、この振る舞いは、大方が想定したがるのとは違って、ディシプリン権力や統治の心性にとって予測不可能なことでも計数化不可能なことでもない。むしろ、その類の振る舞いは、人道的に承認され認定され、ディシプリンと統治の「程度」を公共的・経済的・社会的に計数化される。[15] しかし、銘記すべきは、ディシプリンと統治がその失敗を見込みながら成功しようとも、老人自身が従順なホモ・エコノミクスになろうとも、あるいはそうであるからこそ、たぶん再び七〇個のジャガイモに類するものを買い込んでしまうということ、これが抵抗であるということである。力としての権力は摩擦などの抵抗なくしては現実化しないし、力としての抵抗も権力なくしては現実化しないのである。同様のことは生産関係においても指摘できよう。

たしかに、フーコーには、生産関係論と権力関係論の間に齟齬がある。また、ひいては『言葉と物』と『監獄の誕生』の間に齟齬がある。私の見るところ、この齟齬は、研究の対象そのものから由来しているだけではなく、フーコーとわれわれの時代の歴史的ア・プリオリからも由来している。とするなら、為されるべきは、現在の経済的なものの経験性の空間を構成するものの新たな分析である。

注

1 ミシェル・フーコー『言葉と物——人文科学の考古学』渡辺一民・佐々木明訳（新潮社、一九七四年）：Michel Foucault, *Les mots et les choses : une archéologie des sciences humaines* (Gallimard, 1966) からの引用は、引用箇所に訳書頁数／原書頁数を記す。

2 表象するという関係も富でなければならない。これは信用の観念に関わるが、『言葉と物』ではその主題の限定もあって言及されていない。

3 なお、以下で解釈と紹介を試みるところの『言葉と物』の政治経済学に関する叙述は、当時の経済学史研究の水準からしても問題がある。cf. Claude Ménard, "L'autre et son double," dans Luce Giard (dir.) *Michel Foucault : Lire l'œuvre* (Jérôme Millon, 1992). しかし、この批判はやや失当である。言うまでもないが、『言葉と物』の主題は、当の経済学史に依拠する批判を可能にしたものを分析することに置かれているからである。ただし、それでも問題は残っており、それが本稿で考えておきたいことである。

4 『言葉と物』における経験的なものと超越論的なものの関係は必ずしも判明ではないし、従来の解釈も精確とは言えない。同じく解釈の精確さは怪しいものの、ジジェクの論考は啓発的である。Slavoj Žižek, "The Ideology of the Empire and its Traps," in Paul A. Passavant and Jodi Dean (eds.) *Empire's New Clothes : Reading Hardt and Negri* (Routledge, 2004).

5 マルサスへの『言葉と物』での言及は僅かであるが、この点でのマルサスの重要性は疑いようがない。次のものは、マルサスをフーコー的に読解した見事な達成である。Catherine Gallagher, *The Body Economic : life, death, and sensation in political economy and the Victorian novel* (Princeton University Press, 2006).

6 以下、ミシェル・フーコー『監獄の誕生——監視と処罰』田村俶訳（新潮社、一九七七年）：Michel Foucault, *Surveiller et punir : Naissance de la prison* (Gallimard, 1975) からの引用は、引用箇所に訳書頁数／原書頁数を記す。

7 他にもディシプリンの構成要素として、機械装置、可視性、書類などがあげられる。機械装置の分析は技術力の分析としても解されるべきである。パノプティコンの分析も、経済において「近視眼」が禁じられ「予期」が訓育される事態の分析としても解されるべき

である。あるいはむしろ、「予期」の現在的なディシプリンが解明されるべきである。同様のことを、書類との関連でディジタル化された各種の記録についても指摘できる。

8 経済学は倫理の名の下に経済外的なものを繰り入れようとするが、この技法は近代に特有であり絶えず再版されてきた。

9 両著の関係をめぐる諸論点については、cf. Carine Mercier, "*Les Mots et les Choses et Surveiller et punir* : deux histoires critiques de la production de l'homme comme objet des sciences humaines," *Le Portique*, Numéro 13-14, 2004.『言葉と物』と『監獄の誕生』が資本主義の起源を主題とすることは明らかである。『監獄の誕生』の工場の叙述は資本主義的生産関係に関わり、工場以外の施設の叙述は労働力再生産に関わると解されるのが通例である。『監獄の誕生』の現在的応用については、工場の叙述はフォーディズムに、工場以外の施設の叙述はポスト・フォーディズムに割り振られるのが通例である。フーコー自身も、生産関係と権力関係の二分法で語る場合がある。

10 Richard Marsden, "A Political Technology of the Body : how labour is organized into a productive force," *Critical Perspectives on Accounting*, 9, 1998.

11 Stéphane Legrand, "Le marxisme oublié de Foucault," *Actuel Marx*, 36, second semester 2004.

12 何としてでもパターナリズムを肯定したがる近年の些か奇矯な欲望も同様である。

13 ここでニーチェ『道徳の系譜』を想起すべきことについては以下を参照。Barry Hindess, "Liberalism, socialism and democracy: variations on a governmental theme," in Andrew Barry, Thomas Osborne and Nikolas Rose (eds.) *Foucault and political reason : Liberalism, neo-liberalism and rationalities of government* (The University of Chicago Press, 1996).

14 次の論稿が鮮烈に示している。渡辺恵里子「臨床心理士資格の「奇跡」はどのように起こったか」『ソシオロジ』第五二巻第三号（二〇〇八年）。

15 これは、ときに障害者の作品や営みがミュージアム化・スタジアム化されるのと同断である。モダニズム／ポストモダニズム論争の再審を含め、論じ直されるべきことは多いが、論じ方の一つとして、cf. Rex Butler, "Emily Kame Kngwarreye and the Underconstructible Space of Justice," first appeared in *Eyeline : Contemporary Visual Arts*, no. 36, Autumn/Winter 1998, in Jason Gaiger and Paul Wood (eds.) *Art of the Twentieth Century : A Reader* (Yale University Press, 2003).

戦時－戦後体制を貫くもの
──ハイデガー（「ヒューマニズム書簡」と「ブレーメン講演」）の場合

1　戦時についての弁明

『「ヒューマニズム」について』[1]は一九四七年にフランケ版として刊行されているが、その元になったジャン・ボーフレ宛書簡は、一九四六年秋に書かれている。その時期には、フランス軍の占領下で、フライブルク大学政治浄化委員会によるハイデガー審理が始まっており、書簡執筆の重要な背景をなしている。例えば、審理進行中の一九四五年一〇月にバーデン・バーデンのフランス軍政府役人がハイデガーに同地での講演を依頼したようである。これは実現しなかったものの、その際に、フランスの『ルヴュ・フォンテーヌ』の編集局が、当時バーデン・バーデンに勤務していたエドガー・モランを介して書簡を送り、ハイデガーの著作などのフランス語訳出版を依頼してもいた。これはフランス軍の審理に対する態度にも関係していたわけだが、既に「フランス」はハイデガーにとって好ましい名宛人として現われていたのである。「ヒューマニズム書簡」読解においては、このような事情を無視するわけにはいかない。

端的に言って、「ヒューマニズム書簡」は、戦時期のおのれの思考と行動をハイデガーが弁明するテクストである。ドイツ国内に向けては発し難い弁明、大学政治浄化委員会では通じようのない──その委員長は戦時体制を戦後体制へと引き継ぐことになるオルド・リベラリズムの創始者たるヴァルター・オイケ

ンであった[2]――弁明を、ドイツを占領する上位権力に向けて、ドイツの外の知識人に向けて発しているテクストである。実際、そこでは、ハイデガーが何度か言及していたヘラクレイトスのエピソードが新たな仕方で語り直されている。ボーフレが「存在論と倫理学の関係」を問うたのに対し、ハイデガーは、ヘラクレイトスの格言「エートス、アントローポー、ダイモーン」（エートスは人間にとってのダイモーンである）を持ち出して、こう書いている。

エートスとは、滞在地、住む場所である。人間が住む開けた地域である。人間の滞在地という開けたところである。そして、ダイモーンとは、人間がその本質において帰属しているものである。悪魔的なものというよりは、神的なものである。（K 46）

ハイデガーが滞在する場所は、ハイデガーにとって神的なものであり、まさにそのことが存在（論）と倫理（学）の一致を具現しているというのである。では、その滞在地とはどこを指しているのか。悪魔的なものはどうなったのか。アリストテレス『動物部分論』A巻第五章645a17が伝えるヘラクレイトスのエピソードの語り直しを読んでみよう。

「異邦人たち」はヘラクレイトスに会いたいと思っていた。その異邦人たちがやって来ると、ヘラクレイトスは焼がまで暖をとっていた。その様子を見て、異邦人たちは驚いて立ち止まった。というのも、ヘラクレイトスがこう語って中へ入るように命じたからである。「ここにも神々が現前しているのだから」。（K 47）

ここで異邦人たちは何に驚いたとハイデガーは語っているだろうか。ヘラクレイトスが発した言葉――それは「エートス、アントローポー、ダイモーン」に呼応している――に驚いたわけだが、ハイデガーはこう続けている。ヘラクレイトスは、焼がまでパンを焼くのでもなく、自分が暖まるためにだけそこに「滞在している」。ヘラクレイトスは、「まったくの貧しさ」を曝け出している。異邦人たちは、その「寒さに凍えている思索者の眺め」、その「幻滅的な眺め」にも驚いたのである、と。つまり、ドイツ国内において大学政治責任の審理の対象とされ大学からも追い立てられ寒村で貧しさを強いられてもいるハイデガーのその住まいにこそ、神々が現前して存在と倫理を一致させているというそのことに異邦人たちは驚くべきであり、その驚きを異邦に向けて伝えるべきであるというのである。

ところで、ここでのハイデガーは、焼がまの火についても、神的なものについても、それを「聖なるもの」（K 30）とするだけで、特段のことは書いていない。戦時期の『パルメニデス』では、「安全な環境」（Umkreis des Geheuren）にこそ存在という恐ろしいものが現われることの例示として、焼がまに、恐ろしいもの（das Ungeheure）があるとしていたのだが、[3] 悪魔的なものにはまったく言及していない。あたかも戦時期から悪魔的なものとは一線を画してきたと言いたいかのようなのである。では、ハイデガーは、戦時期のドイツはひたすら悪魔的で、おのれの居場所はひたすら神的で聖なるものであったとでも弁明したいのであろうか。ひとまずはそう読める。ハイデガーは、ヘラクレイトス的思索者であることにおいて、戦時体制に対して抵抗をなしていたのだと言いたいのである。その抵抗は異邦人には驚くほどに貧寒としたものであるにしても、それこそがレジスタンスでもあったのだと、まさに異邦に向けて書いているのである。私は、ハイデガーのこの弁明は、ある重要な意味において、誤魔化しでもなければ間違いでもないと考えている。問われるべきは、どうしてハイデガーは戦後期も一貫してかくもおのれのイノセンスを確信できたのかということである。この観点から、テクスト冒頭の行為の規定を読み直してみよう。

世の中で行為はこう捉えられている。行為は、結果を引き起こすことであり、その結果の現実性はその効用で評価される。しかし、そうではない。行為の本質は、達成すること、何かをその本質の充実へ展開すること、その充実へと付き添っていくこと、producere（前に導くこと）である。（K 5）

この規定は結果責任を問われるような行為概念を退けるために語られていると読めなくはないが、例えば、戦時期のハイデガーが一貫して目指していた民族からの国家形成といった行為を念頭に置くなら、別の読み方が必要になってくる。実際、ハイデガーが退けている行為観は、行為をその結果＝効用で評価する見方だけではなく、producere を生産として捉える見方である。そして、ハイデガーは、producere については、その原義に立ち返って、「産み出す」系統の発生的な意義で捉えて、行為とは、本質的には、国家を民族からその本質の充実に向けて展開＝発達させることであり、国家の本質の充実へ付き添っていくことであり、おのれはそんな行為にだけ関与してきたと言いたいのである。これに対し、ハイデガーがおのれをそこから区分しそれに抵抗したものを〈生産力主義〉と名指すことができる。戦時期日本からその類例をとるなら、大河内一男などに代表される、若い頃にマルクス主義の影響を受けながら、ドイツ社会政策・社会事業研究へ向かい、その後、戦時社会政策・社会事業を主導し、戦後の社会保障・社会福祉をも主導していった生産力主義、あるいはまた、中山伊知郎などに代表される、若い頃からマルクス主義や古典的政治経済学に対してエコノメトリクスの導入に努め、戦時体制の合理的で計画的な統制経済を主導し、戦後の経済復興と経済成長の理論的主柱となっていったまさにオルド・リベラリズム的な生産力主義が主要敵として遇されているのである。[4]

ハイデガーは、戦時から戦後にかけての主流派に対して、その producere を対置しているわけだが、その整合的な解釈は、ハイデガーの発生生物的なものに対する態度の揺れもあって簡単ではない。ここでは、力の所在に関してだけ述べておく。一般に、存在者の発生、存在者の本質の充実については、その存在者に自ら発生していく力・能力・力能が内在することを強調したくなるところであるが、ここでのハイデガーは、その類の力を存在者にではなく存在（Sein）に帰している。そして、存在は、行為と思考を発生させる「静かな力」（stille Kraft）、「可能的なものの静かな力」（stille Kraft des Möglichen）であるとしてもいる。とするなら、その存在の力は、存在者の本質の充実とそれに付き添う producere も発生させることになる。ところが、ドイツ民族からのドイツ国家の本質の充実は達成されなかった。ドイツは戦争に敗れたのである。ハイデガーの行為と思考も付き添い損なったのである。とするなら、存在の力はどうなったのか。存在の力はどこへ行ったのか。この観点から、自然科学論を読んでみる。

生理学や生理学的生化学が人間を有機体として自然科学的に探求しうるということは、こうした「有機的なもの」のうちに、すなわち科学的に説明された身体のうちに、人間の本質が存することの証明ではない。このことは、自然の本質は原子エネルギーに含まれているとする意見と同じくらい成り立たない。というのも、自然は、人間による技術的奪取（占領）に対して向ける面においては、その本質を隠すということもありうるからである。（K 16）

ハイデガーによるなら、自然科学は自然や人間の諸力を奪取するにしても「その本質を隠す」こともありうる。自然科学は、戦時体制の生産力主義の下で、自然や人間の諸力を解放するにしても、自然や人間の本質の充実に失敗することもありうる。しかし、失敗しながらも隠すのである。隠すという仕方で仄めかすのである。とすると、戦時体制の生産力主義に対する区分線はどういうことになるのか。労働論を読んでみる。

> 唯物論の本質は、すべては素材にすぎないとする主張に存するのではなく、それによれば、すべての存在者が労働の材料として現われるという形而上学的規定に存するのである。労働の近代的‐形而上学的本質は、ヘーゲル『精神現象学』で次のように先駆的に思考されている。すなわち、無制約的な製作が自己を設備化（施設化）する過程。すなわち主体性として経験する人間による現実的なものの対象化として、先駆的に思考されている。唯物論の本質は技術の本質に隠れている。それについて多くのことが書かれているが、わずかしか思考されていない。技術は、その本質において、忘却のうちにとどまる存在の真理の、存在‐歴史的な運命である。（K 32）

ハイデガーは、近代的‐形而上学的労働に対して抵抗していたと言いたいのであるが、同時に、その労働を技術の本質において思考しなければならないと、しかもそこに存在の真理の存在‐歴史的な運命を見て取らねばならないと言うのである。これは驚くべき弁明であると言わなければならない。[5] ハイデガーは、近代的‐形而上学的労働に全面的に依存して「技術人間」たるテクノクラートが「計画」し「集積」し「秩序」化する戦時体制そのものに存在の「静かな力」を見て取ったのである。つまり悪魔的な戦時体制そのものに存在‐歴史的な運命を見て取ったのである。これはいかなる類の弁明なのであろうか。それが弁明として成立する条件はおそらく一つである。ドイツを敗戦に追いやった諸国にしても同じ戦時体制にあり、しかも戦勝国・敗戦国を問わず、戦後体制はその戦時体制を引き継いでいく場合である。つまり、戦時体制と戦後体制を地続きと見るその姿勢が、ハイデガーの確信を支えているのである。[6] そのとき、ハイデガーが戦時期に期待した本来の行為たる国家形成が頓挫したとしても、そしてもはや国家形成への賭けは打てなくなったにしても、ハイデガーの居場所だけは聖なるものであり続けるであろう。そして、ハイデガーは、テクストの決定的な箇所で、癌発生という生物的な隠喩を持ち出している。

健全なるもの（聖なるもの）と同時に、存在の空き地には、悪しきものが現われる。この悪しきものの本質は、人間の行為のたんなる悪さに存しているのではなく、憤怒の悪性（悪性の憤怒）（Bösartigen des Grimmes）に存している。健全なるものと悪性のものの二つは、それでも、存在そのものが争いである限りにおいてのみ、二つとも wesen することができる。その争いに、否定することの本質的出所が隠されている。否定するものは、否定のようなものとして明らかにされる。（K 51）

健全なるものと悪性のものは同時に現われる。戦時体制が悪性であったとしても、戦争が悪性の憤怒であったとしても、その否定性も、それに対決する否定性も、存在の争いから発している。だから、悪性のものを簡単に否定して済ませるわけにはいかない。しかし、忘れるべきではないのは、それら両者が存在の空き地に現われたのは、まさにドイツだけにおいてであった。ドイツだけが存在の争いの場であり、ドイツだけが健全なるものと悪性のものの同時発生と対立を引き受けたのだ。戦時体制は、たんなる悪ではない。人間の悪しき行為が製作したものなどではない。そうではなくて、健全なるものが現われるところにこそ現われるべくして現われた悪性の病なのだ。そして、この戦時体制は世界の戦時体制として広まるであろう。

存在は、最初は、健全なるものに対して、恩寵のうちの上昇を授け（許し）、そして、憤怒に対して、災い（非健全なるもの）への殺到を授ける。（K 52）

ドイツの悪性の病はおのずと崩れた。人間の行為や技術によって打倒されたのでも異邦人によって解放されたのでもない。ドイツにだけ光を注いだ存在の「静かな力」によって崩されて癒されたのだ。そこに滞在し続けた自分は、存在‐歴史的な運命を感知しながらそのことを待っていただけである。そこにフランス人が訪ねてきた。だから、フランス人を介して世界に伝えてやろうではないか。以上のように、ハイデガーは、戦時体制と戦後体制に対していわば両価的な態度をとっている。その悪魔的なものとおのれは対峙しているのであるが、それでも悪魔的なものは神的なものを隠すという仕方で仄めかすのであって、それこそが存在‐歴史的な運命であるからには、それに堪えて凌いでいかなければならないという態度である。その点を、戦後の「ブレーメン講演」で確かめておく。

2 戦後体制に対する両価的態度

「ブレーメン講演」は一九四九年に行なわれている。絶滅収容所に言及する二つの有名な（悪名高い）箇所に触れておく。[7]

Bestellen によって、土地は炭鉱地区となり、地面（地盤）は金属鉱床となる。この Bestellen は、かつて農民がその耕地（畑）を耕したその Bestellen とは、およそ異なる種類である。農民の行ないは、耕地の地盤に挑みはしない。むしろ、農民の行ないは、種子を成長力に委ねる。農民の行ないは、成育中の種子を見守る（番をする）。ところが、いつしか、野原（原野）の耕作も、同じ Be-stellen へ移行してしまった。この Bestellen は、空気を窒素に向けて、地盤を石炭と金属に向けて立て、金属をウランに向け、ウランを原子エネルギーに向け、原子エネルギーを bestellen 可能な破壊へ向けて立てる。いまや耕地建設（農耕）は、機動化された食料産業であり、本質において、ガス室と絶滅収容所での死骸の製造と同じものであり、土地（国土）の封鎖と兵糧攻めと同じものであり、水素爆弾の製造と同じものである。（S. 27）

論点を二つほどあげておきたい。第一に、農民の位置づけである。これは、労働・労働者に区分線を入れるかどうか、入れられるかどうか、入れるべきかどうかという論点にかかわるが、ここで農民の行ないは、対自然労働の範型として描かれている。一応、「かつて」の姿として描かれ、「いつしか」変わったと叙述は進んでいるが、変わったのは、原野の開拓、耕作への機械導入、市場向けの食料生産といったことであり、いわば資本へ包摂されるようになったということであって、農民の行ないそのものに変わりはないのであると言えそうではある。この論点には本稿の最後で立ち返りたい。第二に、有名で悪名高い後半部分についてであるが、そのような評価以前に気づかれるべきは、何が同じ（das Selbe）と言っているのかまったく定かではないということである。まさか食料生産を植物死骸の製造と捉えて類比を走らせているわけでもあるまい。では、ガス室とそれ以下を同じと言えるのはどうしてか。製造（Fabrikation）についてなら、死骸の製造、水素爆弾の製造と言われている。これに比べるなら、ガス室と絶滅収容所の製造とでも言われるべきであろう。しかし、土地の封鎖における製造とは何であろうか。あれこれ詮索はできようが、要するに、何を同じとしているのかまったく曖昧なのである。もちろん Bestellen が同じであると言いたいのであろうが、全体として同一化も類比もうまく行っていない。問われて然るべきは、この混乱をどう評定するかである。これはよくある思考パターンであるが、Bestellen といった作用面での同一化や類比を進めるには、作用から対象を外さざるをえない。比較不能でありうる作用を比較するには、比較不能性を対象の側に送付して作用だけを取り出せるというつもりにならなければ同一化や類比は走らない。とすると、こう読まれる。目的語を括弧入れしながら、（耕地を）耕すこと、（死骸を）製造すること、（土地を）封鎖すること、（兵糧）攻めすること、（水素爆弾を）製造することは、同じであるということになる。ここでBestellenは、一連の異質で比較不能であるかもしれぬ具体的で個別的な行為・労働を、同質で計量可能で比較可能な抽象的労働へと包摂する作用であるということになりそうである。ハイデガーに「ガス室と絶滅収容所での死骸の製造」という表現をとらせたもの、しかもそれを他の「製造」との類比に置かせたものはBestellenなのであって、批判されるべきものがあるとするなら、それはハイデガーの筆法であるというよりは、その筆法を不可避のものとしているBestellenなのであるということになりそうである。そして、言うまでもないが、そのBestellenとは、戦時体制と戦後体制を貫く生産力主義・科学技術を駆動する当の作用である。ところが、その上で注意されるべきは、にもかかわらず、あるいは、まさにそうであるからこそ、ハイデガーは、Bestellenに包摂されながらもそこから区別される限りでの具体的で個別的な労働や労働過程に信を置きたがってもいるということである。これも、農民の行ないに関係する論点であり、本稿の最後に立ち返りたい。絶滅収容所に言及するもう一つの箇所を見よう。

> 何十万人が大量に死ぬ。かれらは死ぬのか。かれらは失われる。かれらは打ち倒される。かれらは死ぬのか。かれらは死骸製造の在庫品になる。かれらは死ぬのか。かれらは絶滅収容所で気づかれずに粛清される。そしてそのようなことはなくとも、いま中国では何百万人が飢餓のため最期をむかえる。（S. 56）

ここでも絶滅収容所と飢餓をどうして同一化・類比できるのかと問うことはできるが、そこは措き、ここで仄めかされていることは、Ge-Stell が大量死・大量殺害へと引き立てるということよりは、おそらく、人間が死すべきもの（Sterbliche）になることによってGe-Stell 及び大量死・大量殺害を打破するかすかな見通しがあるということであろう。[8] いずれにせよ、以上の二箇所はさほど緻密に書かれてはおらず、ある種の世界観の表明と受けとめておけば足りる。

さて、戦時体制を引き継ぐ戦後体制、すなわち、Bestellen のシステムであるGe-Stell に対するハイデガーの両価的態度を確認していきたい。Ge-Stell 論にあっては、stellen 系の用語が駆使されながらも、それでは把捉できない自然力が出て来ている。そして、自然力は主として treiben 系の用語で描写されている。それを描写する stellen 系の用語が自然言語には用意されていないわけでもある。

例えば炭鉱地区で stellen された石炭はどこに stellen されるか。石炭は、瓶が机に hinstellen されるようには hinstellen されない。石炭は、地盤が石炭へ stellen されるように、それはそれで熱に stellen される。すなわち熱へ誘発される。熱は既に水蒸気を stellen することに stellen される。水蒸気の圧（Druck）は伝動装置（Getriebe）を treiben し、工場の操業（Betrieb）を維持する。この工場は、機械を stellen することへ stellen されている。この機械が道具を herstellen し、道具によって再び機械が Stand へ stellen されて維持される。（S. 28）

水力発電所についての有名な箇所にあっては、treiben 系の水圧が stellen 系の用語におさめられていくが、今度は、stellen 系の用語で把捉しにくい Strom が出て来ている。

水力発電所は Strom に stellen されている。水力発電所は Strom をその水圧へと stellen し、その水圧はタービンを回転することへと stellen し、その回転は機械を umtreiben し、それら伝動系（Getriebe）が電気的 Strom を stellen し、その電気的 Strom によって（durch den）長距離送電所（センター）とその Strom 網が Strom 輸送へと stellen される。ラインの Strom、ダム、タービン、発電機、開閉装置、Strom 網――これらと他のすべては、現前するためにではなく、他を stellen するべく stellen されるためにその場その場（Stelle）に止まる限りにおいてのみ存在する。（S. 28）

ここも叙述に曖昧さがあるが、その（部分的な）Ge-Stell を存在させているのは、ひとまず電気的 Strom であると読むことができる。そこにラインの Strom を加えてもよい。そして、当たり前のことだが、水流や電流といった自然力の動力源無くしては、一連の施設は Ge-Stell の下で存在することはない。すると、どういうことになるのか。もう少しテクストを追ってみる。

ハイデガーは、こんな命題を連ねている。Bestellen を「大地に埋もれた素材と力」（S. 29）の開発＝搾取と捉えることはできない。Bestellen の連鎖は「暴力」とも言えるが、それはおよそ人間の行ない（Tun）とは言えない。人間そのものが bestellen される（S. 30）。人間そのものが在庫品である（S. 37）。森の番人（Forstwart）さえも、産業によって stellen される（S. 37-38）。その上で、ハイデガーは、自然力と技術の関係、自然力と Ge-Stell の関係について論じていく。先ず、退けられるべき疑念が提示される。

とはいえ、ここで疑念が出される。技術の本質が Ge-Stell に存し、他方で技術が自然の力と素材を stellen することを目指すのだとすれば、すなわち自然の力と素材を、成果に向かうものにおいて誘発されて要求されるものすべてとして誘発することを目指すのだとすれば、まさに技術の本質からして、技術が普遍的ではないことが示される。自然の力と素材は技術に決定的限界を置くので、技術は、技術的在庫の源泉と後援としての自然に頼るままである。それゆえに、われわれは、すべての現前するものが、Ge-Stell の Bestellen のうちで立つ持続的なものの仕方で現前するなどと主張することはできない。Ge-Stell は、現前するすべてのものに関わるのではない。技術は現実的なものの一つにすぎない。技術は、現実的なものすべての現実性をなすなどということからは隔たったままである。(S. 40)

この疑念は、Ge-Stell と技術の支配下に入りえない自然の力と素材が現前するとしている。Ge-Stell と技術はすべてではないとしている。ハイデガーの応答、問い返しはこうなっている。

それにしても自然とは何か。Bestellen が常に再びそこに回帰しなければならないものとして、技術的在庫の外部に現前するはずの自然とは何か。いかに自然は現前するのか、技術が自然に依存しながら自然から発電所の力と素材を取り出してくるところの自然はいかに現前するのか。技術に stellen される自然力とは何か。答えは自然科学が与える。(S. 41)

おそらく、自然力はそれとしては現前しない。現実的なものでもない。自然力は、Ge-Stell に bestellen される限りで現前する。水力も電力も原子力もそうなっている。では、四大の力、発電所を打倒した力は現前しなかったというのか。自然力は Ge-Stell そのものを破壊する力として現前しなかったというのか。まさにここで、ハイデガーは、自然科学を呼び出す。

なるほど物理学はわれわれに力の本質について何も言わない。〔…〕物理学的には自然力はその Wirkung においてのみ接近可能である。というのも、力はその Wirkung においてのみ、その大きさの計算可能なものを示すからである。計算において力は対象的になる。自然科学にはこの計算の対象だけが問題である。自然は、度量と数で stellen された Wirkliche として表象され、この Wirkliche がその Gewirkten のうちで対象的に現前する。この Gewirkte が現前するものとして妥当するのは、それ自体が wirkt し wirkfähig として示される限りにおいてだけである。自然の現前的なものは Wirkliche である。Wirkliche は Wirksame である。自然の現前することは、Wirksamkeit に存する。その Wirksamkeit において自然は何かを Stelle から Stelle へもたらすことができる。すなわち erfolgen させることができる。(S. 41)

自然科学では、treiben 系と Strom 系の用語で指標された自然力は、その Wirksamkeit においてだけ現前するものとして捉えられる。同じことは、Betrieb や Strom 網を、ひいては(部分的)Ge-Stell を破壊した自然力についても言われるだろう。「われわれ」は、自然力が現前するのを見るわけではない。経験することもできない。破壊力の Wirksamkeit を自然科学的に表象しているだけである。とするなら、技術と自然、Ge-Stell と自然力といった区分線・対決線を引くことはできない。おそらく。

自然が技術に対して立つのは、無規定の現前するもの自体としてではない。自然が技術一般に対して立つのは、とくに搾取＝開発される対象としてではない。技術の時代において、自然は、Ge-Stell 内部の bestellen 可能な Bestand にあらかじめ属している。(S. 41-42)

この「あらかじめ」という時間性については、元々そうなっていたということ以外ではない。Ge-Stell によるいわば本源的蓄積は、何よりも自然において「あらかじめ」起こっている。そこに、〈労働力商品化の無理〉がないように、おそらく〈自然の bestellen の無理〉もない。

自然は見かけは技術に対して立つが、既に技術の本質からして、Ge-Stell の在庫に本源的在庫としてしまわれている。〔…〕現代技術の本質、Ge-Stell は、Bestellen に本質的に適合した本源的事件とともに開始したが、それは、始めに予め自然を本源的 - 在庫として確実に stellen した限りにおいてである。(S. 43)

自然は常に既に Ge-Stell の下で表象化されて現われるしかないというのである。そして、まさにそのような世界像からして、Ge-Stell に対する両価的な態度が出て来ることになる。Ge-Stell を抽象化し普遍化し世界化して迫り上げることによって、Ge-Stell は全時間的に堪えて凌がれるべきものでありながらもその極限で逆転しうるものとして、そのことに賭けておくべきものとして立ち現われるのである。[9] それが、Ge-Stell の「危険」から「転回」へというテーマである。ハイデガーは、この論脈で、Seyn(「y存在」と訳しておく)を導入し、同時に、発生的な議論を再導入する。そこでは、Sein の「静かな力」を、もう一段彼方に(奥に、底に)送り込むために――『哲学への寄与論稿』でいわば幾何学化され〈経綸〉へと引き上げられた―― Seyn が導入されていると見ることもできよう。「技術の本質は、Ge-Stell の本質形態におけるy存在そのものである」と宣言してから、ピュシス論に進み、ピュシスは hervorbringen (S. 64) するものと語られ、発生論に立ち返る。そして、Ge-Stell はピュシスに由来すると宣言される。

技術の本質は Ge-Stell という名をもつ。なぜか。Ge-Stell で名指される Stellen は、存在(すること)そのものだからだ。にもかかわらず、y存在が、その運命の始まりにおいて、明るくなったのだ。ピュシスとして、自ら上昇し産み出すStellenすることとして（Stellenを送ることとして）明るくなったのだ。このy存在の本質からして、ピュシスからして、Ge-Stellとしてwesenするy存在は、その名を封土として受け取る。（S. 65）

Ge-Stellがすべてを覆い、そのstellenがseinさせることと相覆うところまで進められている。「われわれ」は発電所が存在し電力が存在し会社が存在し政府が存在すると思っている。「われわれ」もそこに存在すると思っている。この存在は現前でもある。どうしてか。Ge-Stellの下でstellenしているから、である。とするなら、発電所や政府等々はそれぞれ存在者として何処かから立ち上がってきた、立ち現われてきた、立たされて来た、端的に言って産み出されてきたと言ってもよさそうである。おそらく、それを守護し保護する〈農民〉がいる。そして、ピュシスは隠れて有る。それをy存在とするなら、いまやy存在はGe-Stellとして、その名を用いてwesenしていると言ってもよさそうである。このy存在＝ピュシスは、おそらく力をもって指標することはできない。存在－歴史的な運命として堪えて凌がれるだけである。戦時体制がドイツで発癌して朽ち果てたように、世界化する戦後体制はいつか発癌して朽ち果てるだろう。その悪性の癌から一線を画すにしても、発癌そのものは死すべきものの運命であるからには、発癌の贈与に堪えながらも受けとめなければならない。ドイツからも世界からも追い立てられた「滞在地」で凌がなければならない。このハイデガーの両価的態度は、戦時体制の世界化として戦後体制がある限りにおいて、簡単には非難しがたい、ありうべき態度であるとは言えよう。

3 普遍的システムはあるのか

「ブレーメン講演」における物の議論、瓶を例にとったその議論はよく知られている。瓶は、自立的対象（Selbststand）でもあり対象（Gegenstand）でもあり、製作（Herstellen）によって立てられたもの（Herstand）でもあるが、その物の物たる所以はそこにはないとされる。つまり、生産主義的でも科学技術的でもある対象化労働は物の物たる所以に効かないこととして退けられている。そして、物の物たる所以は、大地と天空、神的なものと死すべきものの四方界（Geviert）のうちに位置づけられる。

瓶は物として wesen する。瓶は物として瓶である。では、どのように物は wesen するのか。物は物化する。物化することは、集約する。物化するとは、四方界を出来させながら、四方界の暫しの間を、それぞれの暫しの間へ集約する。この物へ、あの物へと。（S. 13）

この物の物化の議論は、そこで文化的な機能や背景があれこれ論じられて加えられてはいるものの――戦時期には、瓶は、戦勝を祝賀する祝杯として国家的文化行事の文脈に位置づけられてもいた――、基本的には、発生生物学的な発想に生態学的・環境論的な発想が加味されたものであると言えよう。では、物の物化はどのように発生するのか。「いつ、いかにして、物は物としてやって来るのか」。

さて、原子力発電所は、物化を始めていると言えないであろうか。発電所を Ge-Stell による施設の整列から脱落させたものは、まさに自然の力であった。大地の揺れ、揺れる大地（海）の力であった。その後、発電所は、Ge-Stell が bestellen するべき在庫から脱落しつつある。そして、四方界と新たな関係を取り結びつつある。端的に言って、Ge-Stell や対象化労働の下では自立的対象や対象は在庫化されてしまうわけだが、それが廃墟化するとき、物化するのであると言うことはできそうである。しかも、いま危険区域では、新たに物化と世界化が始まっている。もちろん Ge-Stell は、その物化の過程に抗している。とするなら、どういうことになろうか。

原子力発電所を四方界の下での物として捉えることは、ハイデガーの物論からすぐに連想されることであるが、はたしてハイデガーは認めたであろうか。おそらく認めなかったであろう。あるいは、認めたくとも――ちょうど農民の種子育成だけには別の地位をあてがいたかったように――、認められなくなっているといったであろう。そして、むしろハイデガーは、現に Ge-Stell の下で在庫化されているものについて、それが同時に物化し、そこで同時に同所的に世界化が起こっていると語る方に傾いたであろう。技術の本質に存在 - 歴史的な運命を感知するという両価的な態度を表明し続けたであろう。

ところが、ハイデガーは、にもかかわらず、あるいは、まさにそうであるからこそ、周知のように、芸術作品を特権化してもいる。ところで、ここから直ちに、いまや通俗的ともなっている連想が従う。すなわち、そもそも芸術作品とは、少なくとも現代芸術作品は、Ge-Stell において製造されながらも生産物の位置を占めることはないし、かといって消費物にも最終消費物にもなりえない、ただ展示されその後廃用されるだけの廃棄物の位置を占めているのではないか。とするなら、物の物化と世界化は、ときおり、稀なる空き地で、現在の原子力発電所や少数の芸術作品としてどこからともなく発生するといった具合ではないのか。再び、しかし、そのような連想の筋は、ハイデガーの本意ではないであろう。とすると、どうなるのか。ハイデガーは、後の方で、こう書いている。「Ge-Stell の本質においては、物としての物の荒廃(Verwahrlosung)が出来する」(S. 47)と。戦時期のハイデガーもそうであったが、この「荒廃」を嘆いているのではない。そうではなくて、物が荒廃するというそのことがチャンスであるとするのである。それは、戦時期には新たな国家形成のチャンスであった[10]。では、戦後期にはどうなるのか。国家形成の夢を捨てた戦後期に、その夢の行方はどうなったのか。ハイデガーは、その荒廃から芸術作品が立ち上がるとも物化と世界化が立ち上がるとも言いきらなかった。おのれが生きている間は、そんなことは期待できないからであったのだろうか。おのれは時を凌ぐだけにならざるをえないと何度も語ったことからして、何か明示的に語ることは控えなければならなかったからであろうか。それにしても、どうして瓶と芸術作品を特権化できたのか。どうして種子育成を特権化できたのか。あるいは、そう受けとられかねないことを書きたかったのか。

ハイデガーにとって、戦時体制と戦後体制は一つながりのものであった。科学技術は自然力を隠しながら仄めかし、Ge-Stell も自然力を隠しながら仄めかす。そして粗略にまとめてしまえば、その自然はピュシスへと、さらに存在・y存在へと迫り上げられる。そこから戦時体制と戦後体制が癌のごとく発生することは存在－歴史的な運命である。ところが、ハイデガーは、存在者の発生を農民の育成と芸術家の制作は特権的な仕方で再現するように見えると言いかけるが、決してそのようには言いきらない。幾多の解釈上の問題はあるにしても、ハイデガーは、Ge-Stell の只中に局所的であれ何らかの破綻や新生があるとは期待しない。それは、戦時期に賭けられたところの民族からの国家形成を放棄したその姿勢を一貫させたからであるとも思われる。そして、その一貫性は、戦時体制と戦後体制を一つながりとする見方の代償でもあり効果でもあった。

そして、ハイデガーのこの両価的態度[11]は、その後の現代思想界を制約してきたと見ることができる。世界を覆い尽くす何ものか、世界の存在者をそのように存在せしめる何ものか、抽象的で普遍的な何ものかは、産業主義化や資本の文明化作用やグローバリゼーションなどと言いかえられ、それに対抗する局所的な発生・芸術・労働がおそるおそる言祝がれることが繰り返されてきた。「われわれ」は依然としてハイデガーの世界像とその両価的態度のうちで右往左往しているわけだが、私の見るところ、そこを脱する道は、システムの極限の危機を転回として予期することなどではなく、そもそも抽象的・普遍的・存在論的システムなど存在しないということを経験的にしかと認識することである。例えば、Bestellen が人間の諸活動すべてを覆い尽くしているはずがないのだ。Ge-Stell が単数形で存在しているはずがないのだ。科学技術が文字通りその世界像で経験を覆い尽くしているはずもないのだ。簡単な話だが、ハイデガーとその末裔の議論は所詮はヨーロッパ中心主義、西洋中心主義でしかない。仮にその「アメリカ化」の動向が「惑星規模」で他の大地を覆い尽くすとしても、それがひと色で染め上げられるはずもない。とするなら、戦時体制と戦後体制を一つながりと見せかけているものそのものを退ける必要がある。

注

1　『「ヒューマニズム」について』からの引用については、Klostermann 版（略号K）の頁数を本文当該箇所に付す。

2　オイケンについては、ミシェル・フーコー『生政治の誕生：コレージュ・ド・フランス講義　１９７８－１９７９年度』１９７９年1月31日、2月7日、2月14日の講義を参照。また、藤本建夫『ドイツ自由主義経済学の生誕――レプケと第三の道』（ミネルヴァ書房、２００８年）、柳澤治『戦前・戦時日本の経済思想とナチズム』（岩波書店、２００８年）が有益である。

3　『哲学への寄与論稿』（１９３６－１９３８年）（GA 65）, S. 177, S. 284 なども参照。

4　この観点から、シュタウディンガー事件を見直すこともできる。この事件については、奥谷浩一『ハイデガーの弁明――ハイデガー・ナチズム研究序説』（梓出版社、２００９年）が周到である。とはいえ、奥谷は、ヘルマン・シュタウディンガーについて「現在から見ればいささかも罪のない一人の同僚の化学者」（２２７頁）と書き、その流れの中で、１９１９年のシュタウディンガーの論文（H. Staudinger, La technique moderne et la guerre, *Revue internationale de la Croix-Rouge*, 1919）の一節を２４４－２４５頁に引用している。ところで、それは、いわゆる技術の中立性論であり、この意味でもシュタウディンガーは典型的なテクノクラートであると言ってよい。ところで、技術は危険も救済ももたらしうるとのシュタウディンガーの見解は、具体的には、同じ物質が爆弾にも肥料にも使用されうるといった例に基づいている。しかも増大する人口を支えるために肥料を増産すればするほど、爆弾の製造能力も強化されていくといった次第になる。シュタウディンガーはこの過程を停止させることができるとはまったく考えていない。言うところの「道徳的目覚め」に対してそんな役割を期待もしていない。別の論文（H. Staudeinger, Rapport technique sur la guerre chimique: Annexe au rapport de MM. Cramer et Micheli, *Revue Internationale de La Croix-Rouge*, 1925）を見ると、もっと議論は具体的になっている。そこでは、第一次大戦での毒ガスによる死亡率と爆弾による死亡率を比較し、毒ガスは大きく騒がれて恐れられてきたが、実際には決して爆弾による死亡率を凌駕できないと論じている。殺戮機能が劣らざるをえないことを科学的に縷々説明して、技術的合理性と戦術的合理性からして毒ガス兵器は無意味であるとしているのである。だから、毒ガス兵器は通常の爆弾より人道的なのである。その上で、道徳的配慮というべきであろうが、たとえ飛行機での使用が可能な改造が行なわれたとしても、女・子どもなどの非戦闘員に対しては使用されるべきではないと付け加えている。そして、毒ガスに対する反対論は今日では justifiable ではないと結論する。シュタウディンガーは、まさしく典型的なテクノクラートなのである。ハイデガー学長がそこを捉えて告発に出たわけではないが、やはり象徴的な事件であると言えよう。ちなみに、シュタウディンガーは、１９３８年６月には「四か年計画と化学」という講演を行なっており、少なくともとても「罪がない」とは言えない。ハイデガーと比べてどちらの「罪」が重いかの比較も簡単ではない。また、シュタウディンガーは、告発の審理が進行中の１９３４年2月には、弁明のためと見るべきだが、デュッセルドルフ民族新聞に、Die Bedeutung der Chemie für deutsche Volk なる一文を寄せてもいる。

5　本稿では詳細な検討は省略するが、学長時代から戦時期にかけて、ハイデガーが、労働概念を拡張して人間の活動一般と同一視したとする理解は間違えている。労働の下での平等を目指したのでもない。一般に、ハイデガーにあって、労働の精神性の強調は、社会政策的に労働をソーシャル・ワークへと拡張する局面はあったものの、決して精神労働と肉体労働の区分の廃棄にいたるものではない。また、労働／労働力、労働／余暇の区分を行なうものでもない。ハイデガーは、通例の諸労働観のすべてを「技術人間」に帰したのであり、ハイデガーとしては、民族からの国家形成に寄与する限りで同等の精神性を有するとして労働を肯定しただけである。この点では、『言語の本質への問いとしての論理学』（１９３４年夏学期）（GA 38）が重要である。

6　『形而上学入門』（Niemeyer, 1935/1953）, S. 28 などを参照。

7　「ブレーメン講演」からの引用については、全集版（GA 79）の頁数を本文該当箇所に付す。

8　この引用箇所に関連して連想を一つ記しておきたい。浪江町の畜産家である吉沢正巳は、封鎖された警戒区域内の農場にとどまり、牛を餓死に追いやることも殺処分することもせず育て続けている。一応の名目的理由は、牛を死ぬまで生かすことによって被曝のデータをとれるから、ということである。つまり、この牛たちは、死すべきものとして生かされ育てられているわけである。吉沢はその牧人となっているわけである。また、その牛にしてもその営みにしても、浪江町の新たな四方界と深く繋がっていると言うこともできる。牛の大量殺害、牛の大量飢餓死とは一線を画すものとしての、牧人に見守られる牛の死。Ge-Stell によって製造され破壊され介入され続ける大地と大気のその只中で、牛を死すべきものとして育成し続けている空き地。はたして、こんな連想をハイデガーは認めたであろうか。

9　この態度は、戦争に賭けたハイデガーの態度と同型である。引証できる箇所は多いが、『ヘルダーリンの讃歌「イスター」』（１９４２年夏学期）において「機械技術という精神の絶対的実現」に賭ける箇所（GA 53, S. 66）をあげておく。

10　荒廃のテーマ系はハイデガーでは重要である。「形而上学の超克」（１９３６－１９４０年）（*Vorträge und Aufsätze*, Neske）, S. 68などを参照。この点で、戦争直後の１９４５年５月８日に書かれたと目される「ロシアの捕虜収容所で年下の男と年上の男の間で行われた夕べの会話」（GA 77）は興味深いテクストである。「主観性の蜂起」と「労働への蜂起」が地球の荒廃を準備するのだが、それを準備したのは、最初はドイツであり次いで戦勝国であって、その荒廃は必ずしもネガティヴなことではないとされている。それはドイツ零年から始め直すといったことではなく、主観性と労働の極みの荒廃を待ち望むといったことであり、しかもその態度をもって、ハイデガー自身の子どもの運命の示唆と併せて、戦時期の弁明となっている。このテクストを読むだけで、ハイデガーが揺らがなかったことの事情が理解できよう。

11　「放下」（１９５５年）のいう「技術的世界に対する同時的な然りと否の態度」「物への放下」（GA 16, S. 527）である。

思考も身体もままならぬとき
――ドゥルーズ『シネマ』から

政治的なるものとは曖昧で混乱した概念であるが、政治的主体なるものが、行為主体や行動主体と共外延的な概念であることは確かである。そして、行為主体や行動主体とは、思考と身体を意のままに動かすことのできる主体のことである。したがって、思考も身体もままならぬ人間が政治的主体たりえないことも確かである。しかるに、政治的主体はそのような人間に対する一方的な行動や態度をもって政治的なるものの復興を果たそうとする。この事態を逆の方向から捉え返すことが、ドゥルーズ『シネマ』が立てる課題の一つである。[1] デ・シーカ『ウンベルトD』の一シーンについてのドゥルーズの描写を引用することから始めよう。

朝、若い女中が台所に入ってきて、一連の機械的な、うんざりする動作を続ける。少しばかりの洗い物、水をまいて蟻を追い払い、コーヒーを挽き、伸ばした足の先でドアを閉める。そして彼女は妊娠した自分の腹に眼を向ける。あたかも世界のあらゆる悲惨がそこから生まれるかのように。(2/8)

若い女中の眼は自分の腹に釘付けになる。「見えるものの暴力」におそわれ、否応無しに彼女は「見者」「観客」になる。この「剝き出しの、生々しく、荒々しい」「光学的状況」は運動能力を上回るがために、何の反応も返せないし何の行動も始められない。「出来合いの自動的な感覚運動図式」は破綻する。とはいえ、もとより、実生活において、われわれは相当の程度において主体的である。現実の若い女中にしても、さほど長くは光学的状況に没入しないだろう。むしろ、そうすることはできずに、そこから注意を逸らすだろう。そうして、泣いたり笑ったり、家事仕事を再開したり、男たちと格闘しながら自己決定に向かったりするだろう。かくも「紋切り型」の感覚運動図式は強固に習慣化している。

> われわれの状況、能力、趣味を考慮して、しかじかのことを再認識し、それらを耐えしのび、あるいは是認し、結果的に行動するための感覚運動図式も欠けてはいない。あまりに事態が不愉快なときには思いとどまらせ、恐ろしいときには諦めをうながし、あまりに美しいときは同化させるための図式を、われわれは持っている。この点に関しては、隠喩でさえも感覚運動的な逃げにほかならず、もはや何をしてよいかわからないとき、それは何か言うべきことを吹き込む。つまりそれは特別な、感情的性質を帯びた図式である。ところでまさにそれこそが紋切り型である。紋切り型、それは事物の感覚運動的イメージである。（27/31-32）

それでも、映画は、映画こそが、紋切り型が失調するときを映し出す。そして、ドゥルーズはそこに引きつけられる。どうしてだろうか。ロッセリーニ『ヨーロッパ一九五一年』の一シーンについてドゥルーズが与える記述を引用してみる。

> 工場の存在が眼を引きつけ、もはやわれわれは「人々は確かに働かなければならない……」などということはできない。私は囚人たちを見るようでした。文字通りにであって隠喩的にではなく、工場は

監獄であり、学校は監獄である。学校のイメージに監獄のイメージを繋げようというわけではない。それは二つの明晰なイメージの間に一つの類似、混乱した関係を指摘することにすぎないだろう。反対に曖昧なイメージの根底に、われわれが見逃してしまう判明な要素や関係を発見しなければならない。つまり何によって、どのように、文字通りに、隠喩なしに、学校が監獄なのか、団地が売春施設なのか、銀行家が殺し屋なのか、写真家が詐欺師なのか示すこと。(27-28/32)

こうドゥルーズが書くとき、フーコーのことを考えていなかったはずがない。文字通りに、工場は監獄である。ドゥルーズにとって、映画の使命は、工場＝監獄のイメージをして反応や行動や言動を解発することではない。抵抗や逃走や演戯を解発したりそれを議論したりすることでもない。そんな流儀に従うようでは、工場＝監獄は紋切り型の隠喩やイメージになってしまう。何も変えられなくなってしまう。ドゥルーズにとっての映画の使命とは、工場＝監獄を人間の眼を釘付けにする光学的状況として、感覚運動図式全般を失調させるが故に「耐えがたいもの、許しがたいもの」(24/29) として、「耐えがたい日常性そのもの」(56/58) として映し出すことである。そんな風にして「運動の彼方」(2/8) を、行為の彼方、行動の彼方を映し出すことである。もちろん、これは偏狭な映画観であると言うべきだろう。「受動的で否定的、ブルジョワ的であり、神経症的または周縁的な」(25/30) 映画観であると評されて然るべきだろう。それでも問われてよいのは、どうしてドゥルーズはかくも偏った映画観に固執したのかということである。

ドゥルーズ自身があげる歴史的・映画史的な理由はよく知られている。映画は大衆に対して「精神的衝撃」(219/204) をもたらす力能を有していることが気付かれた。そのために、映画の力能をもって、人間という「精神的自動装置」を特定の主体へ仕立て上げるという「希望」が抱かれもした。ところが、その結果たるや惨憺たるものであった。映画は、精神的自動装置をしてファシスト的主体や生産主体や消費主体や道徳主体へと仕立て上げてしまったのであり、それが現在も継続している（230/214）。だから、二〇世紀の戦争＝革命を可能にしたものを忌避する程度には、ファシスト的でハリウッド的なものを可能にした運動イメージは忌避されるべきであるというわけである。しかし、ドゥルーズが、映画は運動イメージから時間イメージへ移行する（べきである）と主張する理由は、そのような「政治的」な理由に尽きてはいない。

人間の眼を釘付けにする光学的状況に戻って考えてみよう。光学的状況において、人間は「記憶の混乱と再認の失敗」に陥る。そこに立ち現われるのは、「記憶喪失、催眠、幻覚、錯乱、死にゆく者が見る光景」である（76/75-76）。そこに描き出されるのは、思考の無能力、「ミイラとなり、解体され、麻痺し石化し凍りつく」精神的自動機械である。人間は「疲労、待機、絶望」に陥り、例えば「老人たち」が「無用な身振りや不可能な姿勢」をとる（264-265/246-247）。それでも人間は何ほどか動かないこともないのであるが、それは「彷徨や散策」にすぎず、それにしても出来合いの運動の「間隙」に潜むといった具合である（56/58）。光学的状況において、人間は「重い物質や濃密な静物」（104/101）に釘付けにされ、世界との絆を断たれ、思考も身体もままならず、動かなくなった身体と脳に閉じ込められる。何よりも銘記すべきは、この状況は、われわれの現実であるということである。政治的主体も必ずいつかは経験することを強いられる現実であるということである。では、その現実をリアルに描き出せる芸術ジャンルとして、映画以外のものを考えることができるだろうか。この意味でのリアリズムを標榜できる芸術ジャンルとして映画以外のものを考えることができるだろうか。ドゥルーズその人の個人史的経験をリアルに描き出す芸術ジャンルが他にあるだろうか。[2] そこはともかく、映画の光学的状況にこそ、ドゥルーズは、ナイーブなまでに信仰と希望と愛を見出さんとする。

> 確かに勝利をおさめるには、紋切り型をパロディーにするだけでは不十分であり、それに穴をあけ、それを空にするのでさえも不十分である。感覚運動的脈絡を阻止するだけでは不十分なのだ。光学的－音声的イメージに、単に知的なあるいは社会的な意識の力ではない、深い生命的な直観の法外な力を付け加えなければならない。（29/33-34）

ドゥルーズは、映画に付加されるこの法外な力を通して、二つのことを求めている。一つは「私に一つの身体を与えて下さい」ということ、もう一つは「私に一つの脳を与えて下さい」ということである。身体の贈与と脳の贈与である。そして、映画がもたらす贈与は、あまりにもと言っておくが、慎ましいものである。

> ガレル『記憶のマリー』では、マリーが病院に閉じ込められているとき、ジョセフはカメラを見つめながら回り、カメラはあたかも次々と、立体交差の上の異なる車の中にあるかのように位置を変える。そのたびに、身体に連結しているものとしての空間が構築される。（281/263）

映画は、より精確には、カメラの眼は、あるいは、哄笑するわけでも同情するわけでもない非情なる見そなわす眼は、身体と空間の連結、人間と世界の絆を新たに構成し、病人の身体を新たな身体へと構成して贈与しようとする。見そなわす眼は、よく映画を見るなら見えてくることなのだが、失調を現に経験している身体が、ほとんどそのままで、やすやすと失調を凌いでいける身体へと変容するということ、病苦を現に経験している身体が、腫瘍は腫瘍のままで、麻痺は麻痺のままで生き延びながら、ほとんどそのままで新たな動きへと乗り出すような身体へと変容するということを予示している。欠けている民衆を素描するとは、そのようなことである。[3]

アントニオーニが偉大な色彩画家であるとすれば、彼がいつも世界の色彩を信じ、色彩を創造し、われわれの脳認識のすべてを革新する可能性を信じてきたからである。彼は、世界における伝達不可能性を嘆く作家ではない。ただ世界は壮麗な色彩で描かれているが、世界に住まう身体は、まだ無味乾燥で、無色なのである。世界はそこに住まう人々を待っているが、その住人は神経症の中で失われたままである。しかし、だからこそ身体に注意を向け、その疲労と神経症を観察し、そこから色調を取り出さなければならない。（285/266-267）

精神的自動機械は、例えば神経症化している。映画の眼は、その脳神経系がほとんどそのままで、世界の豊かさを感覚できるようになること、そうして感覚と思考を新たに始められるようになることを予示するのである。残念なことにと言うべきだろうが、ドゥルーズにとっては、映画だけが身体と脳の贈与を描き出すからこそ、映画だけが信仰と希望と愛を告げるのである。

以上は『シネマ』についての外在的な評価であるが、近年、『シネマ』の内在的な読解にも促された豊かな思想動向が生まれつつある。それによるなら、近代化とは、技術＝芸術による知覚の変容を介して、脳神経系の病理を正常化＝常態化する過程であった。同様に、近代の生理化と医療化とは、それに対する評価は別として、身体の病理を正常化＝常態化する過程であったと言うことができるだろう。この近代化の動向をそれとして肯定的に捉え直すなら、後期近代の技術＝芸術が現在の病理を常態化することを予示していると捉え返すこともできるはずである。たしかに、ドゥルーズは、この展望のことを「政治的」と形容していた（301/283）。その語法の内に、精神的衝撃なる外部注入をもって精神的自動機械を新しい人間たらしめんとする昔年の政治性を嗅ぎ分けることはたやすいことであるし、その危険性など何ほどでもないと断固として肯定し直すこともたやすいことであるが、そんなことより遥かに重要なことは、ドゥルーズは、各種の主体が習慣化している感覚運動図式の一切が破綻する状況において「政治性」を語り出すというそのことである。それは、ドゥルーズが、思考も身体もままならぬ人間の側に立って語り出そうとしているからである。ドゥルーズにとっては、映画の眼だけがそんな人間を見そなわしていたわけだが、われわれは、その眼差しを別の領野でも感得し始めているところである。

注

1 以下、ジル・ドゥルーズ『シネマ2*時間イメージ』宇野邦一他訳（法政大学出版局、二〇〇六年）：Gilles Deleuze, *Cinéma 2: l'image-temps* (Minuit, 1985) からの引用は、この順で本文中に頁数を付す。

2 もちろん絵画と文学があるのだが、やはり別の議論が必要であろう。

3 小泉義之「来たるべき民衆」（小泉・鈴木・檜垣編『ドゥルーズ／ガタリの現在』平凡社、二〇〇八年）参照。

Ⅲ　自然／善

〈自然状態〉の論理と倫理
――ホッブズについて

1

ホッブズは『リヴァイアサン』第13章において自然状態（the Naturall Condition）について論じているが、そこには何ほどか奇妙な一節がある。

［A］ 能力の平等性から目的達成の希望の平等性が生じてくる。かくて二人の人間が、ともに享受できない同一物を欲望するとき、二人は敵となる。そしてその目的に向かって（それは主として自己保存であり、時として歓楽にすぎない）、一方は他方を滅ぼすか屈服させようと努力する。ここから次のことが出来する。

［B］ ある侵略者にとって他の人間の単独の力（single power）以外に恐怖すべきものがない場合、もし一者（one）が植えつけ種をまき快適な居所を建てて所有していいるとすると、他者たち（others）が統合された暴力（forces united）を備えて、労働の成果だけではなく生命や自由をも奪うために到来すると予期されるであろう。そして当の侵略者もまた、別の一者（another）と同じ危険にさらされるのである。[1]

奇妙なのは、自然状態の内に〈統合された暴力〉(vires conjunctae)[2]なるものが現前していることである。仮りに自然状態が、孤独であり平等である諸個人相互の敵対状態であるとすれば、これは奇妙なことでなければならない。そこでAからBへの移行の仕方を検討し直す必要がある。[3]

自然状態の内に三人の人間a_1・a_2・a_3がいるとする。Aによるならば自然状態における敵対関係は、(a_1—a_2)・(a_2—a_3)・(a_3—a_1)なる三つの〈対称的な二者的相互関係〉の単なる重合である。よってa_1が侵略者たらんと欲望するときに、あるいはa_1が被侵略者であるときに、a_1が恐怖すべきものは(a_2の単独の力)かつ/または(a_3の単独の力)となるはずである。これはa_2・a_3についても同じであるから、Aから出来すべき敵対関係は、〈a_1—(a_2 and/or a_3)〉・〈a_2—(a_3 and/or a_1)〉・〈a_3—(a_1 and/or a_2)〉となるはずであると予想することができる。この場合に各人が恐怖すべきものは計量可能であるし合理的に予期可能でもあるから、各人は合理的な選択(諦観や逃亡も含めて)をなすであろうと言うこともできる。しかしBによるならば、孤独である個人が恐怖すべきものは他者たちの統合された暴力なのであり、これは他の二人の単独の力の単なる加算以上の何かであるように見えるのである。

この点に関して次のように解釈できるかもしれない。すなわち〝Aにおいてa_1は、a_2またはa_3と敵対関係に入る可能性に直面しているのであるが、Bにおいてa_1は、a_2とa_3とが偶発的にではあれ同時に同じ場所に侵略してくることを怖れているのである。よって統合された暴力とは、複数の単独の力の単なる同時性と並存性とが被侵略者に及ぼす効果を意味しているだけである。そしてa_1が恐怖すべきものがそうした同時性と並存性であるのは、a_1が容易には動かしがたい財産を所有しているからである〟と。

こうした解釈はしかし、ホッブズの自然状態論の核心を逸しているように思われる。ここでは三つの論拠をあげておきたい。

① ホッブズは『リヴァイアサン』のいくつかの箇所において、単なる複数としての〈多数派〉として

ではなく、それ以上の力を有している審級として感受されてしまう〈残りの者〉との、〈非対称的な敵対関係〉に個人が入りこんでしまっている状態、これを記述している。たしかにコモン‐ウェルスの設立を論ずる第17章以降においては、特定の個人が何者かとの非対称的な敵対関係に入りこむことは自明である、と言えるかもしれない。しかし非対称的な敵対関係は第15章にも明確に現われているし、第14章から第16章にかけての権力と力の譲渡論の背景で働いている。[4] さらに本稿で示すごとく、第10章と第11章は非対称的な敵対関係が出来する場所を解明しているのである。つまり非対称的な敵対関係は『リヴァイアサン』の通奏低音となっているのであって、Bにおける統合された暴力と個人との関係はその一つの証左と見るべきなのである。[5]

②　たしかにホッブズはBにおいて、個人が財産を占有ないしは所有する事態を介して、個人は統合された暴力による生命や自由の侵害を恐怖するようになるかのごとくに書いている。そして解釈者のほとんどはここで強盗殺人を想起して納得してしまう。だがここでこそ注意深くならなければならない。略奪と殺害との結合は概念的にも事実的にも偶然にすぎない。財産の侵害は必ずしも生命や自由の侵害ではないし、自分のものを略奪されるという怖れは必ずしも自己の生命や自由を奪われるという恐怖なのではない。（「大半の者にとって」と但し書きを付けてもよい）。にもかかわらずホッブズが両者は不可分に結合しているかのごとくに書くのは、ホッブズが同時に二つの観点に立っているからであると解すべきである。一つは、自分のもの、とくに労働の成果の侵害を、自己の生命や自由の侵害として、すなわち死の恐怖として感受する者（「少数の」と但し書きを付けてもよい）の観点であり、もう一つは、そうした者たちが感受している恐怖が可能的に遍在していると思いこませる権力者の観点である。前者の観点からは敵対関係はつねに非対称的であるし、後者の観点からは敵対関係はつねに対称的かつ二者的であるのだ。ホッブズはこれら二つの観点を決して混同してはいないし、むしろそれらを混同させるところに権力の生成の秘密

があると見ていたのであるが、解釈者のほとんどは二つの観点を区別することすらせずに、ホッブズをロック的市民哲学者に仕立てあげてしまうのである。

他方個人が現に死の恐怖を感受する事態について多少なりとも具体的に考えるならば、その個人が恐怖しているものは、単なる複数としての多数派の同時侵略以上の・以外の何かであると言うべきである。仮りに、自然状態の内には一個人が見渡すことのできないほどの人間がいるために、個人が恐怖しているものは〈不特定の誰か〉あるいは〈匿名の他者〉による侵害であると言われるとしても、同じことである。ここで解釈者のほとんどは次のようなことを考えてしまう。〝個人が怖れているものは、自己保存のためには手段を選ばず・他人を殺すことも必要であると思う者や、歓楽のためにのみ殺したがる者のことである。そうした者が一人でも存在すれば、その者との対称的な二者的相互関係から死の恐怖が発生するのであり、その限りで各人が可能的には死の恐怖にさらされている〟と。この種の解釈は完全に権力者の観点に立っているし、この種の解釈を招き寄せるところに権力の生成の秘密があると言えよう。そもそも自己保存のために他人を殺す必要のある者とは誰か、また歓楽のために他人を殺す者とは誰かということを多少なりとも具体的に考えるならば、この種の解釈に納得するわけにはいかないはずである。しかもホッブズは前者に対して（道徳的）自然権を承認したが、後者に対してはいかなる追認も与えないのである。とまれBにおいて非対称的敵対関係を探知することは、現に死の恐怖を感受しているが故に自己保存権を承認される者の観点に立つことでもある。

③ ホッブズは第13章において自然状態の経験的例解として「自分に加えられる侵害のすべてに復讐してくれる法と武装した公吏が存在する」状態でも「眠ろうとするときには人は戸に鍵をかける」事実をあげている。[6]

大半の人は戸に鍵をかければ鎮められる程度の怖れしか感じてはいない。不特定の盗人や異例なる者を想像しつつ対称的な二者的敵対関係を怖れるのだとしても、鍵をかけることでその怖れを忘却して眠れる者は幸いである。その者は一度として死の恐怖を感受してはいなかったのだ。高々権力が想起させては直ちに忘却させる擬似的恐怖に夜の祈禱を捧げただけである。

Bにおける恐怖とは、たとえ鍵をかけたとしても、たとえ侵略者の名を特定できたとしても、決して鎮められることのない恐怖、言わば不眠を強いるような恐怖である。こうした恐怖の対象を、ホッブズは〈他者たちの統合された暴力〉と名指していたのであるが、これが単独の力の単なる加算以上の・以外の何かであることは明らかであろう。[7]

AからBへの移行に何ほどかの奇妙さを見出すことすらしない解釈者は、自然状態論の意義を大略次のように解してきた。〝対称的な二者的相互関係は、各人の欲求の強度と財の稀少性とを勘案するとき、敵対的かつ非和解的な競争関係に転化する。しかしこの競争関係は原理的には平和的で合法（則）的なエコノミーの枠内に回収されうることを、理性的な者は知っている。他方この競争関係は、偶発的にではあれ公然たる暴力関係に転化することがありえるし、公然たる暴力に助けを借りることがありうる。とくに一人でも異例なる者が存在していると、その可能性は高まるし万人がその可能性に怯えることになる。そこで理性的な者たちは、対称的な二者的相互的競争関係に公然たる暴力が介在する可能性、これを抑止する法を実効的たらしめる〈第三項〉を定立してこれに服従することが理に適っていると考えるのである〟と。

いまや公認化されたと言ってもよいこの種の解釈図式はさまざまな意味で過っていると言いたい。それは、対称的な二者的相互関係の内から、外なる〈第三項〉を定立することは論理的な逆説性と倫理的な難点を孕んでいるから、というわけではない（そうした逆説性や難点についてホッブズは『市民論』以降は充分に承知していたと見ることができる）。この種の解釈図式は、権力者の観点に立ってのみ権力の生成の論理を無反省に回顧している点で、言いかえると現に死の恐怖に苛まれている者の観点に立たない点で過っているのである。たしかに事は、ホッブズ解釈の域を超えているかもしれない。しかしホッブズ解釈の枠内でも、守られるべき倫理があるはずである。第13章の全面的解釈と右の解釈図式の批判とは他の機会に譲ることになるが、AからBへの移行については次のように結論することができよう。Bにおける敵対関係は非対称的であった。BからAを振り返るとき、Aにおける平等性は、非対称的敵対関係に恐怖する者たちの平等性ないしは対称性であると解される。この限りでAからBへの移行に何ら奇妙な点はないのであるが、そこに権力の生成の論理が介入する度合いに応じて、AからBへの移行は奇妙なものとなるのである。

2

〈他者たちの統合された暴力〉はどこからやってくるのか。それを第10章と第11章において探求することが以下の課題となる。まず第10章「力・価値・位階・価値性」の検討からはじめる。

一般に力の強度は外延的にのみ測定される。すなわち特定の現象の原因たる力の強度は、その結果を外延的に測定して得られる外延量によって指標づけられる（いまは質量概念をめぐる論点は措く）。しかしこの場合、結果＝効果の尺度によっては、直接に力の強度は測定されていないと、つまり力とその結果＝効果とは比をもたないのだと考えなければならない。この限りでの力こそが、ホッブズの言うコーナートゥス（conatus）である。コーナートゥスとは現象としての運動の原因たる運動であり、それは「与えられ確定された空間や時間すなわち図表や数によって指定される空間や時間、これよりも小さい空間や時間すなわち点を通過する」微小運動であるが、この点の量ひいてはコーナートゥスの量は「論証においては計算されることはない」のであるし、現象としての運動の量とは比（comparatio）を有してはいないのである。[8] たとえば人間の背筋力の結果＝効果を外延的に測定することはできても、そのことによって人間の背筋力の強度が直接に測定されていると直ちに言うことはできない。人間の背筋力は一次元的外延量に還元不可能な仕方で微細かつ柔軟に深く広がっているはずである。同じことは人間の知力なども含めた自然力一般について言うことができよう。

　ところで一人の靴職人を想定してみよう。そしてその人間の靴職人としての力の強度はいかに測定されているかと問うてみる。直ちに半ば自動的に思い浮かぶ解答は、一定の指定された空間や時間において産出される靴の数量によって、靴職人としての力量が指標づけられるという解答である。だがそれだけではない。靴の質の度合いがある。それは文化的かつ制度的に一定の度量として測定されていると考えてよい。だから靴の美しさや靴の使いやすさなどの度量によっても、靴職人としての力量は指標づけられるであろう。だがそれだけでもない。靴の評判や靴職人その人の（徳性の）評判がある。それもまた文化的かつ制度的に測定されていると考えてよい。よってこうした評判の度合いによっても、靴職人としての力量は指標づけられることになる。こうして靴職人としての力の強度は、その結果＝効果と目される事物や事象の度量によって直接に測定されるようになる。靴職人個人がいかに修練を積もうがいかに教養を高めようが、そのことがたとえば靴職人としての評判の増大という結果＝効果を産むのでなければ、靴職人個人の努力は何ものでもないのである。そしてこのことは不可避的である。靴職人としての力は、特定の文化と制度の内部でしか発揮されないからである。

　ホッブズとともに強調したいのは次のことである。靴職人個人は靴職人として力を発揮する過程を、人間として自然力を発揮する過程として体験せざるをえないこと、さらには労働をめぐるイデオロギーや物質的装置に束縛されているが故に、前者の力の結果＝効果の度量によって直接に後者の自然力も測定されていると感受してしまうこと、これである。本来、言いかえればコーナートゥス論の成り立つ場においては、人間の自然力と靴職人の力の結果＝効果とは比をもたないにもかかわらず、いまや特定の場においては両者は共約可能であると見なされてしまう。そしてこのとき靴職人としての力の劣化は、人間としての力の劣化として感受されてしまうといった諸情念が生起することになるのである。

人間の値あるいは価値（Value or Worth）とは、他のすべてのものと同じく、その人間の価格（Price）である。すなわちその人間の力の使用に与えられるであろう価格である。よって絶対的ではなく、他人の必要と判断とに依存するものである。兵士の有能な指導者は、当面の差し迫った戦時には大きな価格であるが平時にはそうではない。学識があって清廉な裁判官は、平時にはきわめて価値があるが戦時にはそれほどではない。[9]

人間の価値とは結局のところその価格である。状況の変化に応じて軍人の価格や裁判官の価格は変動するから、「他のすべてのものと同じく」ここでも価格と価値の分化なるものを認識することはできよう。そして「価格を決定するのは売り手ではなく買い手である」が故に買い手の「必要と判断」の変動に応じて売り手の価格が変動するのであるし、他方価格の変動を通して不変であると見なされる価値については「われわれが相互に付与し合う」のであると論ずることもできよう。[10] そして人間が自己に付与する価値と、相互に付与し合う価値や買い手たちが決定する価格との相違から、種々の争いと情念が生起すると論ずることもできる。一言でいえばこうしたエコノミーの総体を、対称的相互関係の重合として（売り手と買い手の関係は何ら非対称的ではない）、ホッブズに即して論ずることは十分に可能である。

しかしホッブズの強調点は別のところにあるように見える。ホッブズが強調したいことは、人間の価格が人間の力の使用の直接の尺度となっていること、言いかえれば人間の力の結果＝効果と（相互に）見なされているものが、人間の力の使用の直接の尺度となっていること、これである。たとえばホッブズは、価格の変動に応じて、軍人の力は平時には弱まるし裁判官の力は戦時には色褪せると言いたいのである。それでも軍人や裁判官が自己に内在する（相互に付与される）価値を信じているとしよう。そのとき軍人や裁判官は価値の源泉としては自己の自然力しか当てにはできない。だから軍人は体力を強化し姿勢を崩さず徳性を誇り続けるのであるし、裁判官は戦時法や国際法なるものについての雄弁術を鍛えるのであるし、あるいは逆に疲れ果てたり怠惰になったり自害したりするのである[11]。いずれにせよ、力の使用に与えられる価格は、力の変動に応じた種々の変化を通して、軍人や裁判官としての力だけではなく人間としての自然力そのものの直接的尺度となりはじめるのである。こうして第10章冒頭の力の一般的定義を引用することができる。

人間の力は（一般的に言って）、将来の明らかな善を獲得するための現在の手段である。それは本源的力であるか道具的力である。自然力は身体や精神の諸能力の卓越性であって、たとえば異常な強さ・容姿・慎慮・技芸・雄弁・寛容・貴種性である。道具的力とは、自然力や偶運によって獲得される力であって、力を増大する手段や道具となる力である。たとえば富・評判・友人・幸運と呼ばれる神のひそかな働きである[12]。

ホッブズは、自然力と道具的力とが区別し難い形で力一般として現われる場を想定している。ホッブズは続けて「力の本性＝自然は、名声と同様に広がるにつれて増大するし、進めば進むほど速くなる重い物体の運動に似ている」と書いている。本来の意味での自然力がこうした本性＝自然を有していないことは明らかである。だからホッブズは方法的に、自然力にも道具的力と同じような本性＝自然が付与されてしまう場を想定していると解すべきである。その場では、力（一般）の使用に価格が与えられるのであった。すなわち「異常な強さ・容姿・慎慮・技芸・雄弁・寛容・貴種性」に価格が与えられるのである。そして「富・評判・友人・幸運」に価格が与えられるのであるし、それらは力を増大させるが故に価格を吊り上げるのである。そうした場に登場するのは、軍人であり裁判官であったが、それにとどまりはしないことは言うまでもない。

ホッブズが想定している場を〈力の市場〉と呼ぶことができよう。[13] そして第10章はこの〈力の市場〉の特質の分析であると見ることができる。

〈力の市場〉の内部では何が力であるのか。ホッブズは次のものを新たに加えている。コモン－ウェルス・党派・力があるという評判・良き市民であるという評判・祖国を愛するという評判・知識などである。〈力の市場〉の内部での人間関係は〈賞讃する（Honour）―賞讃される〉という関係である。[14] 賞讃するとは具体的には、服する・贈与する・道を譲る・愛する・怖れる・礼をつくす・信ずる・傾聴する・真似るなどである。こうした賞讃する―賞讃されるという関係は、何ら非対称的な関係ではなく単なる勾配の関係として記述されていると言うことができる。〈力の市場〉の内部で賞讃されうること、言いかえれば賞讃に値することとして、支配・勝利・徳性・分別・機智・有名であること・富裕欲・野心などがあげられる。そしてそれらが賞讃に値するのは、それらがすべて力であるからと説明される。かくて〈力の市場〉の内部では、力が賞讃に値するのであるし力が現にさまざまな仕方で賞讃されている。そして同じことだが、価格が与えられるような力の使用が、賞讃に値し現に賞讃されているのである。

〈力の市場〉の内部で賞讃される力の価値とは、必ずしも道徳的な価値ではない。「ある行為が正しかろうと不正であろうと（それが偉大で困難であり、よって力の大きいことの指標であれば）、賞讃についての事情を変えることはない。賞讃は力があるという意見にのみ存するからである」[15]。たとえば異教の神々による略奪・ユピテルの姦通・メルクリウスの欺き・海賊や追剝・決闘なども賞讃に値する力である。とすれば〈力の市場〉の内部では、そうした力の擬似使用あるいは再現にも価格が与えられるはずである。
こうしてホッブズが第10章において想定していた〈力の市場〉の姿が明確となる。そこでは力の使用に価格が付く。逆に言えば価格が付くものが力である。力とは売れるもの・売り物になるものであり、売れるもの・売り物になるものが力である。一般に「力の評判は力である」から、売れるという評判は売り物になるのだし、そんな仕方で力は増大強化されるのである。他方において、無力とは売れないこと・売り物にならぬことであり、売れないもの・売り物にならぬものは力が無いのである。

3

第11章は「さまざまな態度」と題されていて、それは「共同生活に関係する人類の諸性質」を主題とする。この「共同生活」とは〈力の市場〉のことであると解される。ホッブズは〈力の市場〉に関係する人間性を論じつつ、〈力の市場〉を画定している境界線すなわち力と力の零度との境界線を探査していく。まず欲望論からはじめられる。

生活の至福は満足せる精神の平安にあるのではない。昔の道徳哲学者の書物で語られているような究極目的も最高善もないからである（現在の生活ではいかなる場ももたないからである）。その欲望が目的＝終局に達した人間は、感覚と想像が停止した人間と同様にもはや生きてはいない。至福とは、ある対象から他の対象への欲望の継続的進行である。前者の獲得は後者への途上にすぎない。その原因は、人間の欲望の対象＝目標が、一度だけ短時間だけ享受することではなくて、自己の将来の欲望の進路を永遠に保証することだからである。[16]

「昔の道徳哲学者」は究極目的や最高善を必ずしも活動の停止と見なしたわけではないし、意志や欲望ないしは欲求の停止と見なしたわけでもない。むしろ究極目的や最高善は、人間の本性的＝自然的な力の使用あるいは人間の本来的活動として構想されていたはずである。にもかかわらずホッブズが究極目的や最高善は現在の生活では不可能であると断じえたのは、究極目的や最高善を人間の活動一般の停止と捉えたからであるというよりはむしろ、究極目的や最高善における人間の本来的活動なるものが〈力の市場〉内部での力の使用に転化していると断じたからであろう。

他方ホッブズは欲望の停止を、感覚や想像の停止すなわち死に喩えているが、この比喩の意義を精確につかむ必要がある。そしてこの点に関して次のような議論を予想することができる。〝生命とは継続的運動である。ただしそれは現象としての相対的な運動―静止ではなく、不可視の絶対的微小運動の多様な総体である。より正確に言えば生命とは、そうした微小運動と物質の諸運動との相互作用から生ずる一つの効果である。そして欲望とはそうした微小運動（の現われ）であるから、欲望の停止は微小運動の停止であり生命の停止である〟という議論である。

この議論そのものはホッブズ解釈としても誤っているわけではないが、ホッブズが何故かかる欲望論を殊更に第11章で言い立てているかを教えない点で不適切である。こう言いかえてもよい。欲望一般の停止が生命運動の停止であることは形而上学的にも自然学的にも自明である。しかし欲望の停止が生命運動の阻害や停止として体験されたり感受されたりすることは、何ら自明ではないし必然的でもないのだ。実際、微小運動の直接的発現と見なしうる欲望があるとしても、そうした欲望がここで呈示されている欲望の規定を満たすか否かは、一般に思われているほど簡単に決められはしないのである。よって第11章の解釈という文脈においては、ここでの欲望が力の欲望であることが強調される必要がある。そしてホッブズは力の欲望がここで呈示されている欲望の規定を満たしてしまうような場、なおかつ力の欲望の停止が生命の停止として体験され感受されてしまうような場、すなわち〈力の市場〉を想定しているのだと解さなければならない。そうしてはじめてホッブズの欲望論の意義をつかむことができるはずである。さてホッブズは力の欲望について次のように書いている。

私は全人類の一般的傾向として、次から次へと力を求める永久不断の欲望、死においてのみ止む欲望をあげる。この原因は、人間がすでに獲得した快楽よりも強い快楽を望むということでも、人間が適度な力で満足できないということでも必ずしもない。原因は、人間が現にもっているよく生きるための力と手段を保証するには、力と手段をより以上獲得しなければならないことにある。[17]

ホッブズはこの欲望論を「国王」によって例解している。ホッブズによるならば、「国王の力は最大である」から「国王はその力を保証するために努力する」ことになる。具体的には、法を布告したり戦争をしかけたりすることによってその力を保証しようとする。そしてそれが達成できたとしても国王は「安楽と感性的快楽」を欲望したり、「芸術や精神能力の卓越性への賞讃」を欲望したり、かくて永久不断に力を欲望し続けるのである。

このことの原因はホッブズが指摘するように、国王個人が、より強い快楽を絶えず欲求する資質や適度な力で満足できない資質をもつことに必ずしもあるわけではない。逆に言えば、国王個人が快楽に淡白であり節度ある資質をもっていたとしても、国王であることを欲望している限り力を欲望しなければならないのである。むしろここでは、快楽に淡白であり節度ある資質でさえも、国王として欲望すべき力となるのである。

かくて力の永久不断の欲望の原因について次のように言うことができる。〈力の市場〉の内部では国王には最大の価格が付けられている。そしてこの価格は国王としての（人間の）力の使用に対して付与されているると観念されている。だからこそ一人の人間が国王として存在し国王としてよく生きるためには、国王の価格に見合う力の使用を続けなければならないし、そうした力を永久不断に欲望し続けなければならないのである。つまり国王として売れることを欲望するならば、絶えず自己を最高価格の売り物とすることを欲望しなければならないのだ。国王はしばしば法を改定したり恩赦を認証したりすることで法制定力を保証するのであるし、戦争と平和をめぐる大権を行使することで生殺与奪の力を保証するのである。そしてこれは国王に限らないが、安楽や感性的快楽に耽溺できることや、芸術や精神能力の卓越性も力＝価格であり、そうした力＝価格は絶えず新たな力＝価格や手段（評判・名声・賞讃・位階・成功・幸運・党派・友人など、そしてメディア）を引き寄せるのでなければ必ず低下して潰え去ってしまうものだ。こうした意味で力の欲望は、永久不断に力を求める欲望でありそれ自身の進路の保証の欲望である。

ホッブズが国王によって例解した事態が何ら異例でも異常でもないことは今や明らかであろう。雄弁なる力＝価格や貴種性なる力＝価格、あるいは容姿なる力＝価格や体力なる力＝価格、そして党派なる力＝価格やコモン－ウェルスなる力＝価格において、同様な力の欲望の働きを探知できるであろう。また徳性も一つの力＝価格であった。このとき徳性をもちたいという欲望は、徳性を使用して賞讃されるために事件やメディアを絶えず求める欲望となるはずである。かくてホッブズの言う力の永久不断の欲望は何ら異例でも異常でもないし、およそ怖れたり嘆いたりするべき筋合いのものではない。それは〈力の市場〉としての共同生活においては至極ありふれた欲望なのである。

こうしてホッブズ解釈上の中心問題は、力の欲望が死においてのみ止む欲望であるという認識あるいは力の欲望の停止が生命の停止に喩えられるという認識、これをホッブズがいかにして手に入れたのかという点に絞ることができる。ホッブズのあげる力の例示から言って、力の欲望の停止は直ちに生命の停止ではないように見えるだけに、この問題の解決は難しいと言える。三つの解釈を呈示して検討していきたい。

① 特定の力の欲望の停止ないしは放棄は、たとえば国王の地位を棄てることや容姿に関して諦観することは、直ちに力一般の停止すなわち死ではない。しかし大抵の場合に特定の力の欲望を放棄することには別の力の欲望が隠されているものだし、少なくとも他の力の欲望を抱き続けていることに変わりはない。この意味で人間は力の欲望を免れることはできないし、人間は一生を通して〈力の市場〉の内部に囲われていてそこから完全に降りることはできないのである。[18]

しかしこの解釈では、死の恐怖は基本的には自然死の怖れと同一視されてしまうし、[19]非対称的な敵対関係を生じさせないように見えるから採ることはできない。

② 力の欲望は絶えずより多くの力を求める欲望であるが、この力の増分は、他の人間の力を支配ないしは移転することによって得られている。このとき各人は力を奪われ続けて、ついに自己の力が零度となってしまうこと、すなわち死を怖れざるをえないことになる。

この解釈は死の恐怖が対称的な二者的相互関係一般から生ずるかのように語る点で、基本的には本稿の第一節で示した権力者の観点に適合的である。加えて〈力の市場〉の内部での競争関係の理解において不適切であると言える。たしかにホッブズは次のように書いてはいる。

富・賞讃・支配または他の力をめぐる競争は、争い・敵対・戦争へと傾いていく。なぜなら競争者の一方がその欲望を達成する道は、他方を殺し・服従させ・押しのけ・追放することだからである。[20]

まず指摘しておくべきことは、ホッブズ的競争においては、一人の人間の力の増加が必ず他の人間の力の減少に対応しているわけではないことである。〈力の市場〉はいわゆる投下労働量と支配労働量との連関についてのエコノミーとは異質であるし、第14章から第16章にかけての譲渡論をここにもちこむのも論外である。

次にここでの戦争と第13章における戦争状態とを明確に区別する必要がある。〈力の市場〉内部の競争者は、他の競争者とともに共通の尺度の下での力の優位を目指しているのであって、必ずしも他の競争者の力一般の零度さらには生命力の零度を目指しているのではない。よって、ある競争者が他の競争者の死を招来してしまうとしても、少なくとも前者の観点からすれば、それは偶発的で非本質的な事件にすぎないのである。そして一般に競争者にとって「戦争」は常にメタファーであるし、競争者ほどそのメタファーを使いたがる者はいないのである。

このことは第11章後半の論述からも示すことができる。そこでホッブズは、徳の愛・憎悪・傷害意思・空しい企て・野心・不決断・他人への信頼・慣習への執着・私人への服従・軽信・知的好奇心・自然宗教などの態度を分析しているが、それらはまさに〈力の市場〉の内部で発生する態度であり、しかも「平和と統一のうちの共同生活に関係する諸性質」なのである。それらは〈力の市場〉の内部の競争者たちが幾分なりとも備えている徳性や悪徳性であって、とくにその悪徳性にしたところで、それが他人に死の恐怖を喚起するはずもないし共同生活に戦争状態を呼びこむはずもないのであって、それはむしろ共同生活の紐帯ですらあるのだ。競争者たちは一度として生死を賭けた戦争状態に参入したことはないし、一度として死の恐怖を感受したこともないのである。

③　ホッブズが力の欲望の停止を生命の停止に喩えたのは、差し当たり次の事実から出発してのことであったと解することができよう。〈力の市場〉の内部では、国王の力の劣化は国王たる人間の力の劣化と

して感受されるし、国王たる人間の力の回復は国王と王国の力の強化として感受される。こうした感情の支配するところでは、国王たること（の欲望）の停止は人間として生きること（の欲望）の停止と一致することになる。また〈力の市場〉の内部では、人間の精神的身体的力の弱さは直ちに労働力の欠如であるし、労働力の低下は人間の生命力の低下と区別されない。こうした制度の下では、労働力（の欲望）の停止は直ちに人間として生きること（の欲望）の停止となる。基本的には同じような仕方で〈力の市場〉の内部では、知力や容姿なる力＝価格（の欲望）の低下は、身体的生命力（の欲望）の衰弱とは区別されない仕方で感受されてしまうし、財産や住居なる力＝価格（の欲望）が将来無くなってしまうという不安は、生命の停止の不安と区別されない仕方で抱かれてしまうのである。そして何故かは分からぬが、力（の欲望）の低下は生理的失調をひきおこしさえする。

すなわち力の強度は、生命力ないしはコーナートゥスの強度と共通の比をもたないことは理論的には認識されているにもかかわらず、〈力の市場〉の内部では両者が対応して変化するかのように体験され感受されている事実、これにホッブズは着目することによって、力（の欲望）の零度を生命力（の欲望）の零度に喩えることができたのである。

②と③との相違はさほど無いように見えるかもしれない。しかし②においては競争での敗北が死で暗喩されているだけであるのに対して、③においては競争からの脱落ないしは排除が死に直結するような者が念頭に置かれている。しかもその死は①における自然死ではなく、まさに暴力死である。そして②においては各人に擬似的な死の可能性が配分されているのに対して、③においては死の可能性が競争者に割り当てられることはないのである。

では現に死の恐怖を感受する者、言いかえると〈力の市場〉との非対称的な戦争状態にいる者は誰か。ホッブズは第11章では次のように書いている。

窮していて現状に満足していない大胆な人間は、軍事的支配の野心をもつすべての人間と同様に、戦争の原因を持続し紛争と騒乱を煽動する傾向がある。というのは戦争による以外に軍事的名誉はないし、新しく勝負をかける以外に悪しきゲームを正す希望はないからである。[21]

こうした人間をおそらく〈戦士〉と呼ぶことができよう。[22] 戦士は〈力の市場〉そのものの転倒や無化を目指すのであり、〈力の市場〉との戦争状態に意志的に参入するのである。

ホッブズが〈力の市場〉あるいは共同生活の外部にいる者の観点をこのように保持していることは、幾度も強調されなければならない。しかしこの観点は、とくに第10章や第11章では見えにくくなっていることも確かである。そのために第13章に垣間見える非対称的敵対関係が、第10章と第11章から由来していることも一層見えにくくなっている。そのことの理由はこうである。〈力の市場〉によって力の零度と生命力の零度とを強いられて死の恐怖を現に感受している者は、いつも〈力の市場〉で力を欲望する競争者と見なされてしまうからである。たとえば孤児が抱くであろう他者への欲望は家族社会への欲望と見なされるし、弱者の活動の欲望は労働の欲望と見なされるし、外部の者の生存の欲望は内部の者の力に対する欲望と見なされるのだ。こうした者は力を欲望しなければ死の恐怖を癒しえないことを知るが故に、たしかに力を絶えず欲望するであろう。しかしそうした者は、他者たちの統合された暴力と対峙する来たるべき戦士であることも確かなのである。

注

『リヴァイアサン』からの引用は Leviathan edired by C. B. Macpherson（Penguin Books）の頁付けによる。また W. Molesworth 編のラテン語版

全集をOLと略記する。

1 Leviathan, Chap. 13, p. 184,［A］・［B］は引用者による。

2 Leviathan, OL. III. p. 98

3 以下の議論の基本は上野修氏の研究に学んだ。上野修「「残りの者」――あるいはホッブズ契約説のパラドックスとスピノザ」（『カルテシアーナ』第八号、一九八八年）参照。

4 第15章の「愚か者」の議論、第18章の「主権設立集会」の議論、第28章の刑罰論などである。譲渡論については他の機会に詳しく論じたい。

5 このことを認めたとしても、それはホッブズが社会契約論者として不徹底だからだと言われるかもしれない。こう応じておく。ホッブズは社会なき（without）状態と社会の外部の（without）状態との差異を消去するところに権力の作用を見ていたが故に、非対称性を気軽に捨象できなかったのだと。そして両者の差異が無いかのごとくに進むのが教科書的社会契約論である。

6 Leviathan, Chap. 13, p. 186-187

7 不眠の恐怖については、金塚貞文『眠ること　夢みること』（一九九〇年）参照。

8 De Corpore, OL. I. p. 177-178

9 Leviathan, Chap. 10, p. 151-152

10 ibid. p. 152

11 チャウシェスク軍事法廷の裁判官として銃殺刑の判決を下した後、一九九〇年三月一日に拳銃自殺をとげたゲオルジカ・ポパの名を記しておきたい。

12 Leviathan, Chap. 10, p. 150

13 この用語はマクファーソンから借りた。cf. C. B. Macpherson, The Political Theory of Possessive Individualism（1962）p. 37

14 Leviathan, OL. III. p. 69

15 Leviathan, Chap. 10, p. 156

16 ibid. Chap. 11, p. 160-161, 括弧内は OL. III. p. 77

17 ibid. Chap. 11, p. 161

18 この解釈に適合的なテキストとして The Elements of Law, I-9-21 をあげることができよう。

19 この点でホッブズの死の恐怖は医療によって癒される恐怖ではないというシュトラウスの鋭い指摘を想起しておきたい。L. Strauss, The Political Philosophy of Hobbes（1952）p. 17

20 Leviathan, Chap. 11, p. 161

21 ibid. Chap. 11, p. 162, この引用文の最後の文に対応する文はラテン語版にはない。cf. OL. III. p. 78-79, 理由は不明である。

22 市田良彦・丹生谷貴志ほか『戦争』（一九八九年）の〈戦士と共同体〉の項参照。

自己原因から自己保存へ
——スピノザ『エチカ』をめぐって

スピノザの倫理の核心は自己の肯定にあり、それ故にまた障害の肯定や逸脱の肯定にある。本稿は、例えば安積純子他『生の技法』（１９９０）に示されている自己肯定の倫理に、スピノザ倫理学の解釈を通して追いつこうとする迂遠な営みの序説である。以下ではまず、『エチカ』第一部における自己原因について検討しつつ自己概念の変様を見定めていく。次に第三部に登場する自己維持と自己保存は第一部から直接には帰結しないこと、それらは第二部を介して初めて可能となることを示していく。そして最後に、第二部前半の諸定理の解釈の方向性を素描する。

1　自己原因

スピノザは『神・人間および人間の幸福に関する短論文』において「あらゆる事物の第一原因であり併せて自己の原因であるところの神は、自己を自己自身によって認識せしめる。だから、神は何ら原因を有しないが故にア・プリオリには証明され得ないというトマス・アクィナスの言葉は大した意義はない」と書いていた。[1] しかし『エチカ』第一部定理二五備考においては、「神は自己原因であると言われるのと同じ意味で神はまたあらゆる事物の原因であると言わなければならない」と書き、定理三四備考においては

「神は自己原因であり、また、あらゆる事物の原因である」と書いている。ここに見てとられる順序の逆転、すなわち〈あらゆる事物の原因は自己原因である〉から〈自己原因があらゆる事物の原因である〉への逆転の意義を考えることが本章の課題となる。

〈あらゆる事物の原因は自己の原因である〉という構図、また一般に、〈あらゆるものと特定の関係を取り結ぶものは、自己ともその関係を取り結ぶ〉という構図にはさまざまな問題がある。例えば、〈あらゆる集合を含む集合は自己を含む集合である〉・〈あらゆる機械を製作する機械は自己を製作する機械である〉・〈あらゆる計算機械を模倣する計算機械は自己を模倣する計算機械である〉・〈あらゆる人間を愛する（憎む）人間は自己を愛する（憎む）人間である〉などの命題はそれぞれが容易ならざる問題をはらんでいる。我々の見るところ、これらの命題はこのままでは真ではありえない。真であるように見えるとすれば、命題内の諸概念が二義的に解されているはずである。そこで二義性を避けようとすれば、少なくとも自己という概念の改変を迫られることになる。そしてそのとき初めて自己から出発することが可能になってくる。この次第を見ていくことにする。

さてトマスは次のように論じて自己原因が不可能であるとしていた。「自己が自己自身を構成する（componere）ことはできない。なにものも自己自身の原因ではないからである。〔もしそうなら〕自己が自己自身に先立って（prius）あることになるが、これは不可能である」、さらには「知性においては、原因は結果に先立っている。もし何かが自己自身にとっての存在の原因であるなら、その何かは存在を持つ以前に（antequam）存在すると知解されよう。これは以下の場合、すなわちその何かが自身にとって、偶性的なあり方としての存在の原因である場合を除いては不可能である」[2]。トマスがここで問題としているのは、原因としての自己と結果としての自己との差異と関係である。特に自己が自己の存在の原因であるとすると、結果としての自己が存在し〈始める前に〉当の自己が〈先に・予め・既に〉原因として存在していなければならないということになる。確かにここにはトマスの言うごとく知性を混乱させる事態がある。

この事態に対する対処の仕方の一つは、原因結果の関係を同時的関係と見なすこと、あるいはそこから時間的な先後関係を払拭することである。これは、存在せしめるという関係を無時間的な論理的関係と見なすことに帰着する。そしてこの対処の仕方には、一般にXがYを存在させるという関係があるとき、特定の項Aについて反射的にAがAを存在させるという関係が成立しても直ちに体系的に矛盾を引き起こすわけではないという、それ自体では正当な見地が含まれてもいる。

しかしそこにはいくつかの問題がある。第一に、自己原因における反射的関係から時間性を払拭できるとしても、その他の原因結果の関係からは時間性を取り去ることは難しいと考えられるから、このとき存在させるという関係は二義的になってしまう。第二に、存在が一階の述語であるかが疑われるように、存在させるという関係も一階の二項述語であるかが当然にも疑われる。そしてこの疑いを解消しようとすると、神が神を存在させるという関係と、神を含む諸項が自己とは別の項を存在させるという関係とが全く違う意義を持たされることになる。第三に、にもかかわらず存在させるという関係の一義性を確保しようとすると、神が神に対して取り結ぶ関係と、神が神以外のものに対して取り結ぶ関係とが一義的になるわけであるから、ここから、神は神があらゆるものと取り結ぶ関係を再び自己と取り結ぶという構図が生まれることになる。ところが、神からア・プリオリに思考を始めることができないとすると、神以外のあらゆるものが相互に取り結ぶ関係から出発せざるを得ないのだから、ここから、神以外のものの相互の間に成立する関係を神が再び自己と取り結ぶという構図が生まれることになる。実際、ア・ポステリオリな神の存在証明の多くはこの構図をとっている。例えばトマスは神以外のものの相互の原因結果の関係から出発した上で、これを無限に遡及することは不可能であるから「第一作動原因」が存在しなければならないとするア・ポステリオリな証明を提示した。しかるにその際には自己が自己の作動原因となることは不可能であるとしていた。[3] これは、神の超越性や異質性を確保しておくためには、当然とらざるを得ない立場であった。しかし、最終項からア・ポステリオリに遡及して初項に到るとき、各項の間に成立する関係が初項と別の何ものかとの間にも成立すると考えられるのは避けられない。もしここで初項が「第一」の項であることに固執するなら、初項は自己とその関係を再び取り結ぶと言わざるを得ないはずである。しかしここにおいて関係が二義的になってしまうことを避けようとすると、初項の自己との関係については何も肯定的には語り得ないことになってしまう。初項とはその先がないという否定性でしかないし、関係を辿って到達した初項は実は当の関係とは無縁でしかないのだから、それはおよそ関係の原理＝始原たりえぬ無内容な単なる端にすぎない。つまり〈あらゆるものと特定の関係を取り結ぶものは、自己ともその関係を取り結ぶ〉という構図は、そのような〈自己〉について肯定的に語ることを阻止してしまうのである。この点について二つの例に即して考えておく。

(1) 〈あらゆる集合を含む集合は自己を含む集合である〉。

〈あらゆる集合を含む集合〉という概念については、カントールのパラドックスという問題が知られている。〈あらゆる集合の集合〉をMとし、Mのべき集合をPとするとき、べき集合の濃度は元の集合より高いと考えられるから、Pの濃度はMの濃度より高い。しかし他方、MはPを要素として含むはずであるから、Pの濃度はMの濃度より高くないとも考えられるという問題であった。このパラドックスの解消の仕方は、集合Mを通常の他の一切の集合以上の・以外のものとして解すること、集合Mが自己の含む集合以上の・以外の事物性・完全性をもつと解することである。つまり、集合概念に二義性を導入するのである。このとき同時に〈含む—含まれる〉という関係が、通常の集合間・通常の集合と集合Mとの間・集合Mとそれ自身との間のそれぞれにおいて、異なる意義をもってしまうことも明らかである。こうした概念の二義性は、通常の集合を確定する仕方によっては、集合Mの〈自己〉をそれとして確定できないということを意味してもいる。実際、ラッセルのパラドックスは次のごとくであった。〈自己を含まない集合すべての集合〉をTとし、Tが自己を含む集合であるか否かを考えると、Tが自己を含む集合であるとすると定義によりTはTを含まないことになるし、Tが自己を含まない集合であるとすると定義によりTはTを含むことになる、というものであった。そこで〈自己を含む集合すべての集合〉をSとする。MはSを含むしMはSに含まれるであろう。他方、TはMに含まれていなければならないが、TがSに含まれるか否かは確定できなかった。とすれば、Mなる集合の〈自己〉は根本的に不確定ということになろう。こうして〈あらゆる集合〉という全体性からア・ポステリオリに出発すると、〈あらゆる集合を含む集合〉の〈自己〉について、通常の仕方では肯定的に語れないことが明らかになる。

このことに関連して第一部定理二一「神のある属性の絶対的な自然から生ずるすべてのものは常にかつ無限に実在しなければならない、言いかえればそれはこの属性によって永遠かつ無限である」の証明を検討しておきたい。これは神の属性の中に有限で確定された実在を持つものが生ずると仮定すると矛盾がでてくるという証明になっている。そこでは神の属性たる思惟の中に神の観念が生ずると仮定することが、思惟は神の観念を持つ限りでは有限であると仮定することに等置されている。ここに神の観念とは神の自己の観念であるから、この仮定は、思惟は自己の観念を内に含む限りで有限であるという仮定であることになる。この仮定は次のように解することができる。思惟の集合をMとすると、自己の観念がMの中にあると仮定することは、MがMを含むという仮定であり、Mが自己を含む集合であるという仮定である。そしてこのMが有限で確定された実在を持つという仮定は、Mが別の思惟の集合によって確定されているという仮定であると解することができる。後者の集合は「神の観念を構成しない限りでの思惟」に相当するが、これは自己を含まない集合として例示できるし、「証明」によればこれは必然的に実在している。すると「絶対的な思惟である限りでの思惟の自然」すなわち思惟の集合から、自己を含む集合と自己を含まない集合とが生ずるわけであるから、自己を含む集合だけが必然的に生ずるわけではないことになる。言いかえると、思惟は思惟である限りにおいて必ず自己の観念を自己の内に含むというわけではないのである。ここから次のように結論できよう。すなわち思惟から、自己の観念を含む思惟が生ずるとすれば、それは無限であって別の思惟によって確定されていてはならないのであり、その自己にしても思惟の内の有限な区画を指示しているものと考えることはできないのである。言いかえると、〈あらゆるものを思惟しているものは自己を思惟している〉という構図をとった場合には、自己についての思惟は、思惟の内の一つの思惟や観念であることはできないのであり、それを特定の思惟や観念として確定することはできないのである。[4]

(2)〈あらゆる機械を製作する機械は自己を製作する機械である〉。

いま機械とは定義上人間が作るものに限られるとすると、この命題は、人間自身が人間によって作られるものすなわち機械であって、かつ人間機械は人間機械を製作するといった意味になろう。とすると問題は、種あるいは個体としての人間機械が製作するところの自己とは何かという点に絞られてくる。これは自己維持・自己保存に関わる論点であるから今は措く。他方において、人間は機械ではないとし、また、人間が〈あらゆる機械を製作する機械〉を作るとすると、その機械が〈自己を製作する機械〉であるか否かが問題になる。これに関して我々はスアレスを参照することができる。

スアレスは自己によってあるもの（ens a se）と他によってあるもの（ens ab alio）とを区別した上で、前者が存在することを次のように証示していた。「もし何らかの種（species）に属するすべての個体が他のものによってあるなら、種全体も他のものによってあることは必然的である。……よってすべての個体が自己から存在を得るのではなく、存在を受容するためには他のものの効果を必要とするなら、種全体にも欠乏と不完全性とがあることになる。ところが種全体は当の種の個体から存在を得ることはできない。同じものが自己自身をつくる（efficere）ことはできないからである。故に種全体はより優れたものから存在を受容しなければならない。……ここで無限に進むことはできない。というのは第一に、そうでなければ、あるものの他のものからの発出（dimanatio）は決して始まらなかったことになるか、他のものからの無数の流出（emanatio）の後にも、このものが産出されるには到らなかったことになるからである。第二に、結果全体の集合（collectio）は、何らかの独立した事物ないしは原因が想定されるのでなければ、依存的ではあり得ないからである。[5]」

〈あらゆる機械を製作する機械〉を個体としての機械であるとすると、それが種としての機械全体を存在させていることになるが、その場合には、当の個体が新種の始祖となって当の種全体を製作しているということになる。〈あらゆる機械を製作する機械〉を種としての機械であるとすると、種が自己を製作によって存在させるということになる。いずれにしてもスアレスによれば、機械なる種・個体は本質的に製作されるものであるという依存性をもつことになる。だから機械の集合全体は他のものによって、例えば種としての人間または個体としての人間によってあることになる。しかしスアレスに従えば、この過程は無限に進むことはできない。とすると、種の産出関係を遡及して到達する第一の種ないしは個体については、その自己産出に関して肯定的に語り得ないことは明らかであろう。これは、種間の産出関係や種と個体の間の産出関係から遡及するのでは、種や個体の生命の起源に関して肯定的に語ることはできないということを意味してもいる。

第一部定理八備考二におけるスピノザの議論は、スアレスの議論に似ているのでここで検討しておきたい。スピノザは「同じ自然の実体は一つしか与えられない」ことを示すために次のように論じている。もし「二〇人の人間」が実在するとしたら、「なぜそれだけの個体が、そしてなぜそれよりも多くも少なくもない個体が実在するかの原因」ないしは「理由」が与えられなければならない。ところが人間の定義は特定の数を含まないから、その理由を人間の自然に求めることはできないし、その原因を人間の自然の原因と同一視することもできない。よって、二〇人の人間の実在の原因は必然的に各個体の外部に実在しなければならない。我々の例で言うと、〈あらゆる機械を製作する機械〉なる概念における〈あらゆる〉が特定の数を含意するならば、機械全体の実在の原因は外部に実在することになるから、およそ機械に関しては〈自己を製作する機械〉はあり得ないことになる。ここまではスアレスの議論の趣意と本質的には違っていない。ところが、自己原因に関して肯定的に語るためには少なくとも、自己原因者の定義が特定の数を含まないのに自己原因者が複数実在するという事態を避けておかなければならないことは明らかになった。言いかえると、自己原因の概念は種概念であってはならないし、その概念の外延が数的に確定してはならないのである。そこでスピノザは次のように論ずる。「同じ自然で複数の個体が実在し得るようなものは、その実在のために必然的に外部の原因をもたなければならない」のだけれども、実体はその定義あるいは本質が実在を含むのであるから、すなわち定義が特定の数を含まないままに定義によって実在するのであるから「同じ自然の実体は一つしか実在しない」ということになる。そしてここに言われる一性が、通常の確定された一性ではないことは明らかである。[6]

以上の例解から引き出しておきたい教訓は、ア・ポステリオリな仕方では自己原因の自己を肯定的に語ることはできないし、その一性を的確に言い当てることもできないということである。自己原因の概念を肯定的に語るには〈あらゆるもの〉という全体性から出発してア・ポステリオリに進むことは適切ではないのである。そうではなくて、自己原因から出発してア・プリオリに進むのでなければならないのである。

ここにおいて先に引用したトマスの自己原因批判が重大になってくる。ところがその際には、トマスの批判を原因としての自己と結果としての自己との関係を論理的無時間的関係と解して逃れようとすることは、ア・ポステリオリな進み方の難点を招き寄せる点において採ることはできなかった。そこで、トマスが前提としている時間概念そのものの批判から始めるべきであることになる。

〈自己の始まり〉と〈自己の始まり以前〉との間に時間的差異があるとすると、自己が存在する時間と自己が存在しない時間とは、特定の時点によって分割されていると想定していることになる。ここで〈自己は自己を無から創造した〉などと言い逃れるのを拒むとすれば、自己が何故に他ならぬその特定の時点で存在し始めたかの原因ないしは理由を知性は問わざるを得ない。ところがその解答を自己ならざる他のものにも自己ならざる無にも求めることはできない。この自己はその存在の原因ないしは理由であるからである。そこで採り得る道の一つは、自己原因たる自己は全時間的にないしは永遠に存在すると考えることである。よってかかる自己には〈始まり〉も〈それ以前〉も考えることはできない。あるいは、〈始まり〉も〈それ以前〉も考えることのできない自己、その存在によって〈始まり〉が〈始まる〉自己を考えなければならないのである。

そもそも〈自己原因者が何故他ならぬその特定の時点で存在し始めたのか〉と問い始めたのは、自己原因者ではなく、その思考を時間的に規定されている存在者（知性）である。とすると、その知性が自己原因者の内にあるものであるとするならば、その知性が自己原因者の始まりの時点を想定してそれについて〈他ならぬその〉と思考することは、〈他ならぬその〉条件の下でしか可能ではないのであるから、知性は現実には自己原因者の他なるもの・外なるもの・自己原因者の無であることの可能性を思考し得ないし思考してはいないのである。ここで思考の内容、例えば〈自己原因者は他の時点でも始まり得た〉という思考内容は論理的に可能であって、それ故に思考可能であると言われるかもしれない。それが思考可能であるとすると、それは自己原因者の全能性と永遠性を介して実現可能であるのだし現に実現しているはずである。しかし永遠性を捨象してしまえば、その可能性は、語の組み合わせの文法的可能性に過ぎず内容的には空虚であると思われる。自己原因者については、始まりもそれ以前の無も他者も外部も思考し得ないし、思考すること自体が無意味なのである。スピノザの言うように「神の他にはいかなる実体も与えられ得ないし概念化され得ない」（第一部定理一四）のである。

そうなると我々は依然として自己原因については否定的にしか語れないように見える。スアレスによれば、自己による存在（a se esse）は肯定的な表現に見えるが、実際は〈他によってあるのではない〉という否定を肯定的に見せているだけの表現である。というのも「ものは肯定的な生成や流出を介して自己によってあることはありえない」からである。それでも自己によってあることに肯定的な内容を与えたいのであれば、「自己の実在をいかなるものからも受容しないような仕方で、自己と自己の本質のうちに自己が実在することを含むという肯定的で単純な完全性」のことを語るしかないとしている。[7] 我々の見るところ、『エチカ』はまさにこのスアレスの到達点から出発している。すなわち『エチカ』冒頭の定義一は「私は自己原因を、その本質が実在を含むもの、あるいはその自然が実在するとしか概念化されえないものと解する」となっており、スアレスの示した妥協とも言える定義から出発しているのである。よって我々は、この定義だけでは自己原因について肯定的に語ったことにはならないのだと主張しておきたい。そこでスピノザが自己原因についていかに肯定的に語っているかを吟味するために、『エチカ』において自己原因の概念が明示的に使用されている箇所を検討していくことにする。それは定理七証明・定理一二証明・定理二四証明・定理二五備考・定理三四証明である。

定義一が最初に使用されるのは定理七である。「実体の自然には実在することが属する。証明　実体は他のものから産出されることができない（前定理系により）。かくてそれは自己原因であろう（erit）。すなわち（定義一により）その本質は必然的に実在を含む。あるいはその自然には実在することが属する」とある。ここでは自己原因の概念は否定的にのみ呈示されていると言わざるを得ない。[8] また定理一二は自己原因に関して定理六を参照しているから、[9] 定理一二でも自己原因の概念は否定的に呈示されていると言えよう。

定理二四は「神は、事物が実在し始めることの原因であるだけでなく、事物が実在することに固執することの原因でもある」となっている。その「証明」によると、自己原因者によって産出される事物は他のものによって実在するのであるから、その本質は実在を含まず、それ故に定義上自己原因ではない。とすると自己原因者は事物が実在し始めることと事物が実在することに固執することの原因であることになる。ここで注意しておきたいのは、自己原因者が同じ意味で自己を実在させ始めるとも実在に固執させるとも言われてはいないことである。

定理二五備考はこうである。「神が自己原因であると言われるのと同じ意味で（eo sensu）神はあらゆる事物の原因であると言わなければならない。このことは次の系から一層明白であろう。系　特定の事物（res particulares）は神の属性の変様、あるいは神の属性を確定された様式で表現する様態にほかならない。」ここで注意しておきたいのは、自己原因の概念を肯定的に語ろうとする地点で、神−属性−様態としての事物という構図が呈示されていることである。定理三四はこうである。[10]「神の力は神の本質そのものである。証明　神の本質の必然性からして、神は自己原因であること（定理一一によって）、そして神はあらゆる事物の原因であること（定理一六と系によって）が帰結する。故に神の力――それによって自己とあらゆるものとが存在し活動するのだが――は、神の本質である。」ここにおいて明確に神の同じ力が、神とあらゆるものとを存在させ活動させるとされている。つまり自己原因をア・プリオリに語ろうとする地点で、力ということが語られてくるのである。さてここにおいて、神が自己原因であることが、自己原因という語が明示的には出てこない定理一一を根拠としていることに注意しなければならない。かくて自己原因の概念の解釈の中心的課題は、定理一一を自己原因の概念の肯定的な論述として読み直すこととなる。[11]

「定理一一　神、あるいは各々が永遠にして無限の本質を表現する無限に多くの属性から成る実体は、必然的に実在する。」これには三つの証明が与えられているが、第一の証明は定理七を参照している点で、第二の証明は「神の実在を排除する原因や理由はない」ことが根拠とされる点で、第三の証明は「我々」から出発する点において、自己原因を肯定的に語る証明であるとは考えられない。かくて備考のア・プリオリな証明に着目しなければならない。すなわち「実在し得ることは力であるから、事物の自然に、より多くの事物性が帰するに従って、その事物はそれだけ多くの実在する力量（virtus）を自己によってもつことになる。よって絶対的に無限なもの、すなわち神は、絶対的に無限な実在する力を自己によってもち、かくて神は絶対的に実在する」という証明である。スピノザは、外部原因から生ずる事物しか顧慮しない者はこの証明の明証性が分からないだろうが、それでも「いかなる実体からも産出され得ない実体」について語られていることに注意すればこの証明を理解するだろう、としている。つまりこの証明は、本来あるいは最終的には〈外部原因によって産出されない実体〉という否定的な規定をされる実体の実在証明と読まれてはならないのである。我々はこのア・プリオリな証明においてこそ、神が自己原因であることの意義を理解しなければならない。つまり神の自己とは、力としての事物性なのである。そして、自己原因の概念とは実は力の概念なのであった。

　このように自己原因を肯定的に語ろうとすると、それを力として語ることになるといった事情はスピノザ以前の哲学者においてもしばしば見られる。[12]だから、力は力の原因であり、それと同じ意味で力はあらゆるものの原因であるという所説そのものはなんら異例ではない。問題は、この力がいかに活動し実在するか、またこの力がいかにあらゆるものを活動させ実在させるかの解明の仕方にかかっている。[13]ここでは

[illegible]だけを示しておきたい。
先の[illegible]を含む集合はあらゆる集合を含む集合である〉。

第一部定義三は実体を「自己の内にあるもの」と定義し、公理一は「あるものはすべて、自己の内にあるか、他のものの内にある」としている。また第一部を通して実体の絶対的な無限性・唯一性・内在原因性が証明されるわけであるから、第一部は〈自己の内にあるものは、あらゆるものがその内にあるものである〉という命題を帰結すると解することができる。ところが、第一部においては「自己の内にある」ことは明示的に証明で使用されることはなく、それ故にそれは肯定的には解明されていないように見える。しかし次の点に注意するべきである。定理二九備考は「能産的自然」を「自己の内にあるもの」とした上で、それを「自由原因」と規定しているし、定理三五は「神の能力（potestas）の内にあること」がすべて必然的に存在するとしている。これらの点を考慮するならば、「自己の内にある」ことは、「自由原因」として「自己の能力の内にあること」を余すところなく現実化することとして解明されていると見ることができよう。[14]このとき、あらゆるものは「自己」の力の発現の様式としてとらえることになろうが、この「自己」は、自己同型・自己写像なる概念によって形式的にではあれ確定されるような「自己」ではないし、あらゆる「もの」と異なる意義における「もの」なのでもない。「自己の内にある」ことを肯定的に語ることは、あらゆるものが一つの力の発現として「他のものの内にある」と語ることと同じなのであって、それ以上でもそれ以下でもないのである。[15]

第二部定理三についてスピノザは第二部定理五の証明において次のように書いている。神が「神の本質と、神の本質から必然的に生起するあらゆるもの」の観念を形成できることを、「神が自己の観念の対象であるということからではなく、神が思惟する事物であるということのみから結論した」とである。スピノザは、神においては、自己の観念と自己から生起するものの観念が自己の内に与えられることを否定している。あるいは、神が自己の観念が自己の内に与えられるような自己であることを否定しているのである。しかしこのことは、観念に写される自己が、観念が与えられる自己と区別されてしまうというアポリアを避けるために言われているのではない。スピノザは「無限に多くのものを無限に多くの様式で思惟できるものは、思惟することの力量（virtus）において必然的に無限である」（定理一備考）とし、さらには、「神が自己を知ること」は神が無限に多くのものを産出してそれらの観念を持つことと「同じ必然性で生起する」（定理三備考）としているからである。〈あらゆるものを観念に写すものは、自己をも観念に写す〉と進められているのではなく、〈思惟することの力量を知ることが同時にあらゆるものをあらゆる様式で思惟することである〉と進められているのである。自己を思惟する力として肯定的に語ることが、あらゆる観念をその力の発現として語ることと同じなのである。

(2)〈自己を製作する機械はあらゆる機械を製作する機械である〉。

この命題が成立するための一つの条件は、機械なる種が（天使のように）定義上一つの個体しかもたないということであった。そしてその機械＝個体が「自己」を製作すると語ることは、その製作の力が産出するであろうあらゆるものを、機械＝個体の内にある製作された部分機械として語ることに等しいであろう。もちろんこの命題は、機械＝個体の唯一性と自己製作性とを仮定しさえすれば形式的には成立するように見えるが、製作の「力」を厳密に考慮するならば、かかる機械＝個体は宇宙全体と概念上区別できなくなるはずである。[16]

力は力の原因であり、力はあらゆる事物の原因であるとする力動的な自然観が、スピノザの自己原因の[illegible]であるのだが、その自然観を介してスピノザは、神あるいは自然の「自己」については通例の仕方[illegible]明らかにしたのである。そして自己を力として肯定的に語ろうとすることによる自己概念の変様は、当然[illegible]が例示してきた諸命題が使用する諸概念の変様をも迫るであろう。以下では個体の自己概念の変様の次第に限定して考えていくことにする。

2　自己維持

自己維持および自己保存（ipsius conservatio、第三部定理九備考）に関する中心的な定理は、第三部の定理六から定理九までである。まずこれらを引いておく。またそれぞれの定理が証明で直接に引証している第一部と第二部の定理も記しておく。

「定理六　各々の事物は自己の内にある限り＝自己の及ぶ限り（quantum in se est）[17]自己の存在を維持することに努める。↑第一部定理二五系・定理三四

定理七　各々の事物が自己の存在を維持することに努める努力（conatus）は、その事物の現実的本質にほかならない[18]。↑第一部定理二九・定理三六

定理八　各々の事物が自己の存在を維持することに努める努力は、有限な時間ではなく無限定な時間を含んでいる。

定理九　精神は明晰判明な観念を持つ限りにおいても混乱した観念を持つ限りにおいても、ある無限定な持続において、自己の存在を維持することに努め、かつ自己の努力を意識している。↑第二部定理二三」

　これらの定理群に関して考えたいことは、第一に、自己の存在を維持することとは何か、第二に、そこにおける自己・事物とは何か、そして第三に、定理六・定理七・定理八から定理九への移行はいかにして可能であるのか、の諸点である。まず第一部における自己と事物について検討していく。

　第一部を通して自己ということが神・実体・属性以外のものについて語られるのは、定理二六・定理二七そして定理二九である。後者では前二者を引証するところでのみ自己ということが語られているから、

自己という概念について考えるためには、まず前二者の定理を見なければならないことになる。

「定理二六　何かに作用するように（ad aliquid operandum）決定されている事物は、神によって必然的にそのように決定されている。神によって決定されていない事物は、自己自身を作用することへと決定することはできない。証明　事物が何かに作用するように決定されていると言われるのは、肯定的な何か（quid positivum）による（自明である）。よって神は自己の自然の必然性からして、そうしたものの本質と実在との作動原因である（定理二五および一六により）。これが第一の点であった。ここからまた定理の第二の部分がきわめて明瞭に帰結される。というのは、神から決定されない事物が自己自身を決定し得るとしたら、この定理の第一部分が偽となろうが、それが不条理なことは示されたからである。

定理二七　神によって何かに作用するように決定されている事物は、自己自身を決定されていないようにすることはできない。証明　この定理は公理三から明白である。」

まずここでの事物とは定理二五系における特定物（res particularis）のことであると解することができる。[19]そこでは「特定物は神の属性の変化（affectio）、あるいは神の属性が確定された様式で表現される様態にほかならない」とされていた。では特定物とは何か。その点では、定理二五系が引証している定理一五備考の〈水〉の例示が参考になる。

「実体である限りの量を概念化するならば……それは無限で一つで（unica）不可分なものとして現れるだろう。……このことは以下のことに注意するなら明白であろう。すなわち、物質はいたるところで同一であり、物質が多様な仕方で変化していると概念化される限りで諸部分に区別されるが、それら諸部分は様態としてのみ区別されて事物としては区別されない、ということにである。例えば水は水である限りにおいて、分割され諸部分に相互に分離されると概念化される。しかし水が物体的実体である限りではそうではない。……さらに水は水としては生成しかつ消滅する。しかし実体としては生成も消滅もしない。」

物体的実体が属性に相当するとしてよければ、次のような例示を獲得することができよう。〈神の属性＝無限にして一なる不可分の水〉・〈属性の変化あるいは属性の様態としての特定物＝様態としてのみ区別される水〉という例示である。そしてこのような水を〈流れ〉と呼ぶことができよう。後者の流れは特定物であるから、特定のある流れである。ただし、あれこれの特定の流れは相互に事物として区別されるのではない。それらは前者の無限の流れの特定の様式・変化・様態であるということになる。

かくて第三部の事物の自己維持に関する定理群は、特定のある流れの自己維持を語っていると見なされるかもしれない。しかし第三部定理六証明は第一部定理二五系を引証しながらも、特定物についてではなく、個物（res singularis）について語っている。となると第一部において唯一個物について語っている定理二八を検討しておかなければならない。

「あらゆる個物、すなわち有限で確定された実在をもつ事物は、同様に有限で確定された実在をもつ他の原因によって実在と作用へと決定されるのでなければ、実在することも作用へと決定されることもありえない。……かくて無限に進む。」

個物の実在と作用の原因は個物の外部に求められているわけだが、個物がいかなる外部から生起する（sequi）のかが「証明」の主題になっている。それは第一に、「神の属性の絶対的自然」からではなく、「ある様式に変化したと見なされる限りでの属性」からである。また第二にそれは、「永遠で無限である変化様式（modificatio）に変化したと見なされる属性」からではなく、「有限で確定された実在をもつ変化様式に様式化している（modificatio）限りでの属性」からである。例解を与えておく。我々は個物の例として〈この〉乱流を考えることができると思う。この乱流は、有限で確定された実在をもつところの〈開放系の動的平衡システム〉であるが、これが立ち上がってくるのは、別の有限で確定された実在をもつ流れからである。ではこの流れはどこから立ち上がってくるのか。これまた別の有限で確定された実在をもつ気象の循環や地形からであろう。ここに我々が地形などをも一個の固化した流れと考えることができるなら、一般に個物（res singularis）という流れの特異点（point singulier）は、より包括的な個物としての流れから生起すると言うことができよう。

問題は、個物が立ち上がってくるところの流れと、特定物としての流れとの関係にある。前者は有限で確定された実在を持つとされるのに対し、後者は神の属性を確定された様式で表現するとされるが、有限で確定された実在を持つとはされていないし、実際そうでなければならない。この乱流が立ち上がってくるのは、またこの乱流が実在と作用へと決定されるのは、あれこれの流れからであって、自然あるいは宇宙の様相たる特定の流れからではないからである。よって二つの流れは明確に区別されなければならないことになる。特定物としての流れは、定理二六・定理二七に示されているごとく、神によって直接に作用へと決定されていて神がその本質と実在の作動原因となっている。これに対して、個物としての流れは、定理二八に示されているごとく、より包括的な別の個物によって作用と実在へと決定されているのである。[20]我々はそれ故に〈二つの因果性〉[21]がここで語られていることは承認するが、前者の神による因果性は事物を〈内的〉に決定しているとする解釈は承認できないし、またそれが〈努力〉を内的に作動させているとする解釈も承認できない。[22]第一に、自己の作用が問題とされているのは特定物であるが、その作用は自己の存在の維持に向かうと言われていないし、それは有限な個物に向かっていると解するのが妥当であろう。個物としての流れはより包括的な個物としての流れから生起するのであるが、その生起の過程を促すところの特定物としての流れの作用は神に決定されていると言われているだけである。そして第二に、定理二六は「肯定的な何か」について語りつつもそれと自己との関連を示してはいないのであるから、特定物の自己は積極的に主題となってはいないと解するべきである。第三に、ここでは、個物の間の決定の連関が主題となっていて、個物の内的な努力は何ら問題になってはいない。つまり個物の自己は問題になっていないのである。我々はこの段階においてそもそも、個物の内的－外的という区別を立てるのは正しくはないと考える。その区別は少なくとも個物による自己の確定、すなわち自己と非自己との境界の自己による確定が達成されていなければ意味をもたないからである。もちろん事実としては乱流はその境界を自ら確定していると言うことはできるが、定理二八は個物としての乱流の境界については個物相互の連関を見渡す外部の観察者の視点に立って確定していると言うべきであろう。

以上から、第一部における自己と事物の規定からだけでは、自己維持ということは導出され得ないと結論せざるを得ない。これは自己維持に関する定理群が引証していて、上では検討していない定理二九・定理三四・定理三六を考慮に入れても動かないと思う。では個物の自己はどこでいかにして成立するのであろうか。我々は第二部以外にはないと考える。すなわち「精神の自然と起源」を主題とする第二部なくしては自己維持を語ることはできないのである。そこで、自己維持ということには精神の次元が不可欠であることを論じた上で、第二部を検討していくことにする。

そもそも〈自己の存在を維持することに努力する〉とはいかなることであろうか。この点で第二部定理一三以降に挿入されている〈自然学的個体論〉が、何をどこまで達成しているかを予め見きわめておく必要がある。まず個体の自然学的定義から検討していく。

「定義　同じあるいは異なった大きさのいくつかの物体が相互に接するように残りの諸物体によって抑制さ（coercere）れているとき、あるいは、同じあるいは異なった速度で運動している場合に、自己の運動を一定の比で相互に伝達するように残りの諸物体によって抑制されているとき、我々はそれらの物体が相互に合一していると言い、すべてが同時に一つの物体あるいは個体を構成していると言う。」

この定義では個体の統一性は明らかに外部の物体に担保されていて、それは外部観察者の観点から定義されているように見える。しかも個体の統一性は、大きさの同一性にあるとも運動の伝達比にあるともされていて定まらないように見える。ところが、個体がその変化を通して維持する自己の統一性の根拠たる何ものかを、一連の補助定理は「個体の形相ないしは自然」と呼んで叙述していくが、その内実はこの定義に潜むかかる制約を越えていくと解することができる。

補助定理四によれば、個体は〈代謝〉を通してその形状を保持する。ところが補助定理五によれば、個体は〈成長〉を通してその運動と静止の比を保持する。これらの定理はそれだけを見れば明らかに整合していない。ところが補助定理六・七によれば、個体はその部分の〈運動方向の変化〉を通してその運動の伝達比を保持するとしている。ここに補助定理一「物体は運動および静止、速さおよび遅さに関して相互に区別される」を参照して、運動および静止を運動の力と、速さおよび遅さを運動の方向と解してよければ、補助定理六・七は、部分的な運動学的な変位を通して個体は力学的力の分布比を保持するとしていることになる。とすると前者に時間的にずれる形で後者は実現することになるから、個体は時間的な変化の過程の事後的な成果としてのみ自己の統一を達成することになる。とすると、ここにおいては個体の統一性を外部の観点から完全には確定することはできなくなっていると解するべきであろう。加えて、力の分布比の保持は過程の成果としてのみ達成されるのだから、個体は代謝・成長においても、過程の成果としてのみ大きさや運動の伝達比の保持を達成していると捉えかえされることになる。よって個体は、摂取するもの・排出するもの・促進するもの・阻害するもの・環境などをそれとして〈識別〉し、また自己の状態変化をそれとして〈認識〉しているとしなければならない。つまり個体は自己の内外の状態を識別し過程とその成果を認識する〈精神〉をもつはずであるし、そうでなければ過程の成果としての統一性を外部の観点からも語り得ないことになる。[23] それ故に自己維持・自己保存の自己とは少なくとも精神と身体の合一体でなければならないのであるが、この事情を自己複製を静態的かつ形式的にのみ考察することによって示しておきたい。

個物が自己を維持していると言えるのはいかなるときであろうか。そこでまず外部から観察される限りでの個物を、当の個物の〈身体〉と呼ぶことにする。そして個物はその身体を〈自己〉の身体として他の物体から区別して識別する〈精神〉をもつとする。つまり個物は個物の身体に対して外部観察者の立場を採ろうとすることはできると仮定するのである。このとき問題は、個物が、自己の身体を識別している個物をそれとしていかにして維持できるか、となる。そこで自己が自己を複製するということについて考えることにする。[24] 個物の身体をDとする。DはDをそれとして識別する観念I（D）をDの内にもたなければならない。そこで観念を入れる場である精神をAとする。自己の複製とはこのD―A―I（D）なるシステムの複製であることになる。さてこれが可能であるためには、個物は、何らかの観念に照らして個物を製作する力をもつ必要がある。いま参照すべき観念はI（D―A―I（D））と表記されようが、この表記には周知の困難がある。つまり個物はその観念を内にもつ個物を複製しなければならないわけであるから、個物はD―A―I（D―A―I（D））というシステムについての観念に照らして個物をつくる必要があり、以下際限なく進むわけである。そこで、個物の精神は任意の個物の観念をもつ力があり、それに照らして個物を再現する力と個物を製作する力とがあるとしよう。このとき個物が観念I（D―A―I（D））に照らして複製する個物は、D―Aというシステムにしかならないことに注意したい。そこで個物は、任意の観念を複写する機構B（そのためには観念の観念が必要となろう）と、複写された観念を複製された精神Aの内に挿入する機構Cとをもつ必要がある。このとき個物は、D―A―B―Cなるシステムを複製するべく、観念I（D―A―B―C）をAの内に保持して作動しなければならない。かくて、個物が自己を自己として識別して自己を維持するという問題の核心が、個物が身体D―B―Cをそれとして識別できると仮定すれば、精神Aをそれとして他の精神から区別して識別することにあることが明らかとなる。その精神は、任意の個物の観念をもちうるのだが、にもかかわらずとりわけても、身体D―B―Cの観念であるし、加えて、その観念を持つ限りでの精神Aの観念でもある。さて以上のようなシステムを全体としてEと呼べば、このEこそが自己維持という場合の自己であることになる。

以上の静態的で形式的な考察だけからしても、個物が自己を維持していると言われるためには少なくとも個物が精神を内蔵していなければならないことは明らかである。加えて、以上の考察は、個物の身体と精神とが外部の観察者にとってのみ確定可能であるとひそかに想定していたのだが、にもかかわらず、個物が身体と精神との合一体でなければならないことが明らかになったのである。かくて次の課題は、個物の内的な観点に立ちつつ個物の自己維持を過程の成果として叙述することに置かれることになろう。そしてかかる個物が神からいかにして立ち上がってくるかを示すことが第二部前半の主題となっているのである。

3　自己認識

第二部は定理一「思惟が神の属性である」ことを出発点とする。だから「個々の思惟（singulares cogitationes）」は無限に多くのものが無限に多くの様式で生成してあることになる。この意味で、個々の思惟は（非可算）無限の濃度をもつ開集合をなすことになる。他方において、定理五によれば観念は思惟する事物としての神のみを原因とするから、この意味では思惟の世界は閉じていることにもなる。[25] この無限の領野からいかにして〈自己の精神を認識する精神〉が立ち上がってくるかが問題となる。また定理三には「神の内には必然的に神の本質と、神の本質から必然的に生起するあらゆるものの観念が与えられている」とある。そして定理二によれば延長は神の属性であるから、無限に多くのものが無限に多くの様式で生成してある個々の延長すべてについて、観念が与えられていることになる。この無限の領野からいかにして〈自己の身体を認識する精神〉が立ち上がってくるかが問題となる。[26] まず後者から考えていく。

さて「人間精神が神の無限知性の部分である」ことは、「人間精神の現実的存在を構成する最初のものは、現実に実在するある個物の観念にほかならない」という定理一一の系として導出されている。人間精神は現実的には個物の観念である。このことを我々は、人間精神は任意の個物を写す観念であると解しておく。だからこの段階では、人間精神の輪郭は確定されていないし、写される個物の境界も確定されてはいない。だからこそ人間精神は無限知性の部分であって、それはいわば無限知性に埋もれているのだ。[27]

ところが定理一三ではこう言われる。「人間精神を構成する観念の対象は身体である、あるいは現実に実在するある延長の様態である、そしてそれ以外の何ものでもない」とである。人間精神は身体の観念である。あるいは、身体を対象として写す観念である。[28] ここにおいて、いかにして人間精神は無限に多くの延長様態の中から特定の延長様態を対象として切り出してくるのか、という問いを一度は立てておく必要がある。人間精神の働きが任意の個物を写すことに尽きているなら、そのようなことはあるはずもないからである。「証明」を読んでみる。「なぜならもし身体が人間精神の対象でないとしたら、身体の諸変化(affectiones)の諸観念は(この部の定理九系により)我々の精神を構成する限りでの神の内にはなく、他の事物の精神を構成している限りでの神の内にあることになろう、言いかえれば(この部の定理一一系により)、身体の諸変化の諸観念は我々の精神の内にはないことになろう。しかし(この部の公理四により)我々は身体の諸変化の諸観念を持つ」とある。

スピノザは、人間精神の観念の対象が身体であることを、身体の変化の観念が精神の内にあることによって解明しようとしているのであって、その逆ではないことが強調されなければならない。つまりスピノザは、精神が無限の領野から〈他ならぬこの〉身体を切り出してくること自体が、身体の変化を通して〈他ならぬこの〉身体が維持されることに依拠していることを示そうとしているのである。だからこそ、自己の身体を認識する精神の立ち上がり方を解明するためには、外部観察者が単独にそれとして確定できるような身体の同一性や統一性を予め前提とするわけにはいかないのである。かくて第二部の自然学的個体論の達成をふまえて解釈を進めなければならないことになる。

　では身体の変化の観念とはなんであろうか。それを身体が状態1から状態2へと変化することの観念であると解したのでは、精神は任意の予め確定された個物の変化の観念を持つにすぎないことになってしまう。そこで、身体がとり得る状態を$D_1, D_2, \ldots D_n$とし、それらの集合をDとする。「各々の観念の対象内で起こる（contingit）ことのすべては、神の内にその観念が与えられる」（定理九系）から、身体がとり得る状態の集合の観念は神の内に与えられることになる。そして「人間精神を構成する観念の対象の内に起こるすべてのことは、人間精神によって知覚されなければならない」（定理一二）のであるが、人間精神はそれを身体の変化の観念を通して知覚するのであって、この事態の理解が解釈上の中心課題となる。そこで身体の変化をDからDの中への写像であると解することにする。ここにおいて特定の写像は、身体が特定の状態にあるときに、次にどの状態に遷移するかを表現しているわけであるが、これを別の角度から言えば、外部からの身体への作用を固定したときに、身体が当初の状態からいかに変化するかを指し示していることになる。よってそれらnのn乗個の写像は、nのn乗個の外部からの作用に対して身体が反応する際の変化の観念を表していることになる。よって身体の変化の観念とは、かかる写像の観念であるとひとまずは言うことができる。ところでこの写像をH_i（$i = 1, 2, \ldots n^n$）と書いておく。ここに特定のある外部物体からの刺激は特定のある写像H_iに対応することになる。だからこれらの写像群の観念を持つことは、身体の変化の知覚を通して不十全に宇宙を認識することを意味する。しかし問題はその先にある。身体がその変化の過程を通して過程の成果として統一性を獲得するとすれば、そのことは、特定の写像から別の特定の写像への〈写像〉を通して何者かが保存されるということを意味しているのでなければならない。そして保存されるものは、それらの一定の〈写像〉群の観念に表現されているはずである。例えば、病気になる前の身体が写像Hiによって特徴づけられ、病気になった身体が写像Hjによって特徴づけられるとする。ここに身体の変化はHiからHjへの〈写像〉であるが、この変化が身体の変身でもなく身体の死滅でもなく〈他ならぬこの〉身体の維持と言われるためには、この〈写像〉が、あらゆる可能な〈写像〉群に含まれる特定の範囲の〈写像〉群の一つであることが言われなければならないとも解されるのである[29]。群によって精神はいかにしてそのように身体を維持するような〈写像〉群を確定することができるのであろうか、という問いを一度は立てておく必要がある。

定理一九では「人間精神は身体が変化させられる変化の観念によってのみ人間身体自体を認識し、またそれの実在することを知る」とされる。さて「人間身体はいわば連続的に再生される（regeneratur）ためにきわめて多くの物体を必要とする」から、人間身体を固定した境界に閉じこめられた物体と見なすわけにはいかない。だからそれに応じて身体の観念たる人間精神も、身体を〈自己のもの〉としてたやすく確定することはできない。身体自体の認識は、身体の変化の観念を介してしか可能ではないのである。つまり、変化しつつ維持されるものとして〈自己のもの〉を認識することが求められるのである。ということは、過程の成果としてのみ達成される身体の維持を、予め確定しているがごとき〈写像〉群の観念として精神を定義することはできないということになる。身体が変化しつつ維持されるものであるということは、精神もまた変化しつつ維持されるものであるということを意味しているし、それ故に、精神による身体の認識とは、身体を維持するような〈写像〉群の認識ではありえないし、一般に同じ一つのものとしての身体の認識ではありえないのである。先に我々は二つの問いを立てておいた。一つは、精神がいかにして無限の領野から〈他ならぬこの〉身体を対象として切り出してくるのか、もう一つは、精神がいかにして無限の領野から〈他ならぬこの〉身体を維持するような変化の観念を切り出してくるのか、という問いである。

これらの問いはしかし、身体の自己同一性についての予断、ないしは外部観察者や外部の精神の立場を持ち込んでいるのであって、結局のところ、そうした問いそのものが不適切であったと結論せざるを得ない。精神は身体の変化の観念を通して身体を認識する。自己の身体を認識するとはそれ以上でもそれ以下でもないのである。

では、自己の精神を認識する精神はいかに立ち上がってくるのであろうか。この点では定理二〇から定理二三までが重要である。

定理二〇はこうである。「人間精神についても神の内に観念あるいは認識が与えられている。そしてこの観念あるいは認識は、人間身体の観念あるいは認識と同じ様式で、神の内に生起し神に帰せられる」。ここにおいて、観念が神に与えられるとは、「証明」によれば、「他の個物の観念に変状した限りでの神」に与えられるのである。また定理一八備考によれば、人間身体の諸変化の秩序と連結に対応して諸思惟の連結が生じ、これが精神の習慣をなす。[30] そして例えば軍人の精神と農民の精神との差異は思惟ないしは観念の連結の差異として解明される。ということは、精神の観念とは、こうした観念の連結の観念であることになる。例えば、軍人の精神をなす諸観念の連結の観念が、「他の個物の観念に変状した限りでの神」に与えられると言われているのである。よってそのような神を、軍人の精神や農民の精神に対して、外部の精神と呼ぶことができよう。[31] だから定理二〇は、精神の統一性を外部の精神に担保する仕方で始まっていると解することができる。

次に定理二一である。「精神のこの観念は、精神自身が身体と合一しているのと同じ様式で精神に合一している。」ここで「合一」をそれとして識別するのは外部の精神であると言ってよい。ゲルーはこの点を的確にとらえて次のように書いている。「観念は自己の本性によって自らを二重化するような合一体なのではない。この二重化の原理は観念の外に、すなわち神の内にあるからである。観念と観念の観念との合一は、観念の本性からは引き出されない。この合一は、思惟の内に、観念と、観念の観念とを、産出する二つの区別される連鎖相互の、秩序と連結の同一性によって外部から置かれている」とである。[32]実際、「証明」は、精神の観念は精神を対象とするとしているし、また「備考」は観念の観念は、観念の形相＝形式をなすという論点を付加している。つまり、観念の観念は、観念の変化の形式・観念の連結の形式であって、これは、精神がとり得る状態の集合の輪郭をそれとして確定する観念であり、外部の精神に含まれる観念である。

その上で定理二二は〈身体の変化の観念の観念〉という概念を導入している。スピノザは「証明」では、身体の変化の観念の観念が人間精神の内にあることを、人間精神が身体の変化の観念を知覚することと等置している。そしてこれをさらに、人間精神の観念をもつ限りにおける神の内に先の観念があることと等置してもいる。このことはひとまずは次のように解されるであろう。外部の精神には、例えば軍人の精神を構成する諸観念の連結についての観念がある。ところで、外部の精神がもつところの軍人の身体の変化の観念は、軍人の精神の観念とはずれていると考えられても当然であるのに、軍人の身体の変化の観念は、軍人の精神の観念と一致するとされているのである。ということは、ここでの軍人の身体の変化の観念の観念とは、軍人の〈身体〉の変化の諸観念のうちで、〈軍人〉の身体の変化の観念の形相をなす観念のことであると解さなければならない。軍人の〈身体〉は多様に変化するのだが、〈軍人〉の精神に相応しい身体の変化を表すものが、あるいは〈軍人〉の精神を変化させせつつ維持するような特定の〈写像〉群が、軍人の身体の変化の観念の観念として定式化されているのである。だからこそ軍人は自己のものたる身体の維持を、軍人の精神の維持に資するようなものとして知覚することになる。よって〈軍人〉という制約をはずすと、一般に身体の変化の観念の観念とは、精神を精神として維持するのに相応しいところの〈身体がとり得る状態の集合から集合の中への写像〉の観念の観念であると解されるのである。しかしここにおいて人間精神は自己認識を、外部の精神がもつような人間精神の観念の連結の観念から手に入れるのではないことが注意されなければならない。人間精神が、〈他ならぬこの〉自己を維持するような観念の連結の観念を知覚するはずがないからである。

そこで、定理二三は「精神は身体の変化の観念を知覚する限りでのみ自己自身を認識する」と定式化する。ここにおいてスピノザは、外部の精神の立場を想定すること無しに獲得されるような自己認識について語ろうとしている。「証明」によれば、精神の認識は「人間精神の本質を構成する限りでの神には帰せられない」から、その限りでは精神は自己を認識しない。つまり精神は、自己に対して外部の精神の立場には立てない。言いかえると、自己を対象とする観念を自己の内にもつのではないし、観念の連結の形式をくまなくあらわにすることもできない。ところが「身体が受ける変化の観念は、人間身体自身の自然を含む（この部の定理一六により）。言いかえればそれは（この部の定理一三により）精神の自然と一致する。故にこれらの観念の認識は必然的に精神の認識を含む。ところが（前定理により）これらの観念の認識は人間精神自身の内にある。故に人間精神はその限りにおいてのみ自己自身を識る」。つまり精神は、身体のすべての変化の観念を内にもつ限りで自己を識るのである。だから精神は、過程の成果としてのみ維持される身体と命運を共にしているような「自己」を認識するのだと解さなければならない。

マテロンはこの定理に関して次のように書いている。「精神は身体の変化の観念を持つから、またこの観念は身体の自然を含むから、精神は身体の変化を知覚することで身体を知覚する。これが精神がその対象を意識する唯一の手段である。同じ理由によって、精神は身体の変化の観念を反省的に知覚する。これが精神が自己意識に到る唯一の手段である」[33]とである。しかしここにおいて「同じ理由」という言い方はきわめて曖昧である。実際、精神が身体の変化の知覚を通して身体を知覚するのであれば、「同じ理由によって」精神は精神の変化の知覚を通して精神を知覚するのでなければならない。ところが、精神の変化の観念は外部の精神の内にあるのだった。そこでマテロンは、身体の変化の観念を知覚すること自体を密かに二重化して、知覚することと知覚を反省することとの差異が自己意識を成立させるというお定まりの解釈を採るのである。しかしそうなると、自己意識の成立のためには知覚一般があれば足りることになり、特に身体の変化の知覚である必要はないことになる。

第三部定理九が自己保存概念を導入する際に参照している第二部定理二三にいたる諸定理の意義は、身体の自己と精神の自己の根本的な変様を告げるところにある。自己認識は自己の自己による対象的な反省ではない。精神は自己の身体の変化の観念の知覚を通して、変化する精神としての自己を認識する。だから精神の自己認識とは、変化しつつ維持されていくであろうものとしての精神＝身体の認識に他ならないし、それ以上でもそれ以下でもないのである。demens（逸脱した精神）が demens であるという自己認識をもつとき、一方では、demens の観念は外部の精神に由来していて、その観念に見合うような身体の変化の観念を通して自己の身体を知覚するだろうが、他方では、身体の変化の観念の知覚を通して de-mens としてではなく mens としての自己を再認識するだろう。そして後の場合には、demens の観念は自己にとっては外的命名にすぎないことになろう。そしてかかる自己の保存を肯定していくことが『エチカ』第二部後半以降の課題となるはずである。[34]

注

1　第一部第一章　Spinoza Opera（Gebhardt）I. p. 18。第三章（I. p. 36）では以下に述べる順序は逆転している。

2　Thomas Aquinas, *Contra gentiles* 1-18 et 22, cité par P. Lachièze-Rey *Les Origines cartésiennes du Dieu de Spinoza*（1950）p. 26 n. 1

3　Thomas Aquinas, *Summa Theologiae* I-2-3

4　この定理三一の諸解釈については次のものが簡潔にまとめている。H. G. Hubbeling, Hat Spinozas Gott（Selbst-）Bewusstsein? *Zeitschrift für Philosophische Forschung* 31-4（1977）.

5　F. Suarez, *Disputationes Metaphysicae* 28-1-6.

6　他の例について簡単に触れておく。〈あらゆる計算機械を模倣する計算機械は自己を模倣する計算機械である〉。ここにおいて、〈あらゆる計算機械を模倣する計算機械〉は可能であろうが、その計算機械は模倣するべき〈自己〉を知り得ないと考えられる。あるいは、〈あらゆる計算機械を模倣すること〉そのことが、どこで成就して終了するのかを予め自らの力によって知り得ないが故に、かかる〈自己〉を知り得ないと言ってもよい。これは、あらゆる猿を模倣する猿は自らはそのことを確証できないが故に、模倣するべき自己を見いだせないことと同じである。〈あらゆる人間（男性）を愛する人間（男性）は自己を愛する人間（男性）である〉。ここでも愛する－愛されるという関係を密かに二義的に解するのでなければ、この命題を有意味に理解することはできない。実際、あらゆる他人を愛する様式と同じ様式で愛される自己と、あらゆる他者を愛している自己とは、分断されてしまうだろう。例えばフロイトは前者の愛を同性愛と後者の愛をナルシシズムと呼び分けざるを得なかったし、両者に何とか関連を付けようとしつつも、リビドーの対象への備給と自己への備給との本質的差異の前で立ち止まってしまった。「ナルシシズム入門」『フロイト著作集』（人文書院）第五巻一一三頁参照。なおスピノザとフロイトとの比較は他日を期したい。cf. M. Schneider, Le fini, l'autre et le savoir chez Spinoza et chez Freud, *Cahiers Spinoza* n. 1 (1977), S. Hessing, Freud et Spinoza, *Revue philosophique* n. 2 (1977).

7　F. Suarez, op. cit, 28-1-7. また同箇所におけるスアレスによると、ラクタンティウスは〈神は自己自身を作る（facere）〉とし、〈存在するものがいつか始まらないということはありえない〉から、神も時間のうちで自己を作ったとした。スアレスはこの誤りは余りにひどい（absurdus）ので反論の必要もないとしている。当時においては、神が永遠であることが肯定的な規定であり、神に始まりがあることは神にとっては否定的規定であるから、挙証責任は神に始まりがないことを主張する側にではなく、神に始まりがあると主張する側にあった。これは宇宙論においても同じであると思われる。なおラクタンティウスについては次のものが少し触れている。B. Casper, Der Gottesbegriff "ens causa sui", *Philosophisches Jahrbuch* 76 (1968-69).

8　Gueroult (*Spinoza. Dieu Ethique I* (1968) p. 125) は定理七は否定的な論証に見えるが、それは「自己の内にあり自己によってのみ概念化される実体」の「真理を直接に認知できない者」に向けられた対人論証だからそう見えるにすぎないとして、定理八備考二を読めば自己原因の概念を肯定的に理解できるとしている。しかし、定理八備考二においてスピノザは、「事物をその第一諸原因を介して識る」ことをしない者は、「自然物が原理＝始まり（principium）をもつのを見て、諸実体にも原理＝始まりを仮想するにいたる」としているのみであって、第一諸原因についてはいまだ肯定的には語っていないと見るべきであろう。しかも「二〇人の人間」の事例はスアレスの種－個体の論点に関わっていたのであって、全体として定理八備考二はア・ポステリオリな論証の批判にとどまると解するべきであろう。

9　定理七ではない。この点についてGueroult (op. cit. p. 123) は両定理ともに否定的論証であることを承認しつつほとんど同じことを述べているから問題なしとしている。

10 Gueroult (op. cit. 375) はこの定理は第一部の頂点をなすと評している。

11 自己による原因（causa per se）（定理一六系二）と第一原因（系三）は、自己原因とは区別されるべきである。特に自己による原因は偶然による原因（causa per accidens）との対比において理解されるべきである。この点ではGueroult (op. cit. p. 253-254, n. 36) が参照されるべきである。神が自己による原因であると語ることは、神＝自然からの逸脱をありえないとすること、そしてその意味で逸脱を肯定することなのである。

12 cf. J.-M. Marbonne, Plotin, Descartes et la notioin de causa sui, *Archives de philosophie* 56 (1993).

13 力の活動の様式の叙述をめぐっては議論の場面が異なるが次のものを参照。藤澤賢一郎「フィヒテ自我論の射程——自己意識・個体性・相互人格性」『講座ドイツ観念論』第三巻（1990）。

14 Matheron はスピノザがしばしば用いる円の例解に即してこの点について的確に論じている。A. Matheron, *Individu et communauté chez Spinoza* (1969), p. 12.

15 上野修は定理一九・定理二〇備考二の「神すなわち神のあらゆる属性」という定式の「すなわち」に関して、神・実体はあらゆる属性の寄せ集めではないし、属性は神・実体の多様な現れでもないのだから、両項はまさに「すなわち」でしか結ばれ得ないと論じている。上野修「無数に異なる同じもの——スピノザの実体論」『カルテシアーナ』第一〇号（1990）。

16 〈自己を愛する人間はあらゆる人間を愛する人間である〉という命題はスピノザ倫理学の核心を表現している。自己を愛するという活動の原因たる力、これの発現の様式が他人を愛するということなのである。あらゆる他人と同等のものとしての自己を愛するというア・ポステリオリな仕方によって他人への愛から自己愛が派生するのではなく、自己と同等なものとしての他人を愛するという一見ア・プリオリな仕方で自己愛から他人への愛が派生するのでもなく、自己愛を産出する力から他人への愛が派生するのである。フロイトは「インポテンツ、すなわち自分は愛することができないのだという知覚」は他人から愛されることによってのみ克服されるとしている（前掲書一二九頁）。つまり自己愛とは他人に愛される限りでの自己の愛だというのである。しかしそのような愛は恩情や恩恵に由来する愛でしかない。これに対しスピノザであれば「インポテンツ」と称される否定・欠如をむしろ自己の力として積極的に肯定することによって、あるいはそのような自己肯定を実現する力を通して、他人への愛が始まるとしたであろう。フロイトが典型的な自己愛・ナルシシズムと見なした「パラフレニア」を「治療」不可能と考えざるを得なかったことは、この点からしても当然の帰結であった。

17 Matheron (op. cit. p. 9) は、selon sa puissance de l'être と訳している。

18 定理六と定理七の違いについては次のものが論じているが今は措く。B. Rousset, La première « Ethique », Méthode et perspectives, *Archives de*

philosophie 51 (1988).

19 なお定理八備考二におけるオランダ語訳遺稿集からの補足部分には bazonderen の語が見える (G. II, p. 50). これは res particularis であろう。

20 上野修は、定理二八は「下位個体による上位個体の共働的決定」という「ヒエラルキー」あるいは「共時的でロジカルな因果系列」を叙述しているのであって、こう解されなければかの〈平行論〉の理解は不可能であるとしている。上野修「身体の観念あるいは精神——スピノザにおける精神とその認識の起源的定位」『カルテシアーナ』第三号 (1981)。

21 Gueroult, op. cit. p. 24 et p. 338-9, 佐藤一郎「『エチカ』第一部の二つの因果性がめざすもの」『哲学誌』26 (1984) 参照。Deleuse (*Spinoza: Philosophie pratique* 1981 p. 78-9) は、因果性が二義的になることを避けるために、定理二七の事物を有限な個物と読んでいるが、これは無理であろう。

22 これは Gueroult (op. cit. p. 128-129) などにも見られる解釈である。ただし Gueroult (ibid. p. 391) はこれと反対の解釈も提示している。

23 自然学的個体の統一性の根拠を運動伝達の閉じた回路に置く解釈は重要である。cf. A. Matheron, op. cit. p. 43. D. R. Lachterman, The Physics of Spinoza's Ethics, in Shahan and Biro (ed) *Spinoza: New Perspectives* (1978). 自己組織の例とされるベロウソフ－ジャボチンスキー反応や核融合反応を念頭におくとき、この解釈は説得的でもある。しかしそれらは運動方向の変位過程を考慮してはいない。我々はこの点では以下のものを参考にした。松野孝一郎『プロトバイオロジー——生物学の物理的基礎』(1991)。Gueroult (*Spinoza. L'Âme Ethique II* (1974) p. 159) と D. Parrochia (Physique pendulaire et modèles de l'ordre dans l'Ethique de Spinoza, *Cahiers Spinoza* n. 5 1984-1985) は、〈速さと遅さ〉に関して複合振り子をモデルにして一つの整合的な解釈を提示しているが、その議論は全体として単振り子の統一性を前提とした上でそれを潜在的に分割された複合振り子と見なすという進み方になっていて、単純物体から全宇宙へと進む補助定理七備考の進み方に反するし、振り子モデルは他の補助定理との関連でやはり無理がある。

24 以下の議論は次のものを参照した。J. von Neumann, The general and logical theory of automata, in *Collected Works* V p. 288-328.

25 この開集合をめぐる哲学的考察としては、加藤信朗「外・内・外と内を越えるもの」(『人文学報』No. 122 1977) 参照。またこの点に関連する境界概念をめぐる考察として高木貞治『解析概論』(三二頁) を挙げておきたい。第一部定理一五備考を読めば、スピノザが、不可分で一なるもので連続の測定不可能な無限の次元を認めていたことは明らかである。もちろんここにおいて、J. L. Gardies, Les antécédents scolastiques de la théorie des ensembles, *Revue de Metaphysique et de Morale*, n. 4 (1986) が指摘するように、数えられないという表現は数を単位の寄せ集めとする概念を前提とすると、単位が数ではないのと同じ意味でのみ無限は数ではないことになり、スピノザは必ずしも無限を質的に区別しているわけではないと言われるかもしれない。しかし我々は定理一五備考から神 (自然)：空間 (物体的実体) ＝空間：立体＝立体：面＝面：線＝線：点という関係を読みとることができるし、各「比」の前項は後項に対して非可算無限になると言わざるを得ない。同様の主張を第一部定理八の考察から引き出している次のものがある。D. Parrochia, op. cit.

26　無限に多くの属性の無限に多くの様態のすべてを、観念が写すには観念の「数」が不足するのではないのかという問題は（Gueroult, op. cit. p. 38-40）、前注の我々の主張が正しければ、疑似問題となる。

27　上野修（上掲論文）によれば「そこでは認識の sujet」は「人間精神」でもあれば「〜限りにおける神」でもあるから「誰が認識するのかという問いの立て方自体が無効となる」のである。

28　Curley は個物の観念と対象の観念とを区別している。E. Curley, Le corps et l'esprit: du Court Traité à l'Ethique, *Archives de philosophie* 51（1988）.

29　第三部定理一〇には「我々の身体の実在を排除する観念は我々の精神には与えられない。むしろそれは我々の精神に反する」とある。かかる観念とは死の観念や病気・逸脱・障害の観念であり、それらが何故自然には与えられないのかがここでの問題である。なおこの定理の倫理的な意義については別の機会に論じたい。

30　この精神の習慣については次のものが詳細な考察をしている。L. Bove, L'Habitude activité fondatrice de l'existence actuelle dans la philosophie de Spinoza, *Revue philosophique* n. 1（1991）.

31　第二部定理九は基本的には第一部定理二八の観念への適用である。すなわち「現実に実在する個物の観念は、無限である限りでの神ではなく、現実に実在する他の個物の観念に変状した限りでの神を原因とする…かくて無限に進む」とある。ここにおいて個物としての精神の観念の原因である、他の個物の精神の観念については、これを他の個体の精神の観念と解するわけにはいかない（Gueroult にはそう解釈している傾きがある（op. cit. p. 248））。書簡32の血液中の虫の例においては、個物に働きかける他の個物は前者を部分として含む全体である。Rivaud にならって、外部の精神を「社会集団、家族、国家、教会、民族」などと例示できよう。A. Rivaud, La physique de Spinoza, *Chronicon Spinozianum* 4（1924/26）.

32　M. Gueroult, op. cit. p. 248.

33　A. Matheron, op. cit. p. 68.

34　変化しつつ維持されるものの自己維持・自己保存の倫理的意義については次のものが参照されるべきである。木村競「〈移行〉する欲望としての人間――スピノザ『エチカ』の感情論から」東京大学文学部哲学研究室『論集』V（1987）。

インテリゲンティアの幸福
——『エチカ』第四部をめぐって

水や食物が人間にとっての最高善であるように、神の認識はインテリゲンティアにとっての最高善である。水や食物の享受は同時に身体の維持であるが故に身体の力すなわち徳であるように、神の認識の享受は同時に精神の維持であるが故に精神の力すなわち徳である。つまり最高善を享受する力が精神と身体からなる人間の徳である。しかもスピノザはかかる最高善こそが人間にとっての共通善であり、人間の絆を形成するとしている。[1]

ところで最高善は財ではあるが富ではないし、[2]最高善は共通財ではあるが共有財でも公共財でもない。そして人間の徳は市民の徳ではないし、人間の絆は世俗共同体ではない。これらの点を論ずることを通して私は、近年の世俗的政治的スピノザ解釈を批判して、別のスピノザ像を擁護したいと考えている。[3]

1　最高善の享受

スピノザは『知性改善論』で最高善について次のように書いていた。[4]共同の日常生活での出来事はすべて空虚に過ぎ行くだけであるから、真の善・最高の喜び・最高の至福の探求を決意するに到った。そして生活の秩序と日常の慣行とを変更しなければ探求は不可能であると分かったから、名誉や富（divitiae）から得られる便宜も放棄しようと決意した。世俗の者は富・名誉・快楽を最高善と評価して行動しているが、それは過っている。何故なら第一に、世俗の者は富と名誉を所有することにのみ喜びを感じてしまうから、その所有を増大することに駆り立てられて安らぐことがないからであり、第二に、世俗の者が追求する善は自己の保存の助け（remedium）になるどころか、所有する者が逆にそれに所有されて滅亡する原因となるからである。これに対して真の最高善とは、精神と自然全体との合一の認識をその本性とする逞しい人間の自然に到達することであり、そのためには何よりも知性の改善が求められる、とである。

最高善の探求が世俗共同体を離れた場所で遂行されなければならないのは、世俗共同体でのよき生活は退屈で凡庸な生活でしかなく、それに対する懐疑と嫌悪は脱俗することによってしか癒されないと知られているからである。そして世俗的な善＝財の概念を批判しなければ、真の最高善の認識には到達できないと考えられているからである。実際、世俗的財の価値尺度は所有の量や使用の効果の強度に置かれ、その飽和点は外部原因によって規制されているから、世俗的財に関する欲求と充足は常に受動感情にとどまり、自己保存を助けて自己の力と徳を肯定することはないのである。つまり世俗共同体の内では富と徳とは調和しえないからこそ、スピノザは世俗共同体の外で人間の力や徳と合致するような善を探求するのである。その次第を『エチカ』第四部で見ていくことにする。

「善（bonum）とは、それが我々に利益となる（utile）と我々が確知するものと解する。これに対して悪とは、我々が何らかの善に関与する（compos）のを妨げると我々が確知するものと解する」（定義一・定義二）[5]。自己の利益とは自己の存在の保存であり、人間は自己保存に努め多くの力を発揮するだけ徳を備えるから（定理二〇）、自己保存と自己の力や徳の発揮に寄与するものが善であることになる。しかも人間は善に関与することで善と協力して何かを為しえる（com-pos）のであるから、善の効用は自己の力や徳の発揮と区別されてはいない。それに関与することがまさに力や徳の発揮であるような善、これをスピノザは求めているのである。そして食物や生存がかかる善の典型である。実際スピノザは次のように書いている。「誰も自己の自然に反する外部原因によって強制されるのでなければ自己の利益の欲望を、すなわち自己の存在の保存を放棄しない。誰も自己の自然の必然性によって食物を拒否したり自殺したりするのではなく、外部原因に強制されてそうするのである」（定理二〇備考）。だから逆に人間は食物や生存を「自己の自然の法則に従って必然的に欲望する」（定理一九）し、「徳とは、人間が自己の自然の法則によってのみ知解されるようなことを為す力能をもつ限りでの人間の本質ないしは自然である」（定義八）から、人間が食物や生存を欲望すること、より正確には、食物を摂取し生存を享受することがまさに人間の徳であることになる。かくて水や食物は、それに関与しそれと協力することで人間の力や徳が発揮されるような善である。

同様の仕方で、「理性的に思惟する限りでの精神」（定理二六証明、以下これを〈インテリゲンティア〉と呼ぶ）にとっての最高善についても考えなければならない。インテリゲンティアが努めることは知解すること（intelligere）以外にはないから、その存在の保存とは知解することの維持以外ではない。だから知解は何か別の目的のために遂行されるのではなく、自己の存在の保存のためにのみ遂行されているし、それがまさにインテリゲンティアの力であり徳である。そして知解に寄与するものだけが有益な善であり、インテリゲンティアはそれに関与することで知解しつつ自己を維持するのである（定理二六）。そして知解しえる最高のものは神であるから、神の認識がインテリゲンティアの最高善であり最高の徳であることになる（定理二八）。しかしここにおいて神の認識が最高善であることの根拠を、神が最高に善なる認識対象であるということに求めることはできない。というのは神なる対象を認識という様式で所有ないしは獲得することが善であるのではなく、神を認識していること自体がインテリゲンティアの最高に善なる存在様式とされているからである。食物を享受しつつ生存を享受することが人間の最善の存在様式であるように、神の認識を享受しつつ存在を享受することがインテリゲンティアの最善の存在様式なのである。かくて神の認識は、それに関与しそれと協力することでインテリゲンティアの力や徳が発揮されるような善であることになる。

ところで人間は理性的に生きる限りではインテリゲンティアでもあるから、人間の最高善とは自然の享受であるとともに神の認識の享受でもあり、まさに「神すなわち自然」（序文）の享受であると言うことができる。[6] そしてスピノザは次のように書いている。「この最高善を享受する力をもたなければ、人間は存在しえないし認識されえない。神の永遠で無限の本質について充全な認識をもつことは人間の本質に属するからである」（定理三六備考）とである。だから神の認識を享受する力のないもの、すなわちインテリゲンティアたりえぬものは、自己の存在そのものが危うくなっているし、人間として存在しえないし認識されえないことになる。人間の最高善とは、何かを所有することでも、その使用効果を喜ぶことでもなく、神すなわち自然の享受によって自己の力や徳を喜ぶことである。そしてかかるスピノザの観点は、世俗共同体の価値観を根底から覆していくことになろう。[7]

2 最高善から共通善へ

スピノザは第四部定理一九から定理三七において、自己についての倫理から出発して自己と他人との関係についての倫理を、幾何学的順序に従って導出しているが、予め定理一八備考にその論証の概要を与えている。それによると論証の出発点は、第一に人間が自己を愛し自己利益を追求し自己の存在の保存に努めること、第二に人間が自己の存在を保存することが人間の徳であり幸福であることである。そして論証の転回点は、第一に自己の存在を保存し自己の徳を発揮し幸福であるには、自己の自然と一致する

（convenire）ものが最も重要であること、第二に自己利益を求める人間は、残りの人間のためにも欲求しないようなことは自ら欲望しないことである。かくて論証の終着点は、理性的に生きる人間は正しく誠実で正直であることとなる。

スピノザは自己の徳から出発して他人に対する徳を論証しようとしていると解することができる。ではその徳はどのように、そしてどこまで広がっていくのであろうか。この点でアリストテレスに由来する論証との対比を簡単に行っておきたい。[8]

アリストテレスは自足した幸福な人間に友は要るかという問いを設定して、自己が自己と取り結ぶ関係を、自己は別の自己たる友と同じ仕方で取り結ぶということを根拠として、幸福であるために求められる自己の徳は、当然友に対しても発揮されるから、自己の幸福に友は不可欠であると論証していた。しかしアリストテレスは徳を世俗共同体に埋め込んでいたために、自己の徳が対他徳でもあることの論証が成立する場所を世俗共同体に限定することになった。実際アリストテレスは、自己にとって自己の生存は善であり快であるのと同じ仕方で自己は友の生存を善であり快であると感知することを論証の根拠の一つとしていたが、とすると友の範囲は世俗共同体の枠を超え出るはずであるのに、アリストテレスは一転して友の生存の感知のためには共同生活や共通の言語と思考が不可欠であると断じて、友の範囲を世俗共同体の枠内に閉じ込めたのである。[9] そしてアリストテレス主義を自称することもある近年の徳論・共同体論にも同じ難点を見いだすことができる。[10] それは、普遍的非人称的道徳論が対他義務を無制限に押し広げて道徳的聖者を理想とするような狂信に陥っていると批判し、そこに何らかの制約を設けようとする。例えば、人間が徳を身につけ幸福になるためには世俗共同体や親密圏でのよき生活が不可欠であり、自己の徳と対他徳とが統一されるにはかかる共同性の支えが不可欠であるから、共同性の枠を超えて普遍的非人称的な正義や友愛を追求すること自体が、正義や友愛の基盤たる共同性を掘り崩してしまうと論じている。そしてこのようにして徳の広がりを世俗共同体の枠内に閉じ込めるのである。

これに対してトマスはアリストテレスの設定した問いを引き継ぎながらも、世俗的な徳と自然的な徳とを峻別することで別の答え方を示していた。すなわち「人間は市民を政治的徳の愛によって愛するが、自己の血縁者を自然な生誕の始まりが一つである限りでの自然の愛によって愛する」という或る意味では月並みな指摘から出発しながらも、前者の愛ではなく後者の愛を天使の相互関係に適用して、「天使は自然において一致する限りにおいて他の天使を自然の愛によって愛する」としていた[11]。つまり徳を世俗共同体から切り離して生存や生誕といった自然の次元に据えるならば、徳は世俗共同体とは別の場所で対他的に広がっていくと考えることができるし、世俗共同体とは別の自然の一致に支えられた絆を構想できることをトマスは示唆していたのである。

そしてスピノザはそのような人間の絆（vinculum）を構想していると言うことができよう。実際スピノザの論証においてはまさに自然の一致が転回点をなしている（定理三五）。人間が自然に水や食物を欲望することと自体が、人間の自然の一致であるし、人間は自然に自己の欲望する水や食物を残りの人間のためにも欲求するのである。だから水や食物を享受するものはすべて友であることになるし、同様の仕方で、神の認識を享受するものはすべて友となる。つまり人間の友の範囲は世俗共同体の制約を離れて別の場所で広がって行くのである。このことを定理三六が示している。

「徳を追求する者の最高善は、万人に共通であり、万人が等しくこれを享受することができる」（定理三六）。そして徳を追求する者は理性に従って活動する者であり、その最高善は神を認識することであるとされている。つまりスピノザはインテリゲンティアの最高善は万人に共通の善であり万人が享受できる善であるとしているのである。これは驚くべき主張ではないだろうか。

この点についてマテロンは次のように論じている[12]。理性的人間は人間の自然にとって有用なものを欲望するが、それが排他的に独占される財（biens monopoliques）である場合には、それを万人が享受することはありえない。例えば理性的人間は自己保存のために食べることを欲望するであろうが、食料不足の場合には、或る人間の欲望の充足は他の人間のそれを妨げるのだから、理性的に生きることは共同して生きることとは両立しないことになる。最高善が排他的独占財である場合には、それが共通善となることはありえないのである。よって最高善が共通善にもなりえるのは、それが分配可能であり万人の共有資産（patrimoine commun）となる財である場合に限られることになる。そしてかかる条件を満たす財が知識財なのである。さらにカーリーも次のように論じている。[13] 或る人間が知識を所有していてそれを他人に分け与えるとしても、その持ち分が減ることにはならない。贈与にも移転費用はかかるが、知識を贈与することを通して逆に贈与する側が教えられたり理解を深めたりすることによって、移転費用に対する補塡を取得できるからである。最高善としての知識が共通善であるのは、知識が大した費用を要さずに移転できる交換財だからである。

マテロンやカーリーの解釈はいくつかの前提に支えられている。第一に、財が稀少である場合には、必然的に財の排他的所有を目指す抗争が生ずるから、稀少財は共通財とはなりえないという前提である。だから稀少性が支配する状況において共通善を語る余地はいささかもないことになる。第二に、稀少性に由来する抗争を乗り越える方法は、財が無尽蔵にある事態や財を充分に供給できる事態を考えることができないとすれば、第三者による制度的調停以外にはないという前提である。かくてコピーによって配分される知識情報財が理想的な共通財に見えてくるのも当然であろう。そしてかかる財の流通を支える共同性とは、知識情報や知識体験を交換し売買する文芸共同体などに他ならないことになろう。しかし私には、スピノザの語る人間の絆がそのような共同性であったとはとても思えないのである。第一に、スピノザは『エチカ』第三部において所有と交換に支えられた関係の幻想性を徹底的に暴いていたし、しかもその批判は世俗的な知識人共同体にも及んでいた。[14] 第二に、神の認識が最高善であることは、分配や交換や共有の問題とは独立に示されなければならないはずであるし、仮に知識が最高善であるとしても、それは共通善であるから最高善なのではなく、最高善であるから共通善であると論じられなければならない。インテリゲンティアは他に分かち与えるものを所有するから善で幸福なのではない。インテリゲンティアが最高に善で幸福であるから、そのことを万人は共通に喜ぶとスピノザは書いているからである。マテロンやカーリーの解釈は、世俗的な財の概念に固執したためにスピノザの論証の核心を逸しているのである。この点を定理三七に関して論じていきたい。

「徳を追求する各人は自ら欲望する善を残りの人間にも欲求するであろう。そして神の認識が大なるに従って、それだけ強く欲求するであろう」（定理三七）。知解するという善を欲望する人間が、他人も同様に欲望することを欲求するのは、「人間は自ら欲望し愛する善を、他人も愛するのを見るといっそう強くそれを愛するから、残りの者がそれを愛するように努める」からである。[15] この定理を第四部の文脈で理解するためには、定理三四備考の例示を参照しておく必要がある。それによると、二人の人間が〈同じもの〉を愛することで対立してしまうのは、一方が愛するものの所有の観念によって喜び、他方が愛するものの喪失の観念によって悲しむからである。つまり両者がともに稀少財の排他的所有という観念にとらわれている限りで、両者は対立するのである。しかしスピノザによれば、両者は同じものを同じように〈愛する〉限りにおいては、両者の愛と喜びは互いに強め合うし、両者は対立せずにその自然において一致するのである。だから一方が愛することで幸福であれば、他方も同じものを愛し幸福となることを自然に欲求することになる。つまりスピノザは稀少性の暴力を別の仕方で乗り越えようとしていると解することができよう。以下三つの場合について考えていきたい。

(1)〈二人が同じ女性を愛している〉と仮定すると、ほぼ自動的に〈そこから和解し難い対立が生ずる〉

としてしまう思考習慣がある。「一人しか所有できないものを、或る人が享受するのを想像すると、我々はその人にそれを所有させないように努める」（第三部定理三二）というわけである。それは女性という善を、性的かつ法律的所有の対象となる稀少財としか考えず、そして排他的所有が女性という善の享受であり、所有の享受が愛の享受であると考えるからである。そしてここから出発して、市民社会（civitas）における市民たちの共同の同意によって、女性の所持の安定を保証する制度や、特定の女性像をコピーして流通させる制度や、特定の女性を共同資産のごとくに扱う制度が形成されることになる。[16] つまり先の思考習慣は稀少性概念から始めさえすれば、世俗共同体の愛の制度全体を正当化できると思いなしているのである。

これに対しスピノザは〈二人が同じ女性を愛する〉という状況に立ち止まって考えている。その女性を愛することが各人の存在の保存であり、その女性を愛することが各人の力であり徳であるなら、各人は同じ女性を愛することにおいて幸福である。だから愛の対象としての女性が善なのではなく、その女性を愛するという活動を現に享受していること、そのことが善なのである。とすればこの善について共有や配分を語ることは無意味である。しかしそれでも善の享受は二人に共通であり、二人の絆となっている。

(2) 二人が飢餓状態で同じ食物を求めているとしよう。しかも食物は絶対的に不足しているとしよう。そのような状況ではスピノザの主張は全く意味をもたないように見えるし、実際多くの研究者もそう解した上で、スピノザの知性主義はかかる状況に関わらないとしていた。つまり食物と知識は財としては全く異なると解しているのである。[17] しかしその前に食物がいかなる財であるかを再考する必要があると思う。

ロックはどんぐりの実が自分のものとなるのは採取したときか、口に入れたときか、摂取したときかと問い、それは採取という労働を混入したときだと答えた。しかしこれは明らかに奇妙な解答であった。実が自分のものとなるのはそれを享受したとき以外にはありえないはずだからである。ところがロックは食物に関しても労働所有論と貨幣論を適用することを通して、食物を商品と見て怪しまない政治経済学を創始したのである。[18]かくて食物をめぐる争いの調整は交換的正義と配分的正義という商業社会の原理に委ねられてきたし、時にはきわめて転倒した事態が生ずることにもなった。[19]

しかし人間にとって食べることは生きるための手段などではなく生きることそのものであるから、食物の享受という最高善について交換や配分を語ることは無意味である。生存あるいは食物の享受は他の世俗的な善とは比較不可能な善なのである。[20]だからこそ各人は食物の享受を自己の存在の保存として愛することにおいて自然に一致し、他人もそれを享受することを欲望するのである。トマスによれば「神から人間に与えられている現世の財は、所有に関しては人間のものであるが、使用に関してはただその人間のものたるべきではなく、その人間にとっては余分なものでもって扶助されるような他の人間にも属するとしなければならない」し、逆に人間はまさに使用に関してのみ財に対する支配（dominium）や共有が許されており、その限りで初めて取得が許されるのである。[21]トマスは自然の使用を介した人間の絆を見失ってはいなかったし、スピノザの知性主義はまさにそこから形成されたと解するべきであろう。

(3) 定理三七は知識人においては比較的容易に成立するようには見える。しかし知識情報を移転費用を要さずに分配可能でコピー可能な財とする見地は、生産と消費とが分断されている業界制度を前提としていると思われる。そして業界制度の内部で得られる知識人の幸福とは大抵の場合、自己の力や徳の想像に由来する喜びであって、それは他人の賞賛や非難に左右される受動感情にすぎない（第三部定理五三・五四・五五）。さらに知識が情報と区別されていないために、知識人は、自己を知ることの享受が同時に自己としての存在の保存であるという語り方でしか、その生産と消費が一致するような知識を擁護できないところまで追い込まれているのだと思われる。かくて知識人は自己（の想像）知においてしか幸福ではないし、複数の自己の並存としてしか人間の一致を想像できないのである。

これに対してインテリゲンティアが自己知において自足することはない。スアレスは人間が真似るべきインテリゲンティアについて次のように書いていた。[22] 幸福な生が自足した生であるとするなら、植物的生と動物的生は好運にも自足することがありえるし、その限りで幸福となりえるが、インテリゲンティアは自分だけでは自己に安らぐことも自己の善さに満足することもできないから、インテリゲンティアが幸福になるには自己の知性を働かせることを通して創造されない善に触れる必要があるとである。スピノザもまたインテリゲンティアが幸福であるためには、神すなわち自然を認識する必要があるとしていたし、その上で初めて人間の絆が成立するとしていた。かかる認識の内容の検討は他日を期すが、少なくともそれが流通し交換される知識や閉塞する自己知と異なることは明らかであろう。

かくて最高善から共通善への移行の仕方を理解するためには、世俗的な財の概念を拒否する必要があることが明らかとなったと思う。最後に異なる善をめぐって現れる対立について考えておきたい。

3　インテリゲンティアと世俗共同体

インテリゲンティアの幸福は神すなわち自然の認識を享受することにおいて最善の存在様式を保存することにある。人間はその自然において本質的にインテリゲンティアであるし、人間は最高善の享受において一致する。これが『エチカ』第四部の核心であった。しかしそれでもインテリゲンティアの最高善と人間の最高善とは対立することがあるように見える。そして観想的生活と政治的実践的生活の関係や知識人と大衆の関係をめぐる古くて新しい問題が生ずるように見える。例えばネーゲルは道徳的生活と世俗的生活の関係を論ずるに先立って次のように書いている。[23]「それほど高価ではないニューヨークのレストランでの二人分の勘定は、バングラデシュでの年間一人当たりの収入に相当する。……そのお金は飢饉救済のために寄付された方がずっと役立つであろう。同じことは衣服・ワイン・観劇・余暇・贈り物・書籍・レコード・家具などの購入についても言えるであろう」とである。しかしこうした問題設定は過っていると言いたい。

第一に、ネーゲルは勘定・収入などの概念を全く無批判に使用しつつ、或る人間が〈いくら〉食事や文化財に費やしたかだけを問題視しているために、配分的正義の課題を富や貨幣の再配分としてしか提起できないでいる。しかし問題の中心は、或る人間が食物や文化を享受しているのに他の人間がそれを享受していない点にあるのだから、配分的正義の課題は少なくとも、善をともに享受することの実現として提起されるべきであろう。そのとき知識人の責務はたんに文化財を放棄することにではなく、文化を享受しつつ遠くの人間もそれを享受することを欲望することに置かれるはずである。[24]

第二に、ネーゲルが遠くの人間についてきわめて貧寒な人間像しか持っていない点が批判されるべきである。スピノザは次のように書いていた。「誰も、存在し活動し生きることを、言い換えれば、現実に実在することを同時に欲求せずには、幸福であり善く活動し善く生きることを欲求することはできない」(定理二一)。誰でも生は死より価値があり、生存の保証は権利であり義務であると認めはする。しかし多くの人は基本的欲求の充足によるたんなる生存は、よりよき生活のための予備的条件にすぎないとも考えている。これに対してスピノザは二つのことを教えているように思われる。一つは、善く生きたいという欲求もまた或る仕方で生きたいという欲求であり、それは生存の欲望の一形態でしかないことである。道徳的生活の欲求も美的生活の欲求も「植物的」生活の欲求もすべては生存の欲望の諸形態であって、それらの間に価値の優劣はないのである。二つには、たんなる生存という生はありえないということである。いかなる生も、善く生きたいという欲求に動かされているのである。だからバングラデシュの生をたんなる飢餓線上の生存とのみ想像すること自体が間違っているのである。ネーゲルの問題設定の根底には、たんなる生存とよき生との階層的区別から派生した人間像しかないのであって、それでは人間の一致を語りえないのも当然であろう。[25]

これに対して、食料も文化財も消費の単独性と排他性を有する私的な財であるから、財が稀少である状況で人間の一致を計るには、世俗共同体の正義の原理に依拠せざるをえないと言われるかもしれない。しかし世俗共同体は、対価を支払わない人間も排除されずに享受できるような公共財の事例として国防を挙げて怪しまないような価値観に覆われているのだから、その正義の原理を当てにすることができるであろうか。定理三七備考の市民社会論はまさにこの問題に関係している。そこでスピノザは正義概念の解明のために「人間の自然状態と市民状態」について論ずるとした上で、正義は「外面的概念であって精神の自然を解明するような概念ではない」と結論している。すなわち正義は人間の徳ではなく、市民同士の外面的関係を律する制度の徳性であって、富や功罪の配分制度の価値規準であるとしているのである。だから市民社会の正義の原理は最高善を享受する人間の絆とは全く無縁であるとスピノザは解していたはずである。[26]

しかしマテロンは市民社会論の意義を次のように解している。スピノザの最高善あるいは社会的理想は万人が知識人の共同体の内で統一されることであり、この目的を達成するには外部環境を改善していくことが必要である。具体的には知識人以外の人も理性的になること、そして知的コミュニケーションを妨害する抗争や憎悪を解消することが必要である。そしてスピノザは外部環境の政治的改善の道を示すために市民社会論を第四部に挿入したとである。[27]すなわち知識人が幸福であるためには、よき研究条件とよき理解者と自由社会が不可欠であり、そのために政治的変革が必要であるとマテロンは言うのである。私はこれは最悪の議論であると思う。[28]確かにスピノザは人間の幸福には正義が必要であるとしていたし、商業社会の有益性を強調してもいた。しかしスピノザは最高善の享受における人間の絆の実現のために、世俗共同体が必要だとはしていなかったのである。むしろ逆に人間の絆が或る状況では理性的に隣人を援助することを教える限りで、人間の絆こそが世俗共同体の欠を補うとしていたのである（第二部定理四九備考）。

私には、観想的生活と政治的実践的生活を関連させようとする営みそのものが、インテリゲンティアの幸福に見放された知識人の弱々しい自己弁護にすぎないと思われる。インテリゲンティアがその徳と力をまっすぐに発揮することがそのままで共通善であること、これがスピノザ倫理の核心であり、遠い隣人もそのことを知っているはずである。

注

1 第五部定理二〇。

2 財と富の区別は別の形でだが後の使用価値論の系譜にも見いだされる。例えばケネーである。財は使用価値をもつが売上価値はもたない。富は双方をもつ。そしてケネーの表現では「ルイジアナ州の蛮人」は財を享受していたが、ヨーロッパ人の侵入後は富をめぐる争いに巻き込まれた。ケネー「農業王国の経済的統治の一般準則」『ケネー全集』（島津・菱山訳）第三巻四一頁。

3 世俗的政治的解釈の典型としては次を念頭に置いている。A. Matheron, *Individu et communauté chez Spinoza* (1969). A. Negri, *L'Anomalie sauvage: puissance et pouvoir chez Spinoza* (traduit par F. Matheron)（1982）. 別のスピノザ像としては次を念頭に置いている。L. Brunschvicg, *Spinoza* (1894) chap. VI. 桂壽一『スピノザの哲学』（一九五六）。J. C. Goncalves, "Individuality and Society in Spinoza's Mind", in *Speculum Spinozanum* (Hessing ed)（1977）.

4 *Tractatus de intellectus emendatione*, Spinoza Opera (Gebhardt) Bd. II. pp. 5-9.

5 スピノザは possidere, potiri と compos とを使い分けている。両者の違いを指摘しているのに次のものがある。M. Bertrand, *Spinoza et l'imaginaire* (1983) p. 108. n. 4.

6 第四部序文の意義を的確に把握している研究として次のものがある。R. Demos, "Spinoza's Doctrine of Privation"（1933）in *Studies in Spinoza* (Kashap ed)（1972）.

7 一般に善＝財には四つの側面が区別できると思う。第一に交換財としての側面、第二に使用価値としての側面、第三に人間がそれを使用ないしは享受することで為し得る活動に対応している側面、第四に以上三つの側面から派生する主観的効用の側面である。cf. A. Sen, "Rights and Capabilities", in *Morality and Objectivity* (Honderich ed)（1985）. 第四部における善概念や有用性概念はすべて第三の側面に関わると解するべきである。第三部は主として第一と第四の側面に関わる（第三部定理三九備考）。また自然の生産力を意図的に捨象するのでなければ食物を自然（物）に数え入れることが当然であると思う。しかしロックは「自然と土地はそれ自体としては殆ど無価値な素材を供与するにすぎない」と書き付けるだろう。Locke, *The Second Treatise of Government* 5-43. このようにして財の第三の側面は無視されてきたのである。

8　スピノザの論証は、自己利益から出発して他人と協調する利益を導出しようとするホッブズ的論証とも対比されるべきであるが、これは別の機会に譲る。

9　*Ethica Nicomachea* IX-9. cf. J. Annas, *The Morality of Happiness*（1993）chap. III. "Plato and Aristotle on Friendship and Altruism" *Mind*（1977）.

10　特に次のものを念頭に置いている。S. Wolf, "Moral Saints", *The Journal of Philosophy*（1982）. M. Slote, "Some Advantages of Virtue Ethics", in *Identity, Character, and Morality*（Flanagan and Rorty ed）（1993）. また以下のサーヴェイが有益である。W. Kymlicha and W. Norman, "Return of the Citizen: A Survey of Recent Work on Citizenship Theory", *Ethics*（1994）.

11　Thomas Aquinas, *Summa Theologiae* I. q. 60. a. 4.

12　Matheron, op. cit. pp. 271-275.

13　E. Curley, "Notes on a Neglected Masterpiece（II）: The Theological-Political Treatise as a Prolegomenon to the Ethics", in *Central Themes in Early Modern Philosophy*（Cover and Kulstrad ed）（1990）pp. 139-142.

14　第三部の所有論については、cf. A. Matheron, "Spinoza et la propriété"（1978）dans *Anthropologie et politique au XVIIe siècle*（1986）. 上野修「われらに似たるもの——スピノザによる想像的自我およびその分身と欲望」『カルテシアーナ』（一九八七）。

15　定理三七の第二の証明は第三部定理三一を参照しているが両者の相違が見逃されてはならない。後者は想像の次元での定理であり、自己の財を他人に愛させようとする野心（ambitio）を主題としていることからも分かるように、そこでの善＝財は稀少財・交換財であり国家や階級（第三部定理四六）でもある。

16　マテロンは「対象が分配可能であれば二人の感情は協調できよう」と書いてしまう。Matheron, op. cit. p. 265.

17　Matheron, op. cit. pp. 271-273. Curley, op. cit. p. 144. J. Bennett, *A Study of Spinoza's Ethics*（1984）p. 301.

18　Locke, op. cit. 5-28. ロックの労働所有論批判として、桜井徹「私的所有の道徳的根拠」『一橋研究』（一九九〇）参照。

19　一例をあげておきたい。一九九三年ソマリアの復興・人道援助に一億六千六百万ドル、これに伴う国連軍事費用には一五億ドル以上かかった。食糧一ドルにつき軍事費一〇ドルである。この比の価が転倒しているだけではなく、比が成立すること自体がとてつもなく転倒している。辺見庸『もの食う人びと』（一九九四）参照。

20　これがニュスバウムとセンの貴重な洞察である。cf. D. A. Crocker, "Functioning and Capability — The Foundations of Sen's and Nussbaum's

"Development Ethic", *Political Theory* (1992).

21 Thomas, op. cit. II-2. q. 32. a. 5 et q. 66. a. 1. 全員が餓死しない限り誰一人として餓死しないような共同性（K・ポランニー『大転換』（吉沢他訳）六一頁参照）を、その世俗的制約を外して再興することは依然として未完のプロジェクトである。川本隆史「自己所有権とエンタイトルメント」『法哲学年報』（一九九一）参照。ここの論点はトマスによる dominium と proprietas の区別に関連がある。人間は山野河海の使用に関しては dominium をもち、これが proprietas を制約するのである。しかるにホッブズは両者を同一視してしまう。cf. Y. C. Zarka, "La propriété chez Hobbes", *Archives de philosophie* (1992). dominium 論には〈国土〉論に還元しきれない別の意義があると思う。

22 Suarez, *Disputationes metaphysicae* 30-14-16.

23 T. Nagel, *The View from Nowhere* (1986) p. 190. また以下の論点についての概観として、cf. C. Wilson, "On Some Alleged Limitations to Moral Endeavor" *The Journal of Philosophy* (1993).

24 宗教者による断食行や社会制度としての殺生禁断は人間がともに食物を享受するための実践でもあった。近年の学説に抗してこの伝統を再興することが必要だと思う。例えば『ルカ』（14-12）「あなたが食事をふるまうなら友人や兄弟を招いてはならない」をめぐるトマスの洞察である。Thomas, op. cit. II-1. q. 69. a. 3. 知識人の責務については、S・ソンタグ「サラエヴォでゴドーを待ちながら」（木幡訳）『批評空間』（II-1 一九九四）参照。

25 私はシンガーの〈苦を感受する存在者〉もレヴィナスの〈顔〉も同じ難点をもっていると思う。遠くの人間は最高善を享受する力がないかのごとく設定されている。現代知識人の多くは残虐で悲惨な画像の前でのみ倫理学を行っているのである。P. Singer, "Famine, Affluence, and Morality", *Philosophy and Public Affairs* (1972). E. Levinas, *Totalité et Infini* (1961) p. 175.

26 正義を問う営みが、各人の行為や社会制度に外在的になっていることの積極的意義については、中野敏男『近代法システムと批判』（一九九三）2-3-1 参照。

27 Matheron, op. cit. p. 273-276, 283. cf. S. Zac, "Société et communion chez Spinoza" *Revue de métaphysique et de morale* (1958). J. Lacroix, *Spinoza et le problème du salut* (1970) p. 84.

28 ホッブズが見抜いていたように、知識人は知識探求が世俗共同体の内部においてのみ可能だと考えるから、世俗共同体を言祝ぎそれに服従する傾向をもつのである。cf. L. Foisneau, "Les savants dans la cité", dans *Thomas Hobbes* (Zarka et Bernhardt ed) (1990).

この百年間は、悪が最大量に達した時期であったのかもしれない。そして、最善の状態を期待する楽観的な世界観が潰えて、最悪の状態を予期する悲劇的な世界観が最高潮に達した時期であったのかもしれない。ドゥルーズは、そのライプニッツ研究でこう書いている。「並外れた危機に対しては、過激化した正当化で応じなければならない。世界は最善でなければならない。その総体においても、その細部においても、あらゆる場合において、最善でなければならない」[1]。このような言説は、途方もなく楽観的に見えるかもしれない。あるいは、ルサンチマンを隠し持ったイロニーに、あるいは、どんな悪でも是認する俗悪な諦観に見えるかもしれない。しかし、そういうことではない。世界に最高善と完全性が潜在することに、そして、そこから善と悪が分化して出現することに驚いているのである。こんな驚きから発する認識の射程はきわめて広いが、本稿ではその一端について考える。

現在の人間は、最悪の危機に向かいつつあるのかもしれない。最悪のシナリオなるものが数多く提出されているし、同時に、最悪の危機を回避するための最善のシナリオも提出されている。ユートピアの復活である。この百年間でユートピアは潰えたとされてきたが、危機の想像に乗じて、奇怪な仕方で復活している。ところが、最悪の未来を想像するにせよ、最善の未来を構想するにせよ、それらは世界の時間的な展開を認識し損なっている。山本信は、そのライプニッツ研究でこう書いている。「道徳における未来への観点といっても、未来はそうなることになっているというだけならば、それは再び過去的な見方ではなかろうか。世界は絶えざる発展の途上にあるといっても、その全体を観る者にとっては、これもやはり既成の事実にすぎぬのではなかろうか」[2]。この反問を近年のユートピア構想に向けることから始める。

1 改善の行方

世界には善と悪が散在している。世界を部分的に改善することも改悪することも可能である。社会の部分、自然の部分、あるいは、社会化された自然の部分、自然化された社会の部分を、改善することも改悪することも実践的に可能である。それが人倫の実情である。そして人びとは、実践理性を使用しながら、局所的な改善や改悪を実行している。そこには思考を誘うものは何もないし、そこに批判を向けるべき謂れもない。もちろん人倫はそれなりに複雑であるから、或る部分の改善が別の部分の改悪と連動する場合や、或る部分の改悪だけが別の部分の改善に貢献する場合がある。そこを定式化するために、諸部分の相関関係や包摂関係について学的な議論が積み重ねられてはいる。しかし人びとは、その程度のことは既に承知している。それどころか、人びとは遥かに楽観的である。改善される部分が別の部分の改悪によって覆されるとは思っていないし、改善や改悪が実行される諸部分が別の部分から到来する別の悪によって覆されるとも思っていない。さらに、諸部分を一挙に覆すような悪が到来すると予期したり期待したりすることはあっても、すべての部分が覆されるとは思っていない。人びとは根本的に楽観的である。人倫は根本的に楽観的な信仰に支えられているのである。しかも、人倫についての諸学そのものが、そんな根本的に楽観的な信仰を前提としている。かかる事実にこそ、批判的な思考が向けられるべきである。先ず、部分的な改善について考える。

そもそも改善は何のために実行されるのだろうか。改善の最終目的は何であろうか。ここでは議論を単純にするために、二つの仮定を置くことにする。第一に、世界における善と悪は、いたるところで均質であり、比較可能であるだけでなく、共通の単位によって計量可能であるという仮定である。第二に、世界の任意の部分において、改善と改悪が進行する経路はいわば確定した地形図をなすという仮定である。言いかえれば、経路を進行する度に地形図が変換されることはないという仮定である。これら二つの仮定を置くなら、改善の実行は予め確定した経路を辿るということになるし、改善の経路に沿った善の計量が予め可能であるということになる。そこで、改善の最終目的について、三つの場合に分けて考えてみる。発散、定常状態、安定状態の三つである。

① 改善は概念的には停止を含んではいない。改善については、ここまで進行すれば停止してよいと予め判断できるような状態はない。改善には、定義上、切りがないし果てしがないのである。とすると、改善の最終目的は、改善を限りなく進行させるということに置かれる。改善のための改善である。ところが、限りない進行が退行ではなく進行であると分かるためには、単調増加する経路が予め想定される必要があるし、極限値が停止状態に見えるのを避けるためには、経路が有界ではない必要がある。すなわち、改善によって積み重ねられる善の量は発散する必要がある。こうして、改善の最終目的は、改善を限りなく進行させたその彼方の善の無限に置かれることになる。無限の彼方にある、無限の善を目的として、今ここで改善に努めるというわけである。

しかし、善の発散や善の無限とは何であろうか。何ものでもあるまい。善の例として財をとる。貨幣が無限にあるということは、貨幣がないということと同等であろう。食物が無限にあるということは、それは食物ではないということと同等であろう。世界に無限の財を蓄積することが可能であるとしても、無限に発散するようなものは財たりえないはずである。ただし、財の本質に稀少性が含まれているからではない。稀少ではなく過剰であっても、財は財である。同様に、無限の徳性、無限の幸福、無限の快楽も、何ものでもない。たんなる言葉である。したがって、いかなる意味においても、無限に発散する善を目的に据えることはできない。改善の最終目的が、無限に発散する善に置かれていると見做すことはできない。それが不可能な夢だからというのではない。そもそも夢の地位を僭称することすらできないからである。[3]

② 改善の進行に伴う善の量、すなわち、特定の状態における善の量も、多数の状態の善の加算量も、有界であるとする。改善の経路は連続的であると仮定するなら、善の量はどこかで極大値ないし最大値をとることになる。このとき、改善の最終目的は善の最大量に置かれることになる。そんな最善の状態がユートピアと称されている。

しかしユートピアには怪しげなところがある。遠い未来に投射されるユートピアが現状の改善の動機付けとして有効になる場合はあるし、その限りにおいて、ユートピアなる構想力の統制的理念が実効的になる場合があるにしても、怪しげなところがある。ユートピアは、何ものでもないわけではないし、どこにも無いわけでもないし、不可能なものでもないが、まさに何ものかである点において怪しげなのである。

第一に、ユートピアは、改悪の余地はあっても改善の余地のない行き止まりの平衡状態である。実践的には、それ以後は何も為すべきことのない最適状態である。変化を禁じられて静止を強いられる代わり映えのしない定常状態である。たぶん美的にも感情的にも退屈な状態であろうが、問題はそこにはない。たとえば、個人の人生において最善の状態が実現したとしよう。人生の善をどう定義するにせよ、そこでは、最大の徳性、最大の幸福、最大の快楽が実現して継続する。変化がないのである。変化がないということは、人間に生物としての変化もないということ、人間に生老病死がないということである。つまり、最善の定常状態とは、生きているとも死んでいるともつかない状態、生きるも死ぬもない状態である。そんな状態は、いかなる意味においても、生物としての人間にとっての目的たりえない。同じことは、社会と自然についても成り立つから、いかなる意味においても、ユートピアは目的たりえないのである。第二に、ユートピアを目的として据えると、現状の改善の実践的な意義が曖昧になってくる。途上の人間は、何程かの改善の成果を享受するにしても、最終目的たる最大善を享受できないのだから、改善の意義について不信を抱かざるをえない。しかも、ユートピアが未来において半永久的に継続するとしても、ユートピアを享受する世代が半永久的に存続するはずはないから、未来の世代は一時的に最大善を享受するだけである。その程度のことのために、改善が積み重ねられるべきだとは思えないのである。第三に、ユートピアは何ものかであるにしても現在は存在しないし、ユートピアを享受するはずの未来の世代も現在は存在しない。未だ到来しないものは、現に存在しないのである。すると、途上の人間は、存在しないもののために、端的には無のために、改善を実行するということになる。しかも、生も死もない状態のために、改善を実行しながら生きるということになる。奇怪なニヒリズムである。生命を超越する価値のために、生命を否定する価値のために、生命を擦り減らすニヒリズムである。

たぶん人びとは、現状の改善の実践的な意義に確信を持てないから、奇怪な目的を構想するのだろう。しかしこの類の構想が確信を与えるはずもない。

③　そこで次のように考えられるかもしれない。たしかに最善の状態に到達して静止することは目的になりえない。そもそも世界は複雑であり必ずや悪が忍び込むだろうから、定常状態に静止できるようにはなっていない。最善の状態に静止することは実効的な目的にもなりえない。したがって、安定状態を最終目的とするべきである。すなわち、改善が積み重ねられるにつれて最善の状態に絶えず接近していくが、最善の状態の近傍で善の量が振動しながらも、最善の状態から極度に離れてしまわないような状態を目的とするべきである。そして、最善の状態の近傍に悪は忍び込むにしても、そのことによって許容し難い最悪の状態に転落しないために、絶えず改善を怠らないようにしなければならない。

おそらく人倫はこんな構想に導かれているが、そこには実践理性に固有の錯誤が潜んでいる。第一に、安定状態とは善の量が揺らぐだけで、決して最悪の状態に落ち込まない状態であるが、そのとき、最悪の状態とは何であろうか。人間が死ぬことや人類が絶滅することであるなら、安定状態を目的とすることは、人間の不死や生物種の不滅を願望することに等しい。また、最悪の状態に死や絶滅が含まれていないなら、安定状態を目的とすることは、同じ人間の輪廻転生や同じ生物種の再登場を願望することに等しい。したがって、生老病死を運命とする生物にとっては、いかなる意味でも、安定状態は目的たりえないのである。第二に、安定状態が世界で実現可能か否かが問われなければならない。たしかに短期的には、安定状態は実現しているように見える。そして私たちは、当分の間は、安定状態が継続すると信じている。最悪の状態が何であれ、それが暫くは到来することはないと信じている。だからこそ、安定状態が永遠に継続することを願望する。実践理性に固有の信仰である。問われるべきは、そんな信仰の根拠である。

安定状態があると言えるためには、実に多くの仮定を必要とする。改善や改悪の経路がなす地形図が確定するということ、改善の経路に微小な悪が加えられても最善の状態の近傍に接近可能であるということ、最善の状態が極限的なものとして一意的に存在するということなどである。しかし、安定状態があるとする信仰や、安定状態があると予め想定しなければ始まらないような諸学が、安定状態があることを保証するわけではない。世界の全体についても、世界の部分についても、安定状態があると論証することは原理的に不可能である。いわば、安定状態はどこにでもあるように見えるが、どこにもないのである。しかし、世界には予測不可能な最悪の事件が到来する可能性があると殊更に指摘したいわけではない。そうではなくて、私たちが根本的に楽観的であるということを、安定状態の存在に対する信仰として解明することはできないと言いたいのである。

改善の最終目的は、発散でも、定常状態でも、安定状態でもありえない。それでも私たちは、根本的に楽観的な信仰に支えられて、改善に努めたり改悪に努めたりしている。ここに解明すべき不可思議がある。

それについて考える前に、ユートピアに関して二点補足する。

④　近年、最大善の構想ではなく、たんなる善の構想をユートピアと呼ぶ論調がある。その語法を認めるなら、ユートピアは複数あることになる。人生の善の構想、社会の善の構想、自然の善の構想は複数あるからには、ユートピアが複数あると言えば言える。そこで、善の内容の如何を問わず、複数のユートピアを共存させるような社会の形式を目的とすることがメタ・ユートピアとして推奨されることがある。そして、メタ・ユートピアの形式的な価値について、それを何と言い表わすか、それを実現するに必要な徳性や動機付けは何か、形式的な価値であるとしながらも実際には特定の善の構想に由来する実質的な価値が含まれているのではないかなどと議論されている。

しかし複数の善の構想は現に共存している。共存させるために為すべきことは何もないのである。しばしば複数の善の構想は比較不可能であるから共存不可能であるなどと語られるが、錯誤であるとしか言いようがない。諸悪の出現は、比較不可能性や共存不可能性を証し示しているのではなく、むしろ反対に、比較可能性と、共に関係して存在するからこそ類似した悪を為しうるということを証し示している。複数の善の構想を掲げて争う集団的権力は、多くの共通性を共有しているし、多くの共通善によって支えられている。たとえば、政治的なるものや民族的なるものを善とすることにおいて、そして、その善が比較不可能で和解不可能であると共に宣言することにおいて、しかも、そのことを口実として諸悪へ人員を動員することにおいて、完全に共犯関係に立っている。まさにそのことによって、集団的権力は養い合っている。そして、複数の善の構想が不可避的に諸悪を引き起こすなどと粗雑に唱える諸学そのものも、共犯関係に立っている。まさに集団的権力と諸学は養い合っているのだ。とすれば、メタ・ユートピアを目的とする構想が、諸悪を減少させる上で実践的に有効であるはずがない。メタ・ユートピアは形式的で普遍的であるから無効なのではない。そうではなくて、諸悪を可能にする次元まで考慮した形式性と普遍性に達しないままに、たかだか集団的権力の相互関係の一部の特殊な形式を言挙げするにすぎないから、実践的に無効なのである。

⑤ 世界に善と悪は散在しているが、どうしても人びとは悪に意を注ぐ。だから、悪は絶えず強度を増し、悪は遍在していると思いなす。そして悪が消滅することを願望するようになる。悪の零度がユートピアになる。

しかし、悪を零にすることは、局所的な目的にはなっても、公共的な目的にはなりえない。社会を形成して維持することが善いことであるとすれば、社会を維持すること自体に悪を可能にする事情が含まれているからには、悪を零にしようとすることは、社会そのものを無きものにしようとすることに等しいからである。さらに、次のような事情が加わる。悪を減少させるには、損失という意味での悪が必要である。したがって、悪を減少させようとすることでもって、利益という意味での善を増大させるような機構が必要になってくる。社会は必ずやそんな機構を装備している。たとえば、悪を減少させるには、公権力や地方行政を行使して公共政策や司法政策を実行することになるが、そのためには膨大な徴税機構や官僚機構や専門家集団が必要になる。そして現に、悪を減少させるという目的を掲げることによって、膨大な制度と人員が維持されている。悪は善の引き立て役になるどころか、悪は膨大な善に転じているのである。社会は悪の発生を見込んで成立しているし、それどころか、悪の発生によって善を増大させているのである。したがって、悪を零にすることは、虚偽の名目にはなっても、いかなる意味でも、公共的な最終目的にはなりえない。病気や老化といった自然的な悪についても同様である。しばしば、病気のない社会や衰弱のない社会が公共的な目的として掲げられることがある。しかし、病気や衰弱のない状態とは、端的に生老病死のない状態であり、生きるも死ぬもない状態である。それは、いかなる意味でも、生物としての人間にとっては目的たりえない。そしてここでも悪は善に転じている。自然的な悪を零にすることは、個人的な願望にはなりえても、公共的な最終目的にはなりえないのである。

結局のところ、ユートピアは実践的に無効である。そして、大方の思い込みに反して、かつて有効であった例しは一度もない。ユートピアが人間を死へ駆り立てた場合にしても、生も死もない状態を、死の状態と見間違えただけのことである。そして、ユートピアが人間を行動へ駆り立てた場合にしても、たとえそれが生命を擦り減らすものであったとしても、実際には、現状の不正に対する憤りから発して、現状の悪の減少を目的として為されたのだ。いずれにせよ、ユートピアなど掲げなくとも、人びとは改善や改悪を実行してきた。改革と呼ばれようが革命と呼ばれようが、定義上、改善は望ましいことであるが、改善の彼方に願望される状態は、決して望ましいものではない。

2 最高善の在処

世界に善と悪は散在している。では、世界そのものについては、何と評定すればよいだろうか。善悪に超越的であると、あるいは、善悪無記で中立的であると言えばよいだろうか。人倫を超越する位置からは、そう言うべきである。ところが、私たちは、いかに悪が増加しても、いかに善が減少しても、この世界から立ち去ってはいない。善と悪が散在している世界そのものを、改善と改悪を容れる世界そのものを、私たちは愛して信じているのである。愛されて信じられるものについては、善悪無記で価値中立的であるとは言えないだろう。私たちが人倫を離れて生活していない限りにおいては、私たちはこの世界で生きているということにおいて、この世界を肯定的に価値評定していると考えざるをえない。ライプニッツは、この世界のことを最善かつ完全と評定した。その場合、最善は最大善ではなく最高善を意味しなければならないし、完全は、完成されたということではなく完備であるということを意味しなければならない。以下、この点を解明するための予備的な考察を行う。

世界で進行する出来事のシナリオを書くとする。問題を単純にするために、未来の出来事についてシナリオを書くということにする。そして、シナリオの作者については、次のような存在者として想定する。世界を再創造する意志を抱いて世界での出来事の進行を選択して決定する神や、世界に生まれ出るか否かを選択するに当たって世界での出来事の進行を表象する理性的存在者として想定する。あるいはまた、世界から立ち去るか否かを選択しようとしていて世界での今後の出来事の進行を想像する人間として想定する。なお、シナリオ作者が複数であると想定してもよい。たとえば、実践理性を使用して社会契約を締結する経験的人格を引き受けるに先立って、世界で共に生きるか否かを選択するに当たって世界での出来事の進行について合意を図ろうとする理性的存在者として想定してもよい。この場合、合意の目標が、世界を世界たらしめる形式的法則か、世界で実現されるべき善の総量と配分か、出来事の進行の原則かによって、合意の内容や範囲が変わるが、ここではシナリオ作成に焦点を絞って問題に接近していくことにしたい。

さて、来たるべき最後の人間をめぐって、四つの出来事を書き連ねるとする。「最後の人間が生まれる、功利主義を信条とする、自分の細胞から異性を構築する、子をなす」とである。これを出来事の系列〈e_1, e_2, e_3, e_4〉と記号化する。これら四つの出来事を書き連ねる際には一定の規則に従っていると想定することができるので、その規則をfと記号化すると、$f(e_1) = e_2, f(e_2) = e_3, f(e_3) = e_4$ということになる。そして、規則が確定しているからには、規則fの下で、出来事の系列を限りなく書き連ねることができる。こうして、シナリオは、出来事の無限系列〈$e_1, e_2, e_3, e_4 \ldots e_n \ldots$〉になる。

次に、別のシナリオを書くとする。その際に、三番目の出来事「自分の細胞から異性を構築する」に差し替えて、「自分の細胞を流す」を書き入れるとする。これをa_3と記号化する。ここで規則fを固定化したままだと、$f(e_2)=e_3$であり、かつ、$f(e_2)=a_3$であることになる。いまは出来事の系列を形成する規則は一意的に確定すると想定しているので、三番目にa_3を書き入れるためには、規則も差し替える必要がある。そこで、別の規則をgとする。$g(e_2)=a_3$とするわけにはいかないので、結局のところ、三番目の出来事を差し替えるには、規則も差し替えた上で、始めから別の出来事を書き連ねることになる。そして、規則gの下でも、出来事の系列を限りなく書き連ねることができるから、別のシナリオは、別の出来事の無限系列〈$a_1, a_2, a_3, a_4 \ldots a_n \ldots$〉になる。

さらに、出来事の差し替えは限りなく可能であるから、規則の下における出来事の無限系列も、限りなく可能であることになる。未来の世界について、無数のシナリオが可能である。では、シナリオ作者が自ら世界舞台でシナリオを演ずる役者になろうと意志するとき、無数のシナリオの中から、どれを選択するであろうか。選択する際の理由と目的は何であろうか。ところで、このような問いは、既に世界で生きている者にとっては、生き始める以前の純粋過去を設定した上で、そこで生き始めるか否かの根本的な選択が遂行されたと想定する問い、すなわち、事後的に構成される問いにすぎない。したがって、既に世界で生きているという事実を捨象してしまうと、問いに対しては任意の答えを宛がうことができる。しかし、ここではそんな観点は採らない。あくまで、世界で生きていることを肯定的に評定しているという理性の事実を基準にして、問いに対する答えを吟味したい。

そこで、人倫的な善悪の観点を導入して、出来事を価値評価して善の量を割り当てることにする。[4] このとき、ユートピア批判で示したように、出来事の善の量にせよ、出来事の系列の善の総量にせよ、無限に発散すると想定するわけにはいかないので、それらは有界であるか収束すると考えなければならない。ところが、これも先に示したように、最善の定常状態や安定状態をもたらすシナリオを選択すると想定するわけにはいかない。言いかえれば、世界で私たちが、現在から出発して未来に向かって生き続けるのは、最善のシナリオの実現を期待してのことだと考えるわけにはいかないのである。その次第を再度論じておく。

規則ｆの下での無限系列は、有界な区域において、善の最大量と最小量をとる特定のシナリオを定めるし、規則ｇの下での無限系列は、別の有界な区域において善の最大量と最小量をとる別の特定のシナリオを定める。このとき作家かつ役者が直面する問題は、二つのシナリオが共可能的であるか否かということである。共可能的なら両者を選択するし、非共可能的なら比較して片方を選択することになる。いまの場合、最後の人間が子をなすというシナリオと、最後の人間が子をなさないというシナリオは、同じ一つの世界では共に実現可能ではないと見えるので、それらは共可能的ではないとされるのが通常であろう。では、どのように比較して選択するのか。

規則ｆの下での善の最大量と、規則ｇの下での善の最大量を比較して、より多いほうを選択すればよいと考えられるかもしれない。一般に、無数のシナリオを比較して、相対的に最善のシナリオを選択するというわけである。しかしこの解釈は無理である。世界のシナリオを選択する理由が、善の最大量の実現に置かれるならば、世界に生まれ出る理由や世界で生き続ける理由が、生きるも死ぬもない状態に置かれることになるからである。いかなる意味においても、世界に生まれ出て世界で生き続ける理由と目的が、最大善の状態に存すると信ずることはできない。あるいは、そんな信仰に支えられて生きていると信ずることはできない。私たちは、最大善の状態を享受していなくとも、現に生きているからである。では、規則ｆの下での善の総量と、規則ｇの下での善の総量を比較して選択すればよいと考えられるだろうか。この解釈も無理である。シナリオの時間的進展における善の総量を享受するには、世界において不死である必要がある。しかし、世界で生きる理由と目的が、世界で永遠に生き続けることに存すると信ずることはできない。もちろん、人間の場合には、生まれ出てから、その後で人間は必ず死ぬと教えられることになるから、作者かつ役者は、人間として死ぬことを知らされないままに不死を当て込んで、善の総量が最大になるシナリオを選択したと考えてみることはできる。しかし、こんな仕方で言挙げされる不死の要請こそが、事後的に構成される問いによって生じる錯誤なのである。実際、私たちは、いつか死ぬと知っても、話が違うとか聞かされていなかったという理由で世界から立ち去りはしない。いずれにせよ、世界で生きる理由と目的が、世界で実現可能な善の量に存すると考えることはできないのである。[6] したがって、人倫的な善悪の観点を離れて考え直さなければならない。

そこで、共可能的なシナリオの数が最大になるような世界を、作者かつ役者は選択すると考えてみる。ここで共可能性の範囲が問われることになる。人間が演ずるシナリオだけを考えるなら、最後の人間が子をなすシナリオのほうが、最後の人間が子をなさないシナリオよりも、多くのシナリオと共可能的であると判断できるかもしれない。ところが、人間以外の生物が演ずるシナリオも考え合わせるなら、判断は逆転するかもしれない。人間が早く絶滅したほうが、人間以外の生物には多様なシナリオが可能になるかもしれないからである。だから、作者かつ役者が、無条件に一方のシナリオを選択すると考えるわけにはいかない。それは、作者かつ役者が、自分がいかなる生物を演ずるかについて無知であるからというのではない。また、人間が存続する状態と人間が存続しない状態の優劣の順位が定まらないからというのでもない。問われているのは、人間中心主義を採用するか、それとも生態系中心主義や環境中心主義を採用するかといったことではない。そうではなくて、世界で私たちが生きる理由と目的が、人間が存続することに存するとも、人間が存続しないことに存するとも信じられないのは、どうしてなのかということである。いずれにせよ、世界で生きる理由と目的が、共可能的なシナリオの多寡に置かれていると考えるわけにはいかないのである。山本信は次のように書いている。

「神はおそらく一頭の獅子よりも一人の人間の方を大事にするであろう。しかし獅子の全部を捨てても人間をとるかは疑問である。神が人間に理性を与えたのも、人間の為ではなくて、ただ宇宙の完全性の為である。かくして、ライプニッツの弁神論が人間中心的な狭い枠を破ると共に、その楽観主義は一種の悲観主義にすら近づく。最善の世界を造ったライプニッツの神は、人間のあらゆる思惑を超越し、彼の意図の為に人類の幸福を容赦なく犠牲に供する神である。されば人間が如何に祈り願おうと、神は宇宙全体に適合することをしか許さない。しかしながら、これによってライプニッツが言おうとすることは、神の善意と人間の幸福との無視ではなくして、むしろ、それの真の認識である。神を矮小化し卑俗化する誤れる擬人観に対し、我々自らの内に神的な普遍的観点を導入し、宇宙全体の完全な秩序を認識すること、それを教えるものこそ真実の宗教であり、そして真実の幸福は、そのような観点に立って宇宙の一般的善の成就を確信し、神の支配に満足している人のものである」[7]。

神は宇宙全体に適合することをしか許さない。とすれば、世界で私たちが生きる理由と目的は、宇宙の完全な秩序を認識する普遍的な観点に存するのではないかと考えてみる必要があるのだ。その観点に近付くために、世界に乗り出そうとする純粋意志とシナリオを書き連ねる純粋理性との関係を、私たちにおいて考えてみる。私たちは、未来をどのように書き込むにせよ、シナリオ化される出来事の系列は、この世界についてのものであるし、この世界において演じられるものであると深く信じている。この世界に容れられるものであると深く信じている。だから、いかなるシナリオにも実践的なリアリティを感受するし感受せざるをえない。裏から言えば、私たちは、この世界で起こりえないことについては、実践的にリアリティのあることは何も考えることができない。実際、想像不可能で予測不可能なことがあると口にしても、私たちは、そんな不可能なことも必ずやこの世界に到来すると考える。不可能なことでさえも、実践的にリアルなものとして考える。何が起こっても、世界に実在する私たちに到来すると深く信じているし、私たちはそこに居合わせるはずだと深く信じているのだ。したがって、こう言えよう。作者かつ役者は、シナリオの善し悪しやシナリオの多寡を理由や目的として世界舞台で演ずるのではない。そうではなくて、世界舞台で演ずることを根本的に純粋に意志するから、シナリオを書こうとするしシナリオを評価しようとするのである。そして、私たちにあっても、現に純粋意志が働いているから、一切のシナリオが実践的にリアルなのである。では、そのリアリティから出発すると、世界そのものについて何と評定できるだろうか。

無数のシナリオが共可能的であるなら、そのリアリティは、無数のシナリオをこの世界に統合する極限的なものの存在によって保証されると考えることができよう。そして、純粋意志と純粋理性は、その極限的なものからリアリティを受け取ると考えることもできよう。しかし、現実は決してそうなってはいない。非共可能的に見える二つのシナリオは、実は共可能的だと考えることもできるからである。たしかに、出来事の記述に否定辞を用いるなら、「子をなす」と「子をなさない」は両立不可能な述語になるから、両者が共にこの世界で起こることはありえないと語ることはできる。しかし、「子をなさない」と記述される出来事が肯定的に記述し直されるなら、「子をなす」と両立可能になる状況を想定することは充分に可能である。たとえば、細胞が分化する前に流して、細胞内部の微生物を「子」と呼べばよい。要するに、主張したいことは、出来事が言葉で表現される事柄である限りにおいて、一見したところ非共可能的である出来事の諸系列を共可能的になるように記述し直せるのだから、共可能性と非共可能性の境界は曖昧であるし、いたるところで混線して錯綜するということである。それだけではない。

否定辞で出来事を記述するにしても、非共可能的なシナリオもまた、言葉で表現されるからには、一切のシナリオは言葉において共可能的であると考えることができる。虚構世界を記述するにせよ、可能世界を記述するにせよ、それらは言葉によって記述されることにおいて共可能的なのである。だから、一切のシナリオのリアリティは、言葉で表現されるということに由来すると考えなければならない。しかも、そのリアリティから出発するなら、世界については、極限的なものの存在を保証する条件の成立しない世界であると捉え直さなければならない。私たちが愛して信じているのは、定常性も安定性もない世界であり、極限も収束もない世界なのである。実際、いかなるシナリオであっても、それをこの世界で演ずることを私たちは肯定している。途方もないシナリオを理由として、あるいは、語りえないシナリオを理由として、この世界から立ち去ろうとはしないのである。

以上を踏まえて、この世界を何と評定すればよいであろうか。二つの道が開けてくるだろう。一つは、多様なシナリオの多様なリアリティを世界の全域にわたって積分して、世界全体を最高にリアルと評定する道である。もう一つは、世界で演じられるシナリオには、非共可能的に見えるシナリオも含まれるからには、世界全体を完全ないし完備と評定する道である。そして、最もリアルで最も完備な世界こそが、宇宙全体への適合を実現するという意味において、最高善と評定されるだろう。[8]

私たちが根本的に楽観的であり、世界に対する深い信仰を抱いているという事実を解明する上で、実践理性の善悪の観点は結局は無用である。世界が最善であり完全であるとする哲学は、ユートピアとは何の関係もないし、悲劇的世界観と対比されるような世界観とも何の関係もない。哲学が探求するのは、最大善の行方ではなく、最高善の在処である。定常状態や安定状態に拘泥する諸学を批判的に乗り越えて、「普遍的観点」から「真実の幸福」を探求することが、再び哲学の使命になる。

注

1 G. Deleuze, *Le Pli* (Minuit, 1988) p. 43.

2 山本信『ライプニッツ哲学研究』（東京大学出版会、一九五三年）八五頁。引用に際して用字を変更した。

3 かかる善の本質からして、近世形而上学では、神に善が述語付けられることはあっても、神の善に無限が述語付けられることはないし、神の完全性に無限が述語付けられることは少ないのだと解することができる。

4　善の量だけでなく悪の量も割り当てるなら、以下の議論は複素解析の問題になる。ドゥルーズはそう考えている。G. Deleuze, *Logique du sens* (Minuit, 1969) 16e *série*. ただしドゥルーズは、正則性の条件を外すところまで進む。その概略は、次のもので示した。「ドゥルーズにおける普遍数学――『差異と反復』を読む」「現代思想」八月号（青土社、一九九七年）。

5　ライプニッツの最善観を収束条件付きの極値問題として解釈するのが通例であるが、それでは数学的にも倫理学的にも近世形而上学の豊かさを逸してしまう。この点では次の論文が有益である。佐々木能章「共有された悪――ライプニッツの保険論」『横浜市立大学論叢』第四六巻第一・二・三合併号（一九九五年）。

6　道徳的言説が空虚であるときには、善に対する欲求から出発する規範理論に分があるのは当然である。松井名津「功利主義」（有賀誠ほか編『ポスト・リベラリズム』ナカニシヤ出版、二〇〇〇年）参照。しかし功利主義は、いわば水位の高い欲求を当てにする規範理論である。だから、善に対する欲求を支える生の欲望ないし意志まで掘り下げていない点において、功利主義も空虚なのである。少なくともこの点では、「通俗的な実践哲学」や「応用された倫理哲学」を退けて、「倫理の純粋哲学」を探求するカントに分があるのは当然である。I. Kant, *Grundlegung zur Metaphysik der Sitten* (1785) A409-410.

7　山本信『ライプニッツ哲学研究』（東京大学出版会、一九五三年）六七頁。

8　言葉から最高善を探り当てる方式については、次のもので試みた。「言葉の停止の問題――アウグスティヌス『告白』第十巻をめぐって」「批評空間」第二期第一九号（太田出版、一九九八年）。

*

フーコーの霊性
——真の生と真の世界、あるいは蜂起と歴史

1　最後の講義の最後（一九八四年）

フーコーの最後の「コレージュ・ド・フランス講義」は、『真理の勇気』である。[1]その最後の講義の最終講義は、一九八四年三月二八日に行われている。その死の三カ月ほど前のことである。ただし、フーコーは、この年度の講義の途中で、翌年度の講義予定について触れているから、それを最後の講義にするつもりではなかったはずである。したがって、三月二八日の講義をフーコーの「白鳥の歌」として受け止めることは控えなければならないが、それでも、それが最後の講義になったということは、重く受け止めてみたくなる。とくに、当の講義を準備する「草稿」の最後の部分が、時間が足りなかったせいで——「しかしもう遅いのでここまでにしましょう。どうもありがとうございました。」（Mais enfin, il est trop tard. Alors, merci.）——、フーコー自身の声によって読み上げられることがないまま終わったことは、何かを象徴することとして受け止めたくもなる。読み上げられることのなかった草稿の最後は、人生そのものをテーマとしているからである。

しかし、最後に私が強調しておきたいのは以下のことである。すなわち、真理が創設される際には必

ず他性の本質的な措定があるということである。真理、それは決して、同じではない。真理は、他界および別の生の形式においてしかありえないのである。[2]

驚くべきことが書かれている。最後の文における「他界（l'autre monde）」とは、この世とは異なる世界のことであるが、ただ異なるどころか、この世が無くなった後の世界、この世が過ぎ去った後の世界のことである。宗教的に言うなら、端的に、彼岸のこと、あの世のことである。非宗教的・世俗的に言うなら、われわれの死後の世界、現存世代のわれわれ全員が死んだ後の世界のことである。最後のフーコーは、そのような他界について書いていたし語ろうとしていたのである。これに対して、最後の文における「別の生（la vie autre）」とは、「他の生（l'autre vie）」ではないので、あの世での生のことではなく、この世での生のことである。ただし、この世で生きられる別の生、いまのこの世で通例となっている生とは異なる生のことである。最後のフーコーは、あの世とこの世での別の生との関係を語ろうとしていたのである。それは、いかなる関係であろうか。

フーコーは、「真理」は「他界」と「別の生」の形式にしかないと書いている。これはいかなることであろうか。こう解しておきたい。「真理」を適用するべきもの、「真である」「真なる」などと述語付けるべきものは、「他界」と「別の生」を措いて他にはないと解しておきたい。つまり、最後のフーコーにとっては、「真理」や「真」の用法としては、「真なる」他界、「真なる」別の生、そうした世界や生における真理といった使い方を措いて他にはないのである。

フーコーは、真理の創設の際には、他性（l'altérité）の措定が不可欠であると書いている。また、真理は同じままではないと書いている。つまり、新たな真理を創設するには、世界の他性と生の他性が不可欠であり、しかも、真なる世界の他性と真なる生の他性が不可欠であるというのである。言いかえるなら、現在の世界とは異なる世界、現在の生とは異なる生を打ち立て、それぞれを真なる世界と真なる生として打ち立て、さらに両者の関係を打ち立てることが、新たな真理の創設になるというのである。

ところで、他性と世界／生の組み合わせは四つある。第一に、他界（l'autre monde）と別の生（la vie autre）、第二に、他界（l'autre monde）と他の生（l'autre vie）、第三に、別の世界（le monde autre）と別の生（la vie autre）、第四に、別の世界（le monde autre）と他の生（l'autre vie）、である。

第二の組は、真なるものを、あの世と、あの世での生に見出すことになる。すなわち、あの世の存在を信じ、あの世での生の存在を信じ、あの世への死後の転生にこそ救済を求めることにもなる。それは、宗教に見られるような「真理の体制」「真理のゲーム」である。

第三の組は、真なるものを、この世と、この世での別の生に見出すことになる。すなわち、仮に救済を求めるとしても、あくまでこの世で、この世の根底的な変貌を望むことなく、むしろこの世の有り様を真なるものとして守りながら、この世で別の仕方で生きていくことによって、救済を求めることになる。それは、世俗的な「真理の体制」「真理のゲーム」である。

第四の組は、真なるものを、あの世での生に見出しながら、その生をそのまま、この世で実現しようとする。そして、この世を、あの世での生を受け入れる別の世界になりうる世界と見なそうとする。あの世での救済を求めるからこそ、あの世での生を、いまここで実現しようとする。それは、宗教的でもあり狂信的で急進的でもある「真理の体制」「真理のゲーム」である。

真／偽の区分に類似した本物／偽物の区分を持ち込んで見直しておくなら、第二の組においては、あの世とあの世での生が本物であり、この世もこの世での生も偽物である。第三の組においては、あの世もあの世での生も偽物であり、この世とこの世での生が本物である。第四の組においては、あの世は本物であってほしいのだが実は偽物であり、あの世での生も本物であってほしいのだが実は偽物であり、この世は偽物であるのだが本物であってほしいのであり、この世での生も偽物ではあるのだが本物であってほしいのである。

では、最後のフーコーが選んだ第一の組ではどうなるのか。あの世は偽物に見えるが実は本物であり、あの世での生は端的に偽物であり、この世は本物に見えるが実は偽物であり、この世での生は偽物に見えるが実は本物である。そして、真なるものを、あの世に見出しながら、この世での生にも見出すのである。しかし、この世での真なる生と、真なるものとしてのあの世は、一体全体、どのように繋がるというのであろうか。その繋がりによって、どのようにして新たな真理を創設するというのであろうか。フーコーの講義は途切れたために、それこそ真なる答えを得ることはできなくなったのであるが、以下、講義『真理の勇気』の一部を簡単に見た上で、時期を少し遡って、一九七八年のフーコーに、その答えの一端を探ってみたい。

2　パレーシアと批判――『真理の勇気』から

フーコーは、真理の研究の変化について、ひいては真理観の変化について、次のように語っている。

たしかに、真なる言説として与えられ受け入れられる言説に固有の構造を、その構造が持ちうる特殊性に関して分析することは興味深く重要なことである。そうした構造の分析を、大筋では、認識論的分析と呼ぶことができよう。しかし他方で、私には、次のような分析も同様に興味深いものであると思われた。それは、主体が真理を語りつつ自己を表示する行為のタイプ、言うなら、主体が真理を語る者として自己を表象し、他者によってそのような者として承認される行為のタイプの条件と形式に関する分析である。[3]

フーコーは、それまでの真理の「認識論的分析」から離れて、別のタイプの真理の分析へと移行したのである。では、それまでの「認識論的分析」のどこに不足や不備があったというのであろうか。

私がここに到着したのは、主体と真理の関係をめぐる古くからの問題、西欧哲学の核心そのものにある伝統的な問題から出発してのことであった。この問題を、私はまず、古典的で慣例的で伝統的な用語で受け取って提起した。すなわち、いかなる実践〔実務〕から出発して、いかなるタイプの言説を通して、主体について真理を語ろうとしてきたのだろうか、と。たとえば、いかなる実践から出発して、いかなるタイプの言説を通して、狂える主体や非行の主体について真理を語ろうとしてきたのだろうか。また、いかなる言説実践から出発して、語る主体、労働する主体、生きる主体を、可能な知の対象として構成してきたのだろうか。私がある時期に踏破を試みたのは、この研究領野全体であった。／次いで、私は、主体‐対象の関係の同じ問題を、別の形式で考察しようとした。すなわち、主体について真理を語る言説の問題ではなく、主体が自己自身について語ることのできる真理の言説の問題を、たとえば、告白、告解、良心の吟味といった文化的に承認され類型化された形式の〔下で〕語ることのできる真理の言説の問題を考察しようとした。これは、主体が自己自身について述べる真なる言説についての分析であり、その真なる言説の重要性は、刑罰実践において、さらに私が研究したセクシュアリティの経験の領域において容易に見ることができた。／このテーマ、この問題に導かれて、私は、ここ数年間の講義において、自己自身について真なることを語ること（le dire-vrai）の諸々の実践の歴史的分析を〔試みる〕ことになったのである。[4]

フーコーが辿ってきた二つの真理論と新たな真理論の三つが語られている。第一部分は、『狂気の歴史』と『言葉と物』、および『知の考古学』の回顧にあたっている。狂える主体などを認識の対象として扱う事態、狂える人間などについて狂気の真理などを認識する事態について、それを可能とする条件を分析したことが回顧されている。第二部分は、『監獄の誕生』と『性の歴史1』の回顧にあたっている。主体が自己について、自己を認識対象として、自己の真理を認識する事態について、それを可能とする条件を分析したことが回顧されている。要するに、これら二つの分析は、大筋では、「認識論的分析」の範囲におさまっていたのである。これに対して、フーコーは、引用箇所の第三部分で、「このテーマ、この問題に導かれて」、「自己自身について真なることを語ること」について、「認識論的分析」ではなく「歴史的分析」を始めたと語っているのであるが、『真理の勇気』全体を見通すとき、語られる「真なること」は、対象としての自己についての真理、自己自身についての真理から離れていくと言うことができる。しかも、講義の最後には、「真なること」は世界について語られるようになる。と同時に、主体は、他者を対象として真理を語る主体でも、自己について真理を語る者でもなくなり、「真理を語りつつ自己を表示する行為」の主体として語られるようになる。さらに、世界について真理を語る主体として自己を表示するそのことによって、真なる生を生きる者として自認し承認される主体として語られるようになる。そのようにして、講義の最後には、「真なること」は生について語られるのである。

このような真理観の変化はどうして起こったのだろうか。最も簡単な答えは、フーコーがその理由は別として「歴史的分析」に移行し、古典古代の文献資料の研究に移行したところ、古典古代では、真理は優れて世界の在り方や生の生き方について語られていたので、それに応じて、古典古代的な真理論へ移行することになったとする答えであろう。となると、やはり「認識論的分析」から「歴史的分析」に移行したその理由が問い質されなければならない。この論点は、後期フーコーの評価に関わるいまや古典的と言ってよい論点なので簡単には答えることはできないが、仮説的に、一九七〇年代半ばになって、フーコーは自身の「認識論的分析」のアクチュアリティが失われたと考え始めたからであり、同時に、われわれの近現代世界のアクチュアリティを分析するなら、古典古代的なものがその特異な構成要素として生き延びていると見なせるし、むしろそのように見なすべきであると考えて始めたからであると答えておきたい。この観点から、パレーシアをめぐって幾つかの箇所を拾い出しておく。

「パレーシアとは、語源的に言えば、すべてを語る活動、パン・レーマ pan rêma の活動のことである。パレーシアゼスタイ parrêsiazesthai とは「すべてを語ること」であり、パレーシアステースとはすべてを語る人のことである」[5]。この「すべて」を語ることは、当然ながら複数の用法に分岐するのだが、それについての検討は措き、「すべて」を語ることが「真なること」を語ることに転用されてきたという歴史的で言語的な事実を前提としておく。

その上で、フーコーは、その「真なることを語ること」を、「四つの根本的な方式」に区分し、しかもパレーシアをその中の一つとして取扱っていく[6]。すなわち、預言者の預言、賢者の知恵、教師や技術者の語り、そして、パレーシアステースによるパレーシアがあるとするのである。フーコーは、このパレーシアを、あるいはむしろ、語る主体に焦点を移動させて、パレーシアステースを、他の三つの方式から次のように区別している。

> パレーシアステースは、他の誰かの名において謎めいたやり方で運命を明るみに出しつつ真理を語る預言者ではない。パレーシアステースは、自分が望むときに自分に固有の沈黙を背景として知恵の名において存在と自然を語る賢者でもない。パレーシアステースは、伝統の名においてテクネーを語る

教師、教育者、技量の人でもない。したがって、パレーシアステースは運命も存在もテクネーも語ることはない。〔……〕パレーシアステースは、ギリシア人たちがエートス êthos と呼んでいたものについての真なる言説を働かせるのである。[7]

真なることを語ることの一つの方式であるパレーシアは、エートスに関わる。つまり、パレーシアステースは、生、生活、人生、生き方、広い意味での倫理（人の生きる道の理）について、真なることを語るのである。語るというよりは、自己を表示し、自認し承認されるのである。したがって、フーコーは、ここにいたって、近現代の哲学が長きにわたって忘れてきた人生論としての哲学に回帰したと言ってもよいだろう。

では、近現代において、このパレーシアを引き継ぐのは、誰であり何であろうか。これは意外な見解であると言うべきだが、フーコーは、パレーシアはそのものとしては消失したとしながら、他の言説に組み込まれている「批判」にパレーシアの系譜を見出している。

パレーシアの方式は、そのものとしては消失し、他の三つの方式の一つに接ぎ木され、それを支えとするものとしてしか再発見されないと思われる。革命的言説は、既存の社会に対する批判（critique）の形式をとるとき、パレーシア的言説の役割を果たす。哲学的言説は、人間の有限性についての分析や反省として、また、知においてであれ道徳においてであれ、人間の有限性の限界を超えうるものの批判として、パレーシアの役割を少し果たす。科学的言説については、それが先入観や既存の知や支配的制度や現在の振る舞い方に対する批判として発展するとき――科学的言説はその発展そのものにおいてそれをなさないわけにはいかない――、たしかにパレーシア的役割を果たすのである。[8]

フーコーは、近現代哲学の特質、あるいはむしろ近代性そのものの特質として、批判ないし啓蒙をあげていたが、それがパレーシアの役割を引き継いでいると見なしているのである。とするなら、フーコーの真理観の変化は、フーコーの批判・啓蒙の理解に由来していると推測してみなければならない。

3　パレーシアと預言――『真理の勇気』から

フーコーは、「四つの根本的な方式」が、歴史的には、幾つかの組み合わせを織り成したことを叙述していくが、いまは「預言の方式とパレーシアの方式の統合」が重要である。

> 未来について（人間の有限性や時間の構造の故に人間に隠されていることについて、人間を待ち受けていることについて、いまだ隠されている切迫した出来事について）真なることを語ること、そして、人間たちに対し、人間が何であるのかについて真なることを語ること、これら二つが、ある言説において、ある制度においても、極めて特異な仕方で接近したのである。私は、宣教と宣教師のことを考えている。〔……〕それら偉大な宣教師たちは、社会の中で、預言者の役割とパレーシアステースの役割を同時に果たしていた。明日の脅威、最後の日の王国の脅威、最後の審判の脅威、明日の死の脅威について、その切迫を語る者は、同時に、人間に対して人間が何であるのかを語るのであり、人間の過ちや人間の罪が何であるのか、どこをいかにして人間がその存在様式を変えるべきであるのかを、人間に対して率直に、パレーシアをもって語るのである。[9]

フーコーによるなら、預言とパレーシアは、それぞれ大筋では、プラトン『アルキビアデス』に発する系譜と、プラトン『ラケス』に発する系譜に対応している。そして、これも大筋では、前者は、魂の形而上学、キリスト教の預言、グノーシス主義へ連なり、後者は、ソクラテス的パレーシア、生存の美学、生存のスタイル論、キュニコス主義へ連なる。後者の系譜に関して、キュニコス主義についてのフーコーの叙述を簡単に見ておこう。

フーコーによるなら、キュニコス派は、ヘレニズム時代やローマ時代には常に、パレーシアの人として特徴づけられていた。その風体は、こうであった。

キュニコス派（le cynique）、それは、杖を持つ人、頭陀袋を持つ人、マントを纏う人、サンダル履きあるいは裸足の人、髭もじゃの人、薄汚い人である。それはまた、彷徨する人、どこにも溶け込まない人、家も家族も家庭も祖国も持たない人であり——私が紹介したテクストを思い出して下さい——、物乞いをする人である。[10]

このような生の様式、生存のスタイル、生存の美学は、すでにそれ自身で、何ごとかを、何か大事なことを、もっと言うなら、何か真なることを、問わず語りに語っている。いわば、生そのものが語っている。肉体について告白しているのではなく、肉体そのものが告白している。ある生が真理の表明となる。そして、当人もそのように自認し、心ある人は、そのように承認する。いかなるものにも繋ぎ止められない自由が、〈真なることを語ること〉の可能性の条件となるのである。心ある人の一人であったナジアンゾスのグレゴリオスは、その意味で、キュニコス派を、「真理の殉教者、真理の証人（marturôn tês alêtheias）」と見なしてもいた。フーコーは、キュニコス派の生を「真なる生」と呼びながら、こうまとめている。

キュニコス主義において表示されるのは、真理が直接的に輝かしく野生のまま現前する生である。あるいはまた、規律としての真理、無一物で禁欲の生としての真理である。真理の生としての真なる生である。[11]

キュニコス主義的生とは、真の生の成就であるが、ラディカルに別の生の要請としての真の生の成就なのである。[12]

その一方で、『アルキビアデス』に発する系譜に位置するのが、新プラトン主義であり、キリスト教霊性であり、西欧形而上学である。そして、フーコーは、これら二つの系譜が結び付く歴史的な有り様について、次のように語るのである。

西欧の哲学・道徳・霊性（la spiritualité）の歴史において枢要な事実は、キリスト教と、キリスト教周辺のグノーシス主義的潮流のすべてが、まさしく、他界と別の生の関係を体系的・整合的に思考しようとする運動であったことである。／グノーシス主義運動やキリスト教では、別の生、断絶の生、禁欲の生、生存と通約不可能な生を、他界への接近の条件として思考しようとしたのである。そして、別の生と他界の関係こそが——他界へ導くのは別の生であるという原則がキリスト教禁欲主義の核心に深く刻み込まれているから——、プロテスタントの倫理において、ルターによってラディカルに問題化されるのである。そのとき、他界への接近は、この世における生存そのものに完全に合致した生の形式によって定義されることが可能となるのである。他界へ至るために同じ生を送ること。これがプロテスタンティズムの定式である。そのとき以来、キリスト教は近代的となった。[13]

西欧の哲学・道徳・霊性においては、「別の生と他界の関係」が決定的に重要なのである。フーコー自身は、おそらく「別の生」が「他界」への「接近」の条件となるとするプロテスタンティズムの倫理を承認していなかったであろうが、しかし、「別の生」と「他界」の関係を問うということについては、全身全霊で承認していたのであると解しておきたい。そのような観点から、キュニコス派の戦闘性が語られるのである。

キュニコス派の真なる生は、戦闘的である。そう自認され承認されている。そのキュニコス派の戦闘性は、「仮借のない暴力的ないくつかの手段に訴えて」、「人々に激しく動揺を与えて考えを一気に変えさせることを目指す」。「ただ単にしかじかの個人がもちうるしかじかの悪徳や欠点や臆見と闘うだけでなく、慣行や法や制度といった、人類一般に共有されている悪徳や欠点や弱さや臆見に依拠するものにも立ち向かうものである」。したがってそれは、ただ単に「幸福な生に到達する手段を提供しようとする戦闘性」ではなく、「世界を変えようとする戦闘性」である。つまり、キュニコス派の真なる生は、別の世界のための闘いである。それが、他界への「憧れ」に結び付く。

キュニコス派は、別の生という観念を、その他性によって世界の変化へ導くべき生というテーマへと、あらためて導入する。別の世界のための別の生。〔……〕そしてキュニコス主義は、真の生というテーマが、別の生の原則となり他界への憧れ（aspiration à une autre monde）となる運動である限りにおいて、西欧における根本的な倫理的経験の母型や萌芽を構成しているのである。[14]

こうして、キュニコス派の戦闘性は、別の世界のための闘いであるだけではなく、他界のための霊的な闘いであることになる。フーコーの講義草稿には、こう書かれている。「霊的闘い（combat spirituel）であると同時に世界のための闘いでもあるようなキリスト教の行動主義（activisme）」、「一九〔世紀〕の革命的戦闘性。変えられた世界のための、別の生としての、闘いの生としての真の生」[15]と。

キリスト教の実力行使の一つ、哲学的に重要な実力行使は、キリスト教が、真の生としての別の生というテーマと、真理への接近（accès）としての他界への接近という観念を、互いに結び付けたことに存すると言うことができると思われる。〔一方には〕、この世における別の生としての真の生。〔他方には〕、真理への接近としての、したがってこの世で送る真の生の真理を基礎づけるものへの接近としての、他界への接近。この構造は、キュニコス主義起源の禁欲主義と、プラトン起源の形而上学の組み合わせであり、両者の接点、合流点である。[16]

最後のフーコーは、この合流点に立っていたのである。

ここまで私は、真なることを語ることの四つの方式の組み合わせのうちで、最後のフーコーにとっては、預言とパレーシアの組み合わせ、霊性とキュニコス派の組み合わせが重要であるとしてきた。そのいわば傍証として、一九七八年のフーコーをあげることができる。それは、ひと言で言うなら、蜂起や革命を熱烈に肯定する、批判的・啓蒙的知識人としてのフーコーである。

4　批判と霊性（一九七八年）

フーコーは、イラン革命を熱烈に支持した。その背景の一つとして、フーコーが、一九七〇年代半ばの西欧諸国の社会運動に失望していたことをあげることができる。権力のあるところに抵抗がある、抵抗があるからこそ権力関係が生ずると語って、ミクロな状況でのミクロな運動を重ねたところで、実際には何も変わらない。それどころか、各種のマイノリティを支える知にしても——それは支配的な知に対して別の歴史・政治を持ち出す従属的な知であるが——、商品化されアカデミズム化され体制化され始めている。一九七〇年代半ばのフーコーは、それまでのおのれの仕事が、新しい社会運動や各種のマイノリティ運動に貢献したと自負しながらも、ミクロなものやマイナーなものの体制内化に対して何もできずに過ぎていることに深い失望を感じていた。そのようなときに、イランで蜂起が勃発したのである。

フーコーが、イラン革命を熱烈に支持した背景としてもう一つ指摘できるのは、当時の社会主義諸国に、たとえそれが幻想であっても何の希望も見出せなくなっていたことである。フーコーが「現存する」社会主義国に対する厳しい批判者であることはよく知られていたが、その一方でフーコーは、たとえ酷い体制であっても、資本主義体制と異なる体制が現に可能であるということを示す一点において、その存在の意味を認めることがあった。しかし、一九七〇年代半ばには、中国文化大革命の実情も広く知られるようになっていた。大きかったのは、カンボジアのポル・ポト政権による虐殺であった。それは、「共和国に知識人や詩人は無用である」とするプラトン的でサン゠ジュスト的な啖呵を持ち出しても到底正当化できないような規模に達していた。さらに大きかったのは、それに前後するインドシナ半島での国家間関係の変化の過程で、ベトナム戦争を戦い抜いたベトナムもまた国家権力として立ち現われ始めていたことである（パリ平和条約の調印は一九七八年であった）。

そのようなときに、フーコーは、西欧の行き詰まりだけでなく、全世界的な行き詰まりを突破する何かをイランに幻視したのである。これらの点は、当時、厳しく批判され難詰された。しかし、フーコーは、その類の難詰をよそに、あくまでイランの革命の精神、あるいはむしろ蜂起の精神を支持した。私はそれが最後の講義の最後に繋がると見ているのだが、まず、イランで運動が高揚しつつあった時期に行われた、フーコーの講演「批判とは何か――批判と啓蒙」を見ておこう。[17]

フーコーは、近現代哲学の核心を「批判」と捉える。そして、その「批判」の核心を司牧に対する批判、ひいては統治に対する批判と捉える。司牧‐統治については、こう語られている。

> キリスト教の司牧は、あるいは、正確で特定の意味で司牧活動を展開したキリスト教教会は、次のような観念を発展させてきた。すなわち、各個人は、その年齢と地位にかかわらず、その一生を通して、その行動の細部まで、統治されるべきであり統治されるがままになるべきであり、各人は、その救済に向けて、全面的であると同時に細心で詳細な服従の関係を結んだ誰かによって指導されるべきであるという観念である。これは特異な観念であり、古代文化には疎遠な観念であると思われる。[18]

この司牧への対抗は、さしあたり、「このように」統治されることに対する疑念として現われる。

> この統治化（gouvernementalisation）は、一六世紀の西欧社会特有のものであろうが、これは「いかにして統治されないか」という問いと不可分であると思われる。統治化は、それと正反対の主張、「われわれは統治されることを欲しない。統治されることはまったく欲していない」という主張に対立すると言いたいのではない。私が言いたいのは、統治方式をめぐる大きな不安の中で、また、統治方式の研究の中で、絶えざる問いが認められるということである。すなわち、「いかにしてこのように統治されないか、いかにして、他ならぬそれによって、他ならぬその原理の名で、そんな目標を目指して、

他ならぬそんな方式を手段として、統治されないか」という問いである。[19]

フーコーは、このような問いに見出される態度を、「統治されないための技法」、「このような方法で、その犠牲を払って統治されないための技法」と言いかえていく。かくて、「批判」の最初の定義は、「このように統治されないでいるための技法」とまとめられることになる。

ところが、講演「批判とは何か」が進むにつれ、フーコーは、その限定を外していく。特定の仕方で統治されることを拒むということから、どんな仕方であれ統治されることを拒むという方向へ進んでいくのである。別の角度から言っておくなら、「特定」の統治に対する批判であっても、それが立ち上がるためには、そもそも、特定の「統治」に対する批判が必要であろう。とするなら、特定の仕方で統治されることに対する批判の根源に、統治そのものを拒絶する「意志」を見出すことができるはずである。

統治化が、現実には、真理を持ち出す権力のメカニズムによって個人を服従させる社会的実践が主要である運動であるとするなら、批判とは、主体が、権力の効果について真理を問い質し、権力の真理の言説について権力を問い質す権利を自らに与える運動であると言いたい。批判は、意志的な不服従の技法であり、反省的な不従順の技法である。批判は、本質的に、真理の政治と呼べるゲームにおいて、脱服従の機能を果たすのである。[20]

こうして、講演の最後にフーコーは、「批判」を、「統治されないという意志」とする。フーコーにとって、「批判」は、「われわれは統治されることを望まない。統治されることはまったく望んでいない」という意志に発するのである。批判は、徹底的に反‐統治である。まさにそこに、イラン革命が勃発する。

ところで、イラン革命の過程では、「イスラームの統治」というスローガンが広く支持されていた。あたかも、別の仕方で統治されることを望むかのようであった。では、フーコーは、「イスラームの統治」に対してどのような態度で臨んだのだろうか。フーコーが、イラン革命についてフランスで発表した唯一の文章、「イラン人たちは何を考えている〔夢みている〕のか？（A quoi rêvent les Iraniens ?）」を見てみよう。

イスラームの統治とは、シャーの体制に抵抗するべくマスジェドや共同体で燃え上がった、あの幾千の政治集会の活動の維持を可能にするもののことである。人々は私に、ある例を引いてくれた。十年前、フェルドウスで地震があった。町全体を再建しなければならなくなった。しかし、控え目な計画は、農民や小職人の大多数を満足させるものではなく、彼らは体制から分離した。ある宗教者の指導で、かれらはそこから少し離れたところに行って、自分たちの町を作った。かれらはイラン全土から資金を集め、入植について集団で決定をおこない、水道を整備し、協同組合を組織した。そして、かれらは自分たちの町をエスラーミーエと呼んだ。地震は、宗教的構造を抵抗の係留点にしただけではなく、政治的創造の原則そのものにした。イスラームの統治と言って人々が思い浮かべているのはこれである。[21]

ここでは、イスラームの統治は、国家による統治とは別の統治として語られている。地域共同体、宗教共同体による自己統治である。ところが、フーコーは、この別の統治を支えている宗教性、あるいはむしろ霊性に注意を向けるのである。

しかし人々は、また別の運動のことも考えている。それは最初の運動と反対の、逆命題のような運動である。政治的な生に霊的な次元（une dimension spirituelle）を導入することを可能にする運動である。すなわち、いつも霊性（la spiritualité）に対する障害となってきたこの政治的な生が、霊性の器、機会、パン種になるようにする運動である。ここにおいて人は、今日のイランの政治的・宗教的な生のすべてに取り憑いている人影とすれ違う。アリー・シャリーアティーの影である。二年前、彼の死が、不可視の〈現在〉（l'invisible Présent）、常にそこにある〈不在の者〉（l'Absent toujours là）という、シーア派においてあれほどに特権的な場を彼に与えたのだ。[22]

したがって、「イスラームの統治」を語ることによって表示される真なる生とは、国家による統治とは別の自己統治を推し進める生のことだけではなく、国家による弾圧で殺された死者の霊魂、蜂起で斃れた人間の亡霊、聖なる者の魂、それら不可視のものが彷徨い取り憑く次元、復讐をもたらす怨霊だけではなく救済をもたらす善霊もそこに宿るような次元、それが現前化するような政治的な生のことでもある。「イスラームの統治」という語りは、他界と別の生を結合する方式なのである。こうして、ついにフーコーは、自身の熱狂の理由を摑む。イランでは霊性が働いているのだ。

イスラームの統治を「理念」として語ることにも、「理想」として語ることにさえ、私は困惑を覚える。だが、「政治的な意志」としては、イスラームの統治は私には印象的だった。それは、現今の諸問題に応えるべく、不可分な仕方で社会的かつ宗教的である諸構造を政治化しようという努力であるということで、私には印象的だった。また、イスラームの統治は、政治に霊的な次元を開く試みであるということで、私には印象的だった（il m'a impressionné dans sa tentative aussi pour ouvrir dans la politique une dimension spirituelle）。[23]

そして、フーコーは、「政治的な意志」をめぐる幾つかの問題を論じてから、最後に「政治的な霊性」を打ち出すのである。

> もう一つの問いは、土地と地下資源とが世界戦略の目標となっているこの大地の片隅に関する問いである。そこに住む人間にとって、自分の生を犠牲にして、われわれがルネサンス以来、キリスト教の大危機以来その可能性を忘れてきたこのものを探求するということに、どのような意味があるのか。それは、政治的な霊性（*une spiritualité politique*）のことである。私にはもう、フランス人が笑うのが聴こえる。だが、こんな私にも、フランス人が間違っているということはわかる。[24]

フランス人が馬鹿にして笑おうが、フランス人がイラン革命の負の側面をあれこれと論って難詰しようが、フーコーは揺るがない。イランの民衆の真なる生を政治的な霊性として摑んだからである。

フーコーは、イラン革命についての最後の論評である「蜂起は無駄なのか？」において、蜂起と歴史の関係について、次のように論じている。

> 蜂起は歴史に属している。しかしある意味では、蜂起は歴史を逃れるものだ。ある運動において、一個の人間、集団、少数派、あるいは民衆全体が「私はもう服従しない」と口にし、不正だと思う権力を前にして自分の生を危険にさらす時、その運動は歴史に還元してしまうことのできないものと私には思える。というのは、どんな権力も、その運動をまったく不可能なものにしてしまうことはできないからだ。ワルシャワでは、ゲットーは反抗し、下水道は蜂起する人々であふれかえってやむことが

ないだろう。また、立ち上がる人間はつまるところ、わけもなしに（sans explication）立ち上がる。人間が、服従の確実性よりも死の危険を「現実に」選好するには、歴史の糸を、歴史の理屈の長々とした連鎖を断ち切る分断が必要なのだ[25]。

蜂起は歴史を断つ。それは、蜂起が、他界に関わっているからである。

この瞬間がそのように「歴史の外」にあり、かつ歴史の中にあるからこそ、また、そこで各人が生や死を賭けているからこそ、蜂起がその表現と劇的効果をあれほど容易に宗教という形式のうちに見いだした理由がわかる。彼方の約束、時間の回帰、救世主ないし最後の日々の帝国の待望、富の分割のない王国、こうしたものは数世紀にわたって、宗教という形式の適している所で、イデオロギー的な衣裳ではなく、蜂起を生きる生き方そのものとなってきた[26]。

強調しなければならないが、「死のうとしていた人々が参照していた霊性とは、統合主義者である一聖職者による血まみれの統治（le gouvernement sanglant d'un clergé intégriste）とは通約不可能である[27]」。この霊性の蜂起こそが、歴史を開く。この世での真なる生こそが、死後の世界、未来の真なる世界を開くのである。

人は蜂起する。これは一つの事実だ。そのことによってこそ、主体性（偉人の主体性ではなく、誰でもいい者の主体性）が歴史に導入され、歴史に息吹をもたらす。犯罪者は、濫用される懲罰に抗して自分の命を賭ける。狂人は、監禁され権利を剝奪されて疲弊する。民衆は、自分たちを抑圧する体制を拒否する。そんなことをしても、犯罪者は無罪にはならないし、狂人は治らないし、民衆は約束された明日を保証されはしない。そもそも、誰にも、かれらと連帯する義務はない。誰にも、混乱したこれらの声が他の声よりうまく歌っているとか、真なるものの深遠を語っていると見なす義務はない。そうした声を聴き、その語らんとするところを探ることに意味があるには、そうした声が存在し、それを黙らせようと執念を燃やすものがあるというだけで充分だ。これは道徳についての問いであろうか。おそらくはそうだ。もちろん、現実についての問いである。歴史をめぐるいかなる幻滅も何ほどでもない。そうした声があるからこそ、人間の時間は進化という形式ではなく、まさに「歴史」という形式をとるのだ。[28]

この声は、「すべて」を語り、「すべて」を欲する声である。この世での別の真なる生を表示する声である。その真なる生こそが、「われわれ」西欧人の死後の、イスラームの民衆を含む「われわれ」近現代人の死後の、他の真なる世界へと歴史を開くのである。この熱情的な霊性を、最後のフーコーは語ろうとしていたのである。

注

1　ミシェル・フーコー『真理の勇気──コレージュ・ド・フランス講義　一九八三－一九八四年度』(慎改康之訳、筑摩書房、二〇一二年):Michel Foucault, *Le Courage de la Vérité. Cours au Collège de France 1983-1984* (Seuil/Gallimard, 2012)。
2　同、「草稿」四二九頁:[manuscript], p. 311。
3　同、四－五頁:p. 4。
4　同、六頁:p. 5。
5　同、一三頁:p. 11。
6　同、二〇頁:p. 16。
7　同、三三－三四頁:p. 25。

8　同、三九－四〇頁：p. 29。
9　同、三八頁：pp. 28-29。
10　同、二一三頁：p. 157。
11　同、二一八－二一九頁：pp. 160-161。
12　同、三四〇頁：p. 248。
13　同、三一三頁：p. 228。
14　同、三六二頁：p. 264。
15　同、「草稿」三八三－三八四頁：[manuscript], p. 279。
16　同、四〇三－四〇四頁：p. 293。
17　「批判とは何か――批判と啓蒙」（一九七八年五月二七日）（ミシェル・フーコー『わたしは花火師です』ちくま学芸文庫、中山元訳、二〇〇八年）：Michel Foucault, Qu'est-ce que la critique ? Critique et Aufklärung（1978）, *Bulletin de la Société française de Philosophie*, 84（2）, 1990, pp. 35-63。
18　同、七三－七四頁：pp. 36-37。
19　同、七六－七七頁：pp. 37-38。
20　同、八一頁：p. 39。
21　「イラン人たちは何を考えている〔夢みている〕のか?」、『思考集成7』三二三－三二四頁：*Dits et écrits II*, pp. 692-693。
22　同、三二四頁：p. 695。
23　同、三二五頁：p. 694。現行訳では引用箇所の最後の一文が訳し落とされている。
24　同、三二六頁：p. 694。イランの経験のおかげで、フーコーは、西欧の歴史における数々の蜂起を想起するのである。それらは、「われわれ」の現在性を構成しているのだ。
25　「蜂起は無駄なのか?」、『思考集成8』九四頁：pp. 790-791。
26　同、九五頁：p. 791。
27　同、九七頁：p. 793。
28　同、九八頁：pp. 793-794。

後書

本書は、これまでドゥルーズ哲学について書いてきたもののなかから八論文を選び、関連する六論文をあわせて編んだものである。そのなかの古い論文をめぐって、少し記しておく。

「ドゥルーズにおける普遍数学」は、初めてドゥルーズ哲学について書いたものである。当時、〈ドゥルーズなんて、哲学者とは言えん。哲学研究対象になんか、ならん〉と哲学教師が学生・院生に向かって語っていたと伝え聞き、その類の難詰はドゥルーズにとっては名誉なことであると思う一方で、ドゥルーズのブームも過ぎ去ったのに哲学研究が始まらないようではミネルヴァの梟すら飛び立てないではないかと心配にもなり、ガチの難しげな学術論文を見せておかなければ、という思いで、急ぎ書き上げたものである。

「ドゥルーズにおける意味と表現」は、『批評空間』に隔号連載を許され三回まで行ったところで『批評空間』が終刊となり、書き継がずに途切れたものである。当初は、『意味の論理学』だけについて連載十回ほどを予定していたと思う。それを終えたら、全体を書き直して博士論文にするつもりもあった（私の世代の哲学研究者は、修業時代は修士論文が上がりで、博士論文は年齢を重ねてから、というのが通例であった）。

若い頃に大学紀要に載せたホッブズ論とスピノザ論を所収できたのは、とてもありがたいことである。当時は、ホッブズ『リヴァイアサン』かスピノザ『エチカ』について書き継いで、大きめの書物にまとめるつもりもあった。

堅実に研究を進めていたなら、ドゥルーズについてであれ、ホッブズかスピノザについてであれ、もっとまとまったものにできたはずであるが、自分の資質を棚上げにして振り返るなら、なかなかそうも行かなかったというのが率直な気持ちである。その代わり、と言うのも変ではあるが、私が書くものは、それだけで完結させるようにし、原則的に自己参照も行わないようにしてきた（堅実に継続していないので、実は、できないのだが）。書いたものを読んでもらえるにしても、その一本しか読まない人が大半であろう、と考えてきたからでもある。

したがって（これは言い訳であるが）、所収の各論文は独立しており、発表媒体の違いもあり、収録に際しては、注の書式などについては統一しなかった。書誌情報を新たにすることも行わなかった。本来なら、初出時以後に刊行された新訳・新版や研究も参照して改稿すべきであろうが、それも行わなかった（行えなかった）。以上のような事情もあって、読みにくいところも多くなっているが、一哲学徒の苦戦ぶりを眺めて、その先へ進んでいただければ、と思っている。

これまで、所収の論文を書く機会を作っていただいた編集者の方々に、この場を借りて、あらためてお礼申し上げます。そして、大学教員退職年度にあたり、このような形で論文集を編むのを通して下さった、河出書房新社の阿部晴政さんに、深く感謝いたします。

初出一覧

ドゥルーズの霊性――恩寵の光としての自然の光（檜垣立哉他編『ドゥルーズの21世紀』河出書房新社、二〇一九年）

I　生命／魂

ドゥルーズにおける普遍数学――『差異と反復』を読む（『現代思想』一九九七年八月号）
ドゥルーズにおける意味と表現（『批評空間』Ⅱ期二三号、一九九九年）
ドゥルーズにおける意味と表現②――表面の言葉（『批評空間』Ⅱ期二五号、二〇〇〇年）
ドゥルーズにおける意味と表現③――器官なき身体の娘たち（『批評空間』Ⅲ期一号、二〇〇一年）
出来事（事象）としての人生――ドゥルーズ『意味の論理学』における（『哲学雑誌』八〇〇号、二〇一三年）

Ⅱ　政治／倫理

ドゥルーズ／ガタリにおける政治と哲学（市田良彦他編『現代思想と政治――資本主義・精神分析・哲学』平凡社、二〇一六年）
フーコーのディシプリン――『言葉と物』と『監獄の誕生』における生産と労働（『現代思想』二〇〇九年六月号）
戦時‐戦後体制を貫くもの――ハイデガー（「ヒューマニズム書簡」と「ブレーメン講演」）の場合（『ハイデガー・フォーラム』七号、二〇一三年）
思考も身体もままならぬとき――ドゥルーズ『シネマ』から（『表象』四号、二〇一〇年）

Ⅲ　自然／善

〈自然状態〉の論理と倫理――ホッブズについて（『宇都宮大学教育学部紀要』四一号、一九九一年）
自己原因から自己保存へ――スピノザ『エチカ』をめぐって（『宇都宮大学教育学部紀要』四四号、一九九四年）
インテリゲンティアの幸福――『エチカ』第四部をめぐって（『哲学雑誌』七八一号、一九九四年）
最高善の在処（『哲学雑誌』七八七号、二〇〇〇年）
フーコーの霊性――真の生と真の世界、あるいは蜂起と歴史（書き下ろし）

小泉義之（こいずみよしゆき）
1954年生まれ。立命館大学大学院先端総合学術研究科教授　著書『兵士デカルト』『ドゥルーズの哲学　生命・自然・未来のために』『弔いの哲学』『生殖の哲学』『「負け組」の哲学』『ドゥルーズと狂気』『あたらしい狂気の歴史　精神病理の哲学』『あたかも壊れた世界　批評的、リアリズム的』、共編著『ドゥルーズ／ガタリの現在』『ドゥルーズの21世紀』、訳書、ドゥルーズ『意味の論理学』など

ドゥルーズの霊性

2019年6月20日　初版印刷
2019年6月30日　初版発行

著　者　小泉義之
装　幀　中島浩
発行者　小野寺優
発行所　株式会社河出書房新社
〒151-0051　東京都渋谷区千駄ヶ谷2-32-2
電話　(03)3404-1201（営業）　(03)3404-8611（編集）
http://www.kawade.co.jp/

組版　株式会社キャップス
印刷　株式会社暁印刷
製本　小泉製本株式会社

Printed in Japan
ISBN978-4-309-24912-4